新能源汽车系列

电动汽车电驱动系统原理与检修

 杨光明 姜琳晖 主编

化学工业出版社

·北京·

本书系统地介绍了电动汽车电驱动系统基础知识、电动汽车电驱动理论基础、电驱动控制电力电子技术、电动汽车电驱动系统结构原理，以及比亚迪电动汽车、北汽新能源汽车和丰田普锐斯汽车等典型电动汽车电驱动系统的检修等内容。本书内容翔实、图文并茂，注重实例介绍，内容深入浅出。

本书可供广大新能源汽车行业从业者学习参考，也可供广大汽车专业及相关专业的职业院校作为教材选用，并可作为相关行业的培训用书。

图书在版编目（CIP）数据

电动汽车电驱动系统原理与检修/杨光明，姜琳晖主编. —北京：化学工业出版社，2019.12
（新能源汽车系列）
ISBN 978-7-122-34060-3

Ⅰ.①电… Ⅱ.①杨…②姜… Ⅲ.①电传动汽车-电动机-控制系统-车辆修理 Ⅳ.①U469.720.7

中国版本图书馆CIP数据核字（2019）第044769号

责任编辑：韩庆利　　　　　　　　　　　　文字编辑：张绪瑞
责任校对：张雨彤　　　　　　　　　　　　装帧设计：刘丽华

出版发行：化学工业出版社（北京市东城区青年湖南街13号　邮政编码100011）
印　　装：高教社（天津）印务有限公司
787mm×1092mm　1/16　印张11¾　字数275千字　2020年1月北京第1版第1次印刷

购书咨询：010-64518888　　售后服务：010-64518899
网　　址：http://www.cip.com.cn
凡购买本书，如有缺损质量问题，本社销售中心负责调换。

定　价：49.00元　　　　　　　　　　　　　　　　　　版权所有　违者必究

前言

随着我国经济水平的提高，汽车已成为生活中的交通和出行的工具，也推动了汽车产业的快速发展，我国已经连续多年成为世界汽车产销第一大国。汽车的消费提高了人们的生活质量，方便了人们的出行，但也带来了石油大量消耗和对石油的依赖性，甚至出现能源危机，同时汽车尾气也造成空气污染，为此，全世界都在应对石油短缺、环境污染和气候变暖的共同挑战，也纷纷出台相关的措施节能减排。在汽车领域，各国提高汽车节能技术和汽车尾气排放标准，加快培育和发展节能汽车与新能源汽车的进度，既是有效缓解能源和环境压力，推动汽车产业可持续发展的紧迫任务，也是加快汽车产业转型升级、培育新的经济增长点和国际竞争优势的战略举措。正是在此背景下，组织出版了"新能源汽车系列"图书。

电驱动系统作为电动汽车核心技术之一，在电动汽车上起到了驱动车辆前进并且能够回收制动能量的作用。在纯电动汽车和燃料电池汽车上，电驱动系统作为车辆唯一的驱动力来源，提供了车辆行驶全部的驱动力，保证车辆的行驶动力性、平顺性等性能，其作用相当于传统汽车的发动机。在电动汽车电驱动系统的发展过程中，异步电机驱动系统得到了非常广泛的应用。但是随着电动汽车电驱动系统技术要求的不断提高，永磁同步电机驱动系统（PMSM）在国内外电动汽车上的应用逐渐得到了加强。

在现有关于电动汽车的大量图书出版物中，关于电驱动系统应用技术的介绍较少，因此我们编写了《电动汽车电驱动系统原理与检修》一书。

本书系统地介绍了电动汽车电驱动系统基础知识、电动汽车电驱动理论基础、电驱动控制电力电子技术、电动汽车电驱动系统结构原理，以及比亚迪电动汽车、北汽新能源汽车和丰田普锐斯混合动力汽车等典型电动汽车电驱动系统的检修等内容。本书内容翔实、图文并茂，注重实例介绍，内容深入浅出，可读性强，适合广大新能源汽车行业从业者学习参考，也可供广大汽车专业及相关专业的职业院校作为教材选用。

本书由合肥职业技术学院杨光明教授、南京中邦智慧教育科技有限公司姜琳晖担任主编，宿迁中等专业学校朱军、江苏城市职业学院徐州分院闫军担任副主编，参加编写的还有徐峰、潘明明、周钊、汪倩倩、魏金营、杨小波、潘珊珊、连昴、周宁、潘旺林、陈忠民、徐淼、程宇航、汪立亮。真诚感谢在本书编写过程中提供支持帮助的各位企业老总、同行及参与院校领导。

由于新能源汽车领域技术日新月异，同时编者知识和能力也存在不足，书中难免存在疏漏和不当之处，请读者及时反馈，以便以后修订。

编 者

目录

第一章　电动汽车电驱动系统基础知识 1

第一节　电动汽车概述 1
一、发展电动汽车的必要性 1
二、电动汽车的类型及特点 3
三、电动汽车发展的关键技术 7

第二节　电动汽车电驱动系统简介 9
一、电驱动系统的基本构成及作用 9
二、电动汽车电驱动系统技术要求 9
三、电驱动系统的发展现状及趋势 12
四、典型电动汽车电驱动系统结构 18

第二章　电动汽车电驱动理论基础 21

第一节　电动汽车的结构原理 21

第二节　电动汽车的动力学 24
一、电动汽车受力的分析 24
二、动力学方程 29
三、汽车行驶的附着条件与附着率 30
四、电动汽车的性能 32

第三节　电动汽车电驱动系统的动力需求特性 37
一、电驱动系统的特性 37
二、传动装置的特性 39
三、电动汽车动力性能的分析 39

第四节　电动汽车电驱动系统参数的匹配准则 40
一、电机参数的匹配 40
二、传动装置的参数匹配 41

第三章　电驱动控制电力电子技术 43

第一节　电力半导体器件 · 44
　　一、不可控型开关器件 · 44
　　二、半控型开关器件——晶闸管 · 46
　　三、典型全控型器件 · 50
　　四、宽禁带半导体器件 · 60
第二节　电力半导体器件的驱动电路及保护 · 61
　　一、电力半导体器件的驱动电路 · 61
　　二、电力电子器件的保护 · 65
　　三、电力电子器件的串联和并联使用 · 67
第三节　整流电路 · 69
　　一、单相半波可控整流电路 · 69
　　二、三相半波可控整流电路 · 76
　　三、三相桥式全控整流电路 · 80
第四节　逆变电路 · 82
　　一、直流发电机-电动机系统电能的流转 · 83
　　二、逆变产生的条件 · 83
　　三、逆变失败与最小逆变角的限制 · 85
第五节　母线支撑电容器 · 86
　　一、支撑电容器的类型及特点 · 87
　　二、支撑电容器的选用与设计 · 92

第四章　电动汽车电驱动系统结构原理 · 94

第一节　驱动电机 · 95
　　一、电动汽车驱动电机简介 · 95
　　二、直流电机 · 100
　　三、交流感应电机 · 103
　　四、永磁电机 · 107
　　五、开关磁阻电机 · 110
　　六、轮毂电机 · 113
第二节　逆变器与变频器 · 115
　　一、逆变器 · 115
　　二、变频器 · 116
第三节　控制系统 · 119
　　一、电动汽车整车控制器 · 119
　　二、驱动电机控制器 · 122
　　三、电动汽车制动能量回收系统 · 126
第四节　电驱动系统故障诊断 · 128
　　一、电驱动系统故障分类 · 128
　　二、驱动系统失效模式与机理分析 · 129
　　三、故障诊断与容错策略 · 131
　　四、电动汽车电机噪声分析及故障诊断 · 132

第五章 典型电动汽车电驱动系统的检修 · 135

第一节 比亚迪 E6 纯电动汽车电驱动系统的检修 · 135
 一、电驱动系统结构组成 · 135
 二、驱动电机的检修 · 139
第二节 北汽新能源汽车电驱动系统的检修 · 147
 一、驱动电机系统概述 · 147
 二、驱动电机的检修 · 156
第三节 丰田普锐斯电机及驱动系统的检修 · 164
 一、驱动电机的结构特点 · 164
 二、电机及驱动系统的故障诊断与排除 · 167
 三、电机及驱动系统故障排除实例 · 174

参考文献 · 181

第一章 电动汽车电驱动系统基础知识

第一节 电动汽车概述

汽车产业是人类工业文明的产物，它极大地改变了人类的生活和行为方式并加速推动着人类文明的发展。汽车已经成为了人们生活中必不可少的交通工具，但随着汽车工业的不断发展，全球汽车保有量的不断攀升，汽车对世界经济和能源环境的负面影响也不断加剧，环境污染及交通事故问题日益突出。为此汽车产业需要在新能源化、智能化及无人化等方面做出更长远的探索。电动汽车将会得到进一步推广，并逐步走入人们的日常生活。

一、发展电动汽车的必要性

1. 全球变暖

大量数据和现象表明，未来50~100年，人类将完全进入一个变暖的世界。由于人类活动的影响，导致大气中温室气体和硫化物的浓度增加过快，有科学家预测，未来100年内全球平均地表温度将上升1.4~5.8℃，到2050年，我国的平均气温可能上升2.2℃。

全球变暖是温室效应的结果，而温室效应是由二氧化碳和其他温室气体（如大气中的甲烷）所引发的。这些气体截获了由地面反射的阳光，相当于在大气中截留了能量，并使之升温。温度升高会对地球生态系统造成破坏，并引发影响人类生存的许多自然灾害，进而使气候变化的风险加剧。

近几十年的观测表明，人类活动是造成气候变暖的主要原因。特别是近年来，人类社会对能源的大量消耗带来了越来越严重的温室气体排放问题。二氧化碳是碳氢化合物和煤等化石燃料燃烧的生成物，是全球最主要的温室气体，是造成气候变化的主要因素。虽然二氧化碳可被植物吸收，并由海洋以合成碳酸盐的方式收集，但这些自然同化的能力是有限的，不可能消除所有排放到大气中的二氧化碳，其结果就是在大气中形成了二氧化碳的累积。

据国际能源机构（International Energy Agency，IEA）估计，全球汽车二氧化碳总排放量将从 1990 年的 29 亿吨增加到 2020 年的 60 亿吨。

控制能源消费和节约能源是减少二氧化碳排放量的重要途径。在工业发达国家，人均能源消费指数为 1~3 不等，这表明能源节约的余地是很大的。与此同时，还可以在保持适当的能源消费水平的前提下，用那些不会产生温室效应的替代能源来取代会造成污染的能源。

为了减少汽车对全球气候变暖的影响，削减二氧化碳等温室气体的排放，汽车应尽量采用小排量发动机和带有稀薄燃烧技术的发动机，以最大限度地提高能源利用效率。为了减少汽车的二氧化碳排放量，各国开始制定并实施汽车二氧化碳排放法规。2008 年，欧盟要求轿车二氧化碳排放量低于 140g/km（汽油车对应的油耗要在 6L/100km 以下）；在 2012 年，这一限值为低于 120g/km；至 2020 年，则应低于 100g/km。我国也在大力发展一系列先进技术，包括电动汽车、混合动力汽车和以天然气为燃料的内燃机车辆。预计到 2030 年，我国的汽车二氧化碳排放总量有望降低 45%。

2. 空气污染

空气污染是指一些危害人体健康及周边环境的气体、固体或液体悬浮物对大气层所造成的污染。汽车释放出的一氧化碳、碳氢化合物、氮氧化合物、二氧化碳、固体悬浮颗粒、铅及硫氧化合物等都会对空气造成污染。在很多大都市的空气污染物和烟雾混合物中，燃油车的排放物所占的比重已经超过 50.7%。尽管车用内燃机在不断改进以降低排放，但燃油车数量增加所带来的影响远远大于单台车辆降低排放所取得的效果。因此，由燃油车所造成的空气污染物的总量仍在以令人担忧的速度持续增加。

根据有关专家的研究，北京市的 PM2.5 污染物中大多是直径小于 $1\mu m$（也称为 PM1）的粒子。PM1 的最大组分为有机碳气溶胶，约占 40%；第二大组分是硫酸盐气溶胶，占 16%，主要来自燃煤；而第三大组分为硝酸盐气溶胶，约占 13%，这一部分物质既有机动车燃油的影响，也有燃煤的影响。主要来自城市居民活动和城郊农业生产等排放的氨气也很容易形成更多的硝酸盐等。在北京市的 PM1 中，机动车尾气排放的贡献率约为 23%。

电动汽车的有害排放物很少甚至可以实现零排放，减小了对环境的污染。在全球范围内，由电动汽车产生的有害排放物比燃油车少得多。另外，电动汽车的使用还为通过集中处理进一步减少空气污染物的排放提供了一种可能。在发电过程中会产生相应的排放物，通过集中处理的方法，这些污染物很容易被收集起来并采取相应的过滤或无害化措施。但燃油车就无法采用这种集中处理的方法。

3. 酸雨

酸雨是由空气中的二氧化硫（SO_2）和氮氧化物（NO_x）等酸性污染物所引起的 pH 小于 5.6 的雨水、冻雨、雪、雹等酸性降水。

从 1990 起至 2016 年，我国二氧化硫累年排放量约为 80 亿吨，超过美国，跃居世界首位。酸雨污染已成为我国非常严重的一个环境问题。目前，我国长江以南的四川、贵州、广东、广西、江西、江苏、浙江等已经成为世界三大酸雨区之一，酸雨区已占我国国土面积的约 40%。

4. 资源、能源短缺

由于人类无计划、不合理地大规模开采，资源和能源短缺问题已经在世界上大多数国家甚至全球范围内出现。

电动汽车可以部分或者全部地利用电能驱动。由于电能可以通过其他形式的能量转换获得，如水能（水力发电）、内能（俗称热能、火力发电）、原子能、风能（风力发电）、化学能（电池）及光能（光电池、太阳能电池等）等，因此可以减少石油资源的使用量，而且这些新能源不会产生有害的排放和温室气体。电动汽车还可以充分利用晚间用电低谷时电网中富余的电力充电，使发电设备在夜间也得到充分利用，大大提高了其经济效益。有研究表明，同样的原油经过粗炼，然后送至电厂发电，再充入电池，最后由电池驱动汽车，其能量利用效率比传统的经过精炼变为汽油，再由汽油机驱动汽车高。

5. 噪声污染

人为造成的一些人们不需要的声音甚至是令人厌恶的声音可以称为噪声。噪声的污染源主要有工厂噪声、交通噪声、建筑施工噪声、社会生活噪声等。城市噪声主要来源于交通噪声，而汽车噪声正是交通噪声的主要组成部分。汽车噪声主要有发动机噪声、进气噪声、排气噪声、风扇噪声、传动噪声、轮胎噪声、空气动力噪声以及各种发动机附件的噪声等。虽然噪声污染看起来比空气污染危害小，但是噪声可以引起心绪不宁、心情紧张、心跳加快和血压增高等。"噪声病"一词已出现于医学书刊，其发病率也日益增加。

电动汽车有一个明显的优势，就是基本不会产生噪声污染。燃油车的发动机和复杂的机械传动装置会对环境产生严重的噪声污染，而电动汽车用电机驱动，电机工作时噪声很小，通过有效地控制手段，甚至可以使电动汽车运行时"无声无息"，从而大大改善对环境的噪声污染。

二、电动汽车的类型及特点

现代电动汽车（Electric Vehicles，EV）是在现代控制理论、电力电子技术、现代化学基础理论等基础上发展起来的，它是以化学电池、燃料电池、飞轮储能装置或超级电容等为动力源，全部或部分由电动机驱动，集中了机、电、化等各个学科领域中的高新技术，是汽车、电力拖动、功率电子、自动控制、化学能源、计算机、新能源、新材料等工程技术中最新成果的集成产物。

目前，按照技术状态和车辆驱动原理的不同，电动汽车可划分为纯电动汽车、燃料电池电动汽车和混合动力电动汽车三种类型。

1. 纯电动汽车

纯电动汽车是一种仅由车载能源（包括动力蓄电池、超级电容、飞轮电池等）作为储能动力源的汽车，图1-1所示为纯电动汽车的典型结构。

由于纯电动汽车电驱动特性的多样性，纯电动汽车可以有多种动力系统架构，图1-2为纯电动汽车几种常见的结构形式。

（1）图1-2（a）中，电动机、固定速比的减速器和差速器一起构成了纯电动汽车的动力系统。该动力系统结构利用电动机低速阶段恒扭矩和在大范围转速变化中所具有的恒功率特性，采用固定速比的减速器替换传统内燃机汽车多速比的减速器。基于这一替换，动力系统对离合器的要求也相应降低，从而可以取消离合器，该结构的优点是可以减小机械

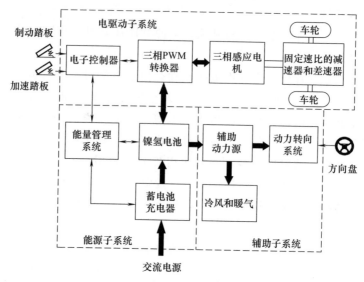

图 1-1 纯电动汽车的典型结构

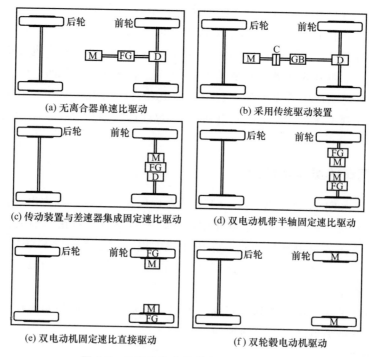

(a) 无离合器单速比驱动
(b) 采用传统驱动装置
(c) 传动装置与差速器集成固定速比驱动
(d) 双电动机带半轴固定速比驱动
(e) 双电动机固定速比直接驱动
(f) 双轮毂电动机驱动

图 1-2 纯电动汽车几种常见的结构形式

C—离合器；D—差速器；FG—固定速比的减速器；GB—变速器；M—电动机

传动装置的体积和质量，简化驱动系统的控制，但该系统结构的缺点是无法对变工况下电动机工作点的效率进行优化，同时为满足车辆加速/爬坡和高速工况要求，通常需要选择较大功率的电机。

（2）图 1-2（b）中，电动机替代了传统汽车中的内燃机，并与离合器、变速器及差速器一起构成了类似传统内燃机汽车的动力驱动系统。电动机输出驱动力，通过离合器可以实现电动机与驱动轮的断开或连接，变速器提供不同的传动比，以变更转速-功率曲线，匹配载荷需求，差速器用于实现车辆转弯时两侧车轮以不同的转速驱动。

（3）图 1-2（c）中，电动机、固定速比的减速器和差速器进一步集成，组合成一体化的单一部件，并与车轮的驱动半轴直接相连，驱动系统进一步简化和小型化。该结构是目前的纯电动汽车中较为常见的一种驱动形式。

（4）图 1-2（d）中，机械差速器被取消，由两个电动机分别通过固定速比的减速器驱动各自侧的车轮，在车辆转弯时，靠电子差速器控制电动机以不同的转速运转，从而实现车辆的正常转弯。

（5）图 1-2（e）中，驱动电动机和固定速比的减速器（行星齿轮）被安装在车轮中，这种驱动系统也称为轮毂式驱动系统，这样可以进一步简化驱动系统，创造出更大的车内空间。该驱动系统中固定速比的减速器的主要作用是降低电动机的转速并增大驱动转矩。

（6）图 1-2（f）所示的结构完全舍弃了电动机和驱动轮之间的机械连接装置，由电动机直接驱动车轮，电动机的转速控制等价于轮速控制。这样的驱动结构对电动机提出了特殊要求，如车辆在加速或减速时要具有高转矩特性，因此一般选用低速外转子型电动机。

此外，还有一种特殊的纯电动汽车动力驱动结构——双电动机四轮驱动系统，其结构如图 1-3 所示。车辆的前轮和后轮都是由电动机通过差速器来驱动，在不同的工况下可以使用不同的电动机来驱动车辆，或按照一定的扭矩分配比例联合使用两个电动机共同驱动车辆，从而使驱动系统的效率达到最大。

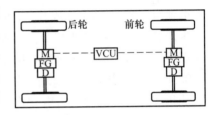

图 1-3 双电动机四轮驱动系统的结构

D—差速器；FG—固定速比的减速器；
M—电动机；VCU—整车控制单元

纯电动汽车主要由车载能源、能源管理系统、驱动电动机和驱动系统、车身和底盘，以及安全保护系统等构成。车载能源通过功率变换装置向电动机提供电能并驱动其运转，电动机经传动装置带动车轮旋转从而驱动汽车运动。车载能源目前主要采用动力蓄电池，主要有铅酸电池、镍氢电池、镍镉电池、钠硫电池、锂离子电池和锌空气电池等。

纯电动汽车是电动汽车研发的技术基础，其具有零排放、低噪声、结构简单、技术成熟等优点，只要有电力供应的地方就能够充电运营。但由于目前蓄电池单位质量储存的能量太少，又未形成规模经济，故购买价格较贵。蓄电池的优势在于应用成本较低，甚至可以达到传统汽车的 1/3，具体应用成本取决于电池的寿命及当地的油、电价格等因素。

2. 燃料电池电动汽车

燃料电池电动汽车以氢气为燃料，由氢气与大气中的氧气在燃料电池中发生化学反应，并通过电极将化学能转化为电能，以电能作为动力驱动汽车前进。燃料电池的化学反应过程不会产生有害产物，具有高效率、无污染、零排放、无噪声等优势。燃料电池的能量转换效率比内燃机要高 2~3 倍，因此从能源利用和环境保护等方面看，燃料电池电动汽车是一种理想的车辆类型。

图 1-4 是一种燃料电池电动汽车的结构简图。

燃料电池电动汽车的基本结构按照驱动形式可分为纯燃料电池驱动和混合驱动两种；按照能量来源可分为车载纯氢和燃料重整两种；根据燃料电池所提供的功率占整车总需求功率比例的不同，燃料电池混合动力汽车可分为能量混合型和功率混合型两种。

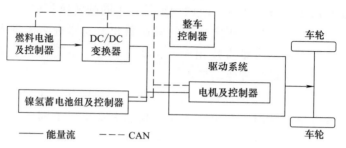

图 1-4 一种燃料电池电动汽车的结构简图

由于燃料电池必须使用反应催化剂才能产生电能,而催化剂中的稀有金属铂价格昂贵,储量稀少,因此研发新型的催化剂是影响燃料电池电动汽车发展的关键因素。

目前,从全球范围看,日本和韩国的燃料电池研发水平处于全球领先地位,尤其是丰田、日产和现代汽车公司在燃料电池汽车的耐久性、寿命和成本等方面逐步超越了美国和欧洲。2013 年 11 月,丰田在第 43 届东京车展上展出了燃料电池概念车,作为技术核心的燃料电池组实现了当时 3kW/L 的功率密度,为当时全球最高。2016 年,丰田与日野合作,开拓生产新一代燃料电池客车。目前丰田汽车公司在扩大混合动力汽车产能的同时,重点针对燃料电池汽车的产业化进行准备。

3. 混合动力电动汽车

从狭义上讲,混合动力电动汽车是指同时装备两种动力源——热动力源(由传统的汽油机或者柴油机产生)与电动力源(电池与电动机)的汽车。通过在混合动力电动汽车上使用电机,可以使动力系统按照整车的实际运行工况要求灵活调控,而发动机保持在综合性能最佳的区域内工作,从而降低油耗与排放。混合动力电动汽车也可以被认为是既有蓄电池提供电力驱动,又装有一台相对小型的内燃机的汽车。混合动力汽车是在纯电动汽车由于技术及成本等原因尚无法大规模推广时而开发的一种折中车辆类型。

根据国际机电委员会下属的电力机动车技术委员会的建议,混合动力电动汽车是指由两种和两种以上的储能器、能源或转换器作为驱动能源,其中至少有两种以上能提供电能的车辆。根据这一定义,混合动力电动汽车可以分为多种形式,为了避免混淆,业内通常用内燃机和蓄电池动力混合的车辆来代表混合动力电动汽车,而将燃料电池与蓄电池混合使用的车型称为燃料电池电动汽车,将蓄电池与电容器动力混合的车辆称为超级电容器辅助动力电动汽车等。

(1)串联式混合动力汽车。串联式混合动力系统如图 1-5(a)所示。其发动机输出的机械能首先通过发电机转化为电能,转化后的电能一部分用来给蓄电池充电,另一部分经由电动机和传动装置驱动车轮。尽管串联式混合动力系统的结构简单,但由于需要发动机、发电机和电动机 3 个驱动装置,因而该种混合方式的车辆的效率通常较低。

(2)并联式混合动力汽车。并联式混合动力系统如图 1-5(b)所示。其采用发动机和电动机两套独立的驱动系统驱动车轮。发动机和电动机通常通过不同的离合器来驱动车轮,可以采用发动机单独驱动、电动机单独驱动或者发动机和电动机混合驱动 3 种工作模式,当发动机提供的功率大于车辆所需的驱动功率或者当车辆制动时,电动机工作于发电机状态,给蓄电池充电。与串联式混合动力相比,它只需要两个驱动装置,即发动机和电动机,具有更高的效率。而且,在蓄电池放完电之前,如果要得到相同的性能,并联式系统中发动机和电动机的尺寸要小于串联式。

（3）混联式（串并联）混合动力汽车。混联式混合动力系统如图1-5（c）所示。在结构上综合了串联式和并联式的特点。与串联式相比，它增加了机械动力的传递路线；与并联式相比，它增加了电能的传输路线。尽管综合了串、并联式系统的优点，但其结构复杂，成本高。然而，随着控制技术和制造技术的发展，一些新开发的混合动力电动汽车更倾向于选择这种结构。

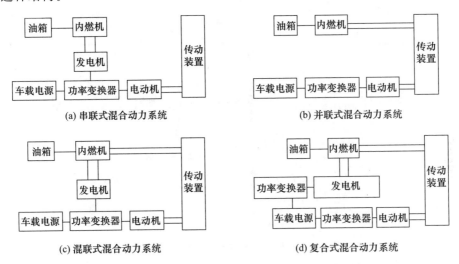

图1-5　几种不同类型的混合动力电动汽车的结构
──电气连接　══机械连接

（4）复合式混合动力汽车。复合式混合动力系统如图1-5（d）所示。其结构与混联式相似，二者的主要区别为复合型中的电动机允许功率流双向流动，而混联式中的发电机只允许功率流单向流动，双向流动的功率流可以有更多的工作模式。复合式混合动力电动汽车同样具有结构复杂、成本高的缺点，不过，现在一些新型的混合动力电动汽车也采用了这种双轴驱动的复合式系统。

除了这四种主要的混合动力电动汽车类型，还有几种运行模式介于这四者之间的混合动力电动汽车类型，包括增程式电动汽车（或称为在线充电式电动汽车）、外接充电型混合动力电动汽车和双模电动汽车。增程式电动汽车通常在纯电池电动汽车模式运行，只有在连续行驶里程不足时，发动机和发电机集成的动力驱动系统会燃烧汽油、生物柴油或乙醇等燃料带动发电机发电，为电动机提供能量驱动车辆行驶，使车辆运行在串联式混合动力模式，图1-6所示为一种增程式电动汽车的结构形式。外接充电型混合动力电动汽车在短途行驶时主要消耗存储于蓄电池中的电能，而在行驶里程较长时则运行在以内燃机为主的混合动力模式下。因此，车辆通常采用并联式或者混联式，而且多为重度混合型。同前两种类型的电动汽车相比，双模电动汽车允许驾驶者采取更加自主的决策，在储蓄电量允许的条件下，驾驶者可以根据实际路况和动力性能的要求通过按键在纯力驱动和混合动力驱之间进行切换，以求满足对于排放标准、动力性能和驾驶体验等的不同要求。

三、电动汽车发展的关键技术

现代电动汽车经过近年的不断发展，技术日渐成熟，产品质量和性能也日益完善，以下几个方面的技术则是关系到电动汽车进一步发展的关键技术。

1. 车身设计

在设计电动汽车时，影响整车整体性能（如续航里程、爬坡能力、加速能力及最高车速等）的参数需要进一步改进，包括减轻整车的重量、降低风阻系数和减小滚动阻力等。

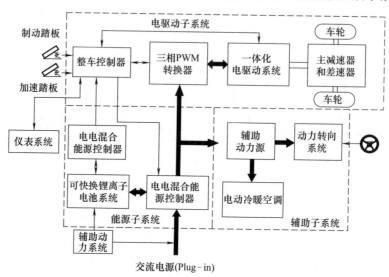

图 1-6 一种增程式电动汽车的结构形式

2. 电机驱动

现代电机的高转矩、低转速和恒功率、高转速的工作特性可以通过电子控制来获得，从而使电动汽车的驱动系统更加灵活多样，可采用单电机或多电机驱动，也可选用或不用变速器；可选用或不用差速器，也可选用轴式电机或轮边电机等。早期的电动汽车都采用直流电机驱动系统，但直流电机存在换向器和电刷等部件需定期维护的缺点。目前，随着技术的发展，出现了许多先进的电机驱动技术并展现出优于直流电机的性能，它们在效率、功率密度、再生能量回馈、坚固性、可靠性和免维护性等方面具有明显的优势。

3. 能源及管理

任何一种蓄电池都不可能同时满足对于比能量、比功率和价格的要求。目前锂离子电池和锂聚合物电池等锂基电池已在现代电动汽车中得到了广泛的应用；超级电容器和超高速飞轮由于其具有的高比功率也将有希望用于电动汽车；而燃料电池能从根本上解决电动汽车续航里程短的问题，被公认为是目前电动汽车最重要的能源之一。

可采用多能源系统即混合动力系统提供动力。对于采用两种能源的混合动力汽车而言，可以通过设计和选择使其中一个能源具有高的比能量，而另一个能源具有高的比功率。有蓄电池和蓄电池相结合的混合动力类型，也有采用蓄电池和超级电容器、蓄电池和超高速飞轮及燃料电池和蓄电池相结合的混合动力类型。内燃机和蓄电池结合是目前混合动力的主要形式，其中燃油的高比能量能保证汽车具有足够长的行驶里程，而蓄电池的高比功率则有利于提高汽车的加速性能并减少废气排放。

4. 系统优化

电动汽车系统是一个涉及多学科技术的复杂系统，电动汽车的性能受多学科相关因素的影响，通过系统优化可以改进电动汽车的性能和降低车辆的成本。计算机仿真是一项电动汽车开发中很重要的技术，它有利于制造商减少开发新产品的时间，降低成本，并能迅速进行概念评价。

第二节 电动汽车电驱动系统简介

一、电驱动系统的基本构成及作用

1. 电驱动系统的基本构成

电动汽车电驱动系统主要由动力输出的驱动电机、电能变换的功率变换器（逆变器）以及实现控制算法的控制系统构成。图1-7中间部分的实框内展示了一种常见的电驱动系统构成。其中驱动电机接受来自功率变换器的不同电压、不同频率的电能，通过电磁场作用将电能转换为机械能输出，从而推动车辆运动或者停止；功率变换器负责将车载直流电能（电池等储能能量）转换为不同的直流电能（针对直流电机）或者不同频率的

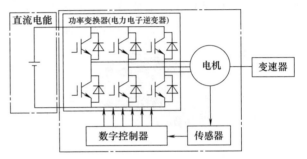

图1-7　一种典型的电动汽车电驱动系统结构

交流电能（交流电机等），为驱动电机提供适合的电能；控制系统则接受整车行驶需求，进行控制算法和适合整车行驶需求的策略计算，为功率变换器提供合适的控制规则，实现恰当的逻辑和策略。

2. 电驱动系统的作用

电驱动系统作为电动汽车核心技术之一，在电动汽车上起到了驱动车辆前进并且能够回收制动能量的作用。在纯电动汽车和燃料电池汽车上，电驱动系统作为车辆唯一的驱动力来源，提供了车辆行驶全部的驱动力，保证车辆的行驶动力性、平顺性等性能，其作用相当于传统汽车的发动机。但是，由于电驱动系统能够工作在回馈制动状态，所以该系统还具备了传统发动机无法实现的能量回馈功能，即电驱动系统在车辆制动时，能够将车辆的动能通过驱动系统的发电特性转换为电能存储到车载电源系统中；在混合动力汽车中，电驱动系统的作用根据混合形式的不同，其作用也略有差别，主要包括动力供应、平衡发动机功率和回馈能量三种。

二、电动汽车电驱动系统技术要求

1. 电驱动系统的技术要求

电机及其驱动系统是新能源汽车（包括电动、混合动力、燃料电池）的关键技术，其主要特性要求如下。

（1）高转矩密度和高功率密度，减少整车的输出恒定转矩，以适应快速启动、加速、负载爬坡要求。

(2) 高速时能输出恒定功率，可有较高功率输出。

(3) 能够在逆变器容量不变的情况下，有较强的弱磁调速能力，是基速的3~4倍。

(4) 在整个速度范围区域都有较高的效率。

(5) 有一定的过载能力，在短的时间内可输出两倍的额定转矩。

(6) 高可靠性和一定的鲁棒性以适应车辆环境变化。

除此之外，在电机设计阶段要考虑低噪声和低转矩脉动。车辆在城市驱动中，大部分运行在大负载的基速区间，因此一般设计最高效率点和最小噪声在基速区。

图1-8所示为典型的牵引电机驱动系统及电机输出特性。图中电机可兼作电动和发电运行。在电动模式下，电机将电能转换为机械能，逆变器从电池获取功率供给电机，电池放电。在发电模式下，电机将机械能转换为电能，通过逆变器反馈给电池，为电池充电。从图1-8所示的输出特性曲线可以看出，在基速以下电机采用恒转矩控制，即低速大转矩运行模式，一般采用单位电流输出最大转矩控制（MTPA），但最大转矩输出受逆变器的电流能力限制；在基速以上，采用弱磁控制，高速时输出转矩受逆变器的电压限制。

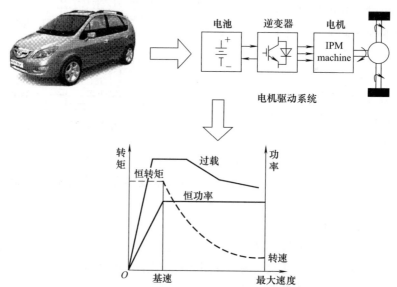

图1-8　典型的牵引电机的转矩/功率-速度驱动特性

2. 电机的驱动特性及控制方法

电机的转矩是由磁通和电流相互作用产生的。在直流电机中，通过控制电枢电流和励磁电流可以控制输出转矩。电机驱动系统是由电动机和逆变器及其控制单元组成的。图1-9

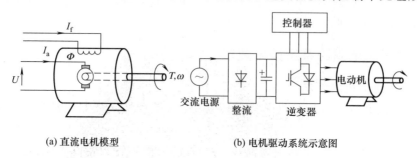

(a) 直流电机模型　　　　　(b) 电机驱动系统示意图

图1-9　电机与驱动系统示意图

所示为电机与驱动系统示意图。

对称的平衡电流在三相对称的绕组中产生旋转磁场，等效为旋转的定子电流矢量 I_S。定子电流矢量可分解为两个分量，即磁化分量 I_F 和转矩分量 I_T，转矩分量与磁化分量正交垂直。控制绕组电流的磁化分量 I_F 与永磁体方向相反，实现弱磁控制，如图 1-10 所示。

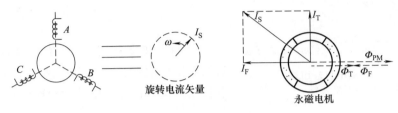

图 1-10 转矩和磁通的控制示意图

图 1-11 给出了有弱磁和没有弱磁情况下电机输出特性的比较。

在没有弱磁的控制中，当转速增大，输入电压随之上升，当达到额定速度时电机电压也达到逆变器输出电压的最大值，此时，如果继续增大给定速度，由于输入电压的限制，输出功率在达到一个最大值后迅速减小，如图 1-11（a）所示，因此其恒功率范围很小。

如果采用弱磁控制，在恒功率弱磁区域，电压和输出功率随速度的增大而线性增加，当速度达到额定速度时，电压为额定电压；高于额定速度时，电压随转速升高而升高，由于逆变器电压限制，可通过减少磁通使电压保持恒定，输出转矩随之下降而功率保持恒定。在整个运行区均控制电机在给定速度时始终保持输出最大转矩，如图 1-11（b）所示。

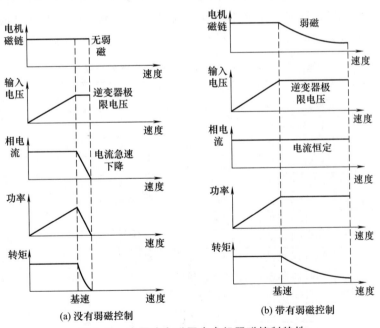

图 1-11 内置式永磁同步电机弱磁控制特性

永磁电机输出转矩/功率-速度特性如图 1-12 所示。在基速以下，电压和功率随着速度的增加而增大；在基速时端电压达到额定电压，输出转矩为额定最大转矩；在基速以上，要求保证恒功率输出，即为恒功率弱磁运行区域，控制绕组电流减弱磁场，输出功率和电压不变，输出转矩随速度增加而下降。

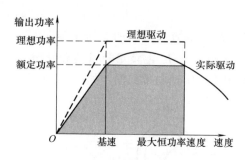

图 1-12 永磁电机输出转矩/功率-速度特性

由于电机运行过程中不可避免地存在损耗,随着速度增大电机不可能达到无限速度,一般用恒功率速度范围(CPSR)来反映其最高速度时输出转矩能力,即

$$CPSR = \frac{保证功率恒定的最大速度}{基速}$$

恒功率速度范围(CPSR)值越大,表明电机及系统的弱磁能力越强,速度范围越宽,永磁电机通过优化设计可使其达到理想的上限速度。

三、电驱动系统的发展现状及趋势

(一)电驱动系统的发展现状

从全球范围看,有刷直流电机、感应电机与有刷磁铁电机商品化历史最长,产品更新换代不断,迄今还在应用。20世纪80年代开始进入商品化的表面永磁同步电机与90年代以来研制开发的开关磁阻电机、内置式永磁同步电机以及最新的同步磁阻电机相继进入市场,并在电动汽车与混合动力汽车上获得应用。

1. 日本

日本相关企业和研究机构主要开发混合动力汽车,近几年来在批量生产的日本电动汽车车型上以采用永磁同步电机驱动系统为主流。其主要优点是其效率比交流感应电机高,体积较小,但价格较贵。同时日本在电驱动系统集成化研究方面,尤其是混合动力总体驱动技术方面取得了显著的成效。表 1-1 所示为日本几款电动汽车电驱动系统的主要指标。

表 1-1 日本几款电动汽车电驱动系统的主要指标

车 型	电机种类	峰值功率/kW [对应转速/(r/min)]	最大转矩/N·m [对应转速/(r/min)]	电动汽车类型	初售年份
本田 PLUS	交流同步电机	49[6750]	274[0~1700]	EV	1997
本田 RAV4EV	交流同步电机	50[3100~4600]	190[0~1500]	EV	1997
日产 NESSA EV	永磁同步电机	62[16000]	175	EV	1996
丰田 e-Cdrn	交流同步电机	16.5[2450~3620]	76[0~2450]	EV	1999
日产 Hyper Mini	永磁同步电机	24[3000]	130[0~1000]	EV	1999
丰田普锐斯第一代	永磁同步电机	33[1040~5600]	350[0~400]	HEV	1997
本田 Insight	永磁同步电机	9.2[2000]	49[1000]	HEV	1990
日产 TINO HEV	永磁同步电机	17[1390~5600]	155[0~700]	HEV	2000
皇冠弱混电动汽车	交流同步电机	3[1440~1660]	56[0~300]	HEV	2001
丰田 Estima Hybrid(前轮)	永磁同步电机	13[1130~3000]	110[0~1130]	HEV	2001
丰田 Estima Hybrid(后轮)	永磁同步电机	16[1910~2500]	106[0~400]	—	2001
本田思域	永磁同步电机	10[4000]	49	HEV	2001
丰田普锐斯第二代	永磁同步电机	50[6700]	400	HEV	2003
丰田 SUV	永磁同步电机	123[12400]	333	HEV	2005
雅阁混合动力汽车	永磁同步电机	12[963~6500]	136[0~963]	HEV	2005
丰田 FCHV-4	交流同步电机	60[3580~9600]	260[0~2050]	燃料电池车	2002
本田 FCX-V4	交流同步电机	60[11000]	272	燃料电池车	2002

在电驱动系统结构上,丰田公司将行星轮变速机构、电动机、发电机以及发动机进行了一体化结构设计,在有限的空间内完成了整个系统的设计与制造。图 1-13 所示为其集成设计的一体化驱动电机系统。该系统包括了一个电动机、一个发电机、一套行星轮耦合机构以及机械式差速器。

在控制系统设计上,丰田公司将驱动电动机控制器和发电机控制器进行了整合设计,采用了共母线技术,如图 1-14 所示。同时,为了提供整车电能的利用率,该系统集成了可根据需要将电动机和发电机的电源电压进行无级升压的设备,可由一般情况下的直流 201.6V 最大升至直流 650V。这意味着小电流可提供大的电力供给,发挥高输出电动机的性能,提高系统整体的效率。为了能够为整车进行可靠的低压供电,该系统中同时集成了一个将 HV 蓄电池和发电机发出的 201.6V 直流降压至 12V 的 DC/DC 系统,以作为车辆的辅助设备、电子部件的电源使用。

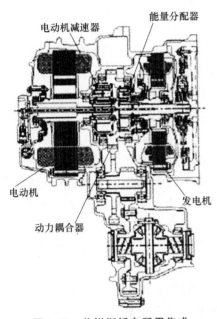

图 1-13 普锐斯轿车所用集成化电机与减速器驱动系统

图 1-14 丰田公司驱动电动机控制器和发电机控制器的整合设计

2. 欧美

近年来欧美等国家开发的电动汽车多采用交流感应电机作为驱动系统。其主要优点是价格较低,性能可靠;其缺点是启动转矩小,运行效率较低。同时欧美电动汽车在轮毂电驱动、集成化电驱动等方面也进行了卓有成效的设计研究工作。

米其林公司研发的将轮毂电机和电子主动悬架等都整合到轮内的主动轮技术如图 1-15 所示。该技术使得动力传动链大大缩短,也使得电动汽车的设计变得更加简单。2008 年巴黎车展上,首度展出的 Venturi Volage 跑车即采用了米其林公司的主动轮系统。其主动轮额定功率为 30kW,最大功率为 60kW,总质量为 7kg。由车辆电子器件制造商 Heuliez、米其林轮胎和通信服务商 Orange 合作开发而成的 WILL 汽车是另外一款安装主动轮的车型。该车是一部能够和传统汽车相媲美的电动汽车,既可以作为轿车使用,也可作为多功能运载车使用。该车 0~100km/h 的加速时间为 12s,续驶里程为 150~400km,最高车速为

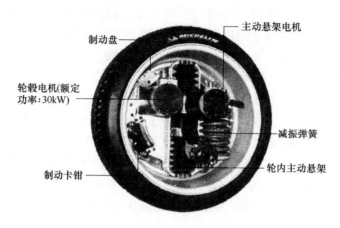

图 1-15 米其林公司研发的主动轮技术

140km/h。

车轮独立驱动的优点是传动系统简单，布置方便；由于每个电机可以单独控制，能实现车轮驱动力的单独调节和横摆力矩的控制，容易实现车辆底盘系统的电子控制，改善车辆驱动性能和行驶性能。但轮毂电机驱动系统会使车轮质量过大，会对整车动力性能造成影响。另外还可能带来其他问题，如电机散热、防水、防尘难度大等。

3. 中国

目前我国电动汽车电驱动系统生产企业多数企业规模小，实力还较弱。电驱动系统是新兴的电传动行业的一个分支。新兴的高新技术企业是这一行业的主力军之一，它们一般依托于高校或者科研院所，具有较强的技术水平，但由于成立不久，这些企业大多实力较弱，融资渠道单一，生产能力不强。除了新成立的高新企业外，我国有相当一部分电驱动系统企业是由传统电机制造商转型而来。我国拥有数量庞大的电机企业，其中很多企业拥有成熟的技术工人、较好的制造能力和一定的研发能力。

我国人力资源丰富，具有丰富的稀土资源，为电机业的发展提供了很好的环境。我国车用电机在全球资源条件下具有明显的优势，较易进入全球分工体系，如果引导得力，我国电驱动系统完全可以发展成具有中国特色的优势产业。但从行业现状看，这种资源优势还并未充分发挥出来。

在国家"863计划"项目的支持和推动下，我国车用驱动电机技术进步较快。目前，比较常见的是永磁电机和异步电机。部分企业、研究单位和高校还对一些新原理的电机系统，如基于双机械端口电机的电力无级变速系统（EVT）、混合励磁电机系统等进行了探索。我国在一些驱动电机共性基础技术上，如满足各种整车封装需求的电机转子位置传感器、绝缘材料和永磁材料技术取得了突破，并在已经上路的电动汽车上得到了良好应用。我国电驱动系统的基本功能和性能已接近国际先进水平，但产品对汽车使用环境的适应性不足，产业化之路还存在较多瓶颈。

与国外公司相比，我国电驱动系统主要存在以下差距。

（1）机电一体化集成度不够。目前国外公司已经把电机与变速器有机地集成在一起，从而可以通过调整速比进一步优化电机的输出功率和尺寸。我国则受制于变速器的工业设计和制造能力，进展比较缓慢，尤其没有合适的速比可达10∶1的电机减速器产品。

(2) 国外公司利用其整车制造能力，改进传统电机和电力电子产品的制造能力，如丰田的第三代系统在控制器的散热方面利用了很多汽车散热器技术，开发出了一套高性能的散热系统，从而提高了集成度。

(3) 国外公司通过采用不同的电力电子技术来改变传统电机控制系统的构造，使得系统的效率进一步提高。如在丰田公司第二代的THS双电机系统中，引进了一个大功率的DC-DC转换器，使电机的母线电压和蓄电池的母线电压可以分开，这样一方面把电机的母线电压从300V逐步提升到了500V，甚至到了650V，从而大大提升了电机系统的输出功率；另一方面解决了蓄电池电压的提升，势必增加单体电池串联的个数，从而有可能降低蓄电池系统可靠性的问题。虽然我国部分电驱动厂商具备了小批量供货的能力，但通过TS16949质量体系标准认证的还极少。我国的电机性能和试验标准大大落后于国外标准，同时试验设备缺少也是造成我国电机产品质量与国外有很大差距的原因。

为了能够加快国内电驱动系统的发展，2015年发布的《〈中国制造2025〉重点领域技术路线图》中明确表示：2020年，初步建成以市场为导向、企业为主体、产学研用紧密结合的新能源汽车产业体系；自主新能源汽车年销量突破100万辆，市场份额达到70%以上；打造明星车型，进入全球销量排名前10，新能源客车实现规模化出口，整车平均故障间隔里程达到2万公里；动力电池、驱动电机等关键系统达到国际先进水平，国内市场占有率达到80%。同时要求重点推进电机、电池、逆变器等关键核心零部件自主化，满足新能源汽车产业的发展需求。驱动电机自主研发与商品化能力达到国际先进水平，乘用车驱动电机20s有效比功率不低于4kW/kg，商用车30s有效比扭矩不低于19N·m/kg；电机控制器实现功率密度不低于25kW/L，综合性能达到国际先进水平，自主率达到60%以上。国家政策不断细化，国内电机企业将面临更好的发展机遇。

（二）电驱动系统的发展趋势

从国际研发的方向来看，受到车辆空间限制和使用环境的约束，汽车要求电驱动系统有更高的性能，耐受环境温度范围更高（冷却液入口温度＞105℃），能经受高强度的振动以及体积小、成本更低等。为满足以上严格甚至苛刻的要求，车用电驱动系统技术的发展趋势可以归纳为永磁化、数字化和集成化。永磁同步电机驱动系统以其高功率密度、高效率等优势，成为发展电动汽车电驱动系统必须着重研究的关键技术之一。

在电动汽车电驱动系统的发展过程中，异步电机驱动系统得到了非常广泛的应用。但是随着电动汽车电驱动系统技术要求的不断提高，永磁同步电机驱动系统（PMSM）在国内外电动汽车上的应用逐渐得到了加强。表1-2是国外目前应用于电动汽车上的电机类型分布情况。

表1-2 国外目前应用于电动汽车上的电机类型分布情况

感应异步电机 （数量/百分比）	永磁电机（数量/百分比）		磁阻电机 （数量/百分比）
	PMSM	BLDC	
3/13%	16/69.6%	4/17.4%	0/0%

电动汽车用电机驱动系统技术发展趋势基本可以归纳为永磁化、数字化和集成化。

永磁电机具有效率高、比功率较大、功率因数高、可靠性高和便于维护的优点。采用矢量控制的变频调速系统，可使永磁电机具有宽广的调速范围。因此，电机的永磁化成为电驱动技术的重要发展方向之一。数字化也是未来电驱动技术发展的必然趋势。数字化不仅包括驱动控制的数字化，驱动到数控系统接口的数字化，而且还应该包括测量单元的数字化。随着微电子学及计算机技术的发展，高速、高集成度、低成本的微机专用芯片以及 DSP 等的问世及商品化，使得全数字的控制系统成为可能。用软件最大限度地代替硬件，除完成要求的控制功能外，还具有保护、故障监控、自诊断等其他功能。全数字化是电动汽车控制乃至交流传动系统的重要发展方向之一。

电驱动系统的集成化主要包括两个方面：一是指电机与发动机总成或电机与变速器的集成，电机驱动技术向着集成化的方向发展有利于减小整个系统的质量和体积，并可以有效地降低系统的制造成本；二是电力电子集成，包括功能集成（包括多逆变＋DC-DC 转换器＋电池管理＋整车控制）、物理集成（功率模块、驱动电路、无源器件、控制电路、传感器、电源等）、应用 Trench＋FS IGBT 等新器件，基于单片集成、混合集成和系统集成技术达到高度集成。

沟槽栅与场终止技术的 IGBT 芯片，面积较小，单片可实现 600V/200A，提高了功率密度；600V/1200V 的 SiC 二极管应用逐步商业化，其耐压性为 Si 的 10 倍，导热性为 Si 的 3 倍，反向恢复损耗可减小 66%；多芯片并联静态均流技术，低电磁干扰回路；功率器件散热技术发展迅速，直接冷却和双面冷却技术进一步降低模块热阻；针对系统需求定义的 IGBT 模块定制设计，如 2010 款普锐斯轿车控制器的一个 IGBT 模块包括 6 个逆变半桥，1 个 Boost 半桥；电池组供电＋逆变回路情况下，可选取容值较小、体积小、纹波电流较大、低感的膜电容；膜电容与叠层母排一体化组件技术成为发展趋势，可减少换流回路杂散电感 50%；105℃ 以上高温膜的商业化仍是世界难题，对集成热管理提出了更高的要求。

比亚迪新能源汽车中应用了双向逆变式充放电技术。双向逆变器集驱动电机、车载充电器、直流充电站三者功能于一身，既可把电网的交流电转换为直流电实现充电，又能把电池里的直流电反向转换为交流电对车外用电器供电。

应用双向逆变式充放电技术可满足多种场合需求。如图 1-16 所示，电动车可通过车对电网（V⇌G）模式实现削峰填谷；车对车（V⇌V）模式实现车辆之间互相充电；车对负载（V→L）模式可实现在车辆离网时的紧急状况下应急供电。

图 1-16 双向逆变式充放电技术应用

比亚迪·唐的双向逆变器的关键电路是 PWM 双向并网变换器，其主电路如图 1-17 所示，包括 6 组 IGBT 绝缘栅双极晶体管和 T_1 交流变压器，以及与电池组相连的双向 DC/DC 直流变压器。比亚迪·唐的直流电压为 510V。

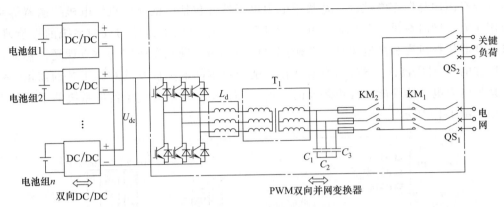

图 1-17 双向逆变器主电路

双向逆变式充放电控制器如图 1-18 所示。

(1) V⇌G 模式。电动车不仅能通过电网充电,还能将电反馈给电网,以实现削峰填谷。比如,在晚上电低谷时期,可以对电动车进行充电,然后在白天用电高峰期,由车辆向电网并网放电,将储备的电反充给电网。无论是家用单相电网,还是大型三相电网,都可以轻松实现充电与放电。这在一定程度上减轻了电网的供电负担,从而实现削峰填谷。

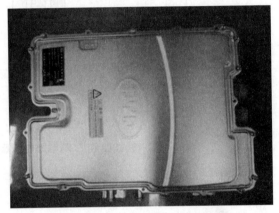

图 1-18 双向逆变式充放电控制器

(2) V⇌V 模式。该模式可实现车辆之间互相充电,进一步扩大了电动汽车的可充电范围,可作为紧急救援车对因电力不足而无法运行的车辆充电。

(3) V→L 模式。该模式可实现车辆离网时,单相、三相带负载功能。在家庭断电或是野外露营时,为家用电器提供可靠的电力支持。只要是 15kW 以下的电器(如电磁炉等),该技术都能为之提供单相交流电。同时,采用该系统的车辆不仅可以给上述电器供电,还可以给整座建筑提供三相交流电。当遇到自然灾害或者其他特殊情况而导致电网中断时,电动车便化身为一个移动的电站,并网供电作紧急使用。

与此同时,以硅(Si)基为代表的电力电子产品历经 30 年左右的发展,出现了一个技术瓶颈,其高温、高压、高频时损耗较大,需要寻找更好的器件来替代。2003 年,美国 Cree 公司率先推出碳化硅(Silicon Carbide, SiC)产品。但当时并没有在市场上引起很大的反响。2010 年以后,业界开始对 SiC 和氮化镓(Gallium Nitride, GaN)为代表的宽禁带电力电子器件投入相当大的研制精力,该类电力电子产品均已有商业化产品。宽禁带电力电子器件因其高耐压、低损耗、高效率等特性,一直被视为"理想器件"而备受期待。宽禁带半导体材料与传统硅材料相比具有更优越的性能,主要表现在禁带宽度大、饱和电子漂移速度高、临界击穿电场大、化学性质稳定等,其导通电阻小,开关速度快、频率高、耐压高,耐高温性能好。宽禁带功率器件的这些性能,可以满足电动汽车对功率变换器高温、高压、高频、高功率密度等恶劣工作环境的要求,是目前半导体领域最优越的材料。

目前已经有国内外厂家尝试进行宽禁带电力电子器件包括电池充电机、电机控制器等系统的应用研究。同时在进一步的研究中，对于宽禁带电力电子器件构成的系统的性能研究、新型逆变器拓扑研究和高速驱动电路研究也已经成为电动汽车研究的重点课题。然而，相对于以往的 Si 材质器件，SiC 功率器件在性能与成本间的平衡及其对高工艺的需求，将成为宽禁带电力电子器件能否真正普及的关键。SiC 和 Si 基电力电子器件系统的不同频率损耗对比如图 1-19 所示。

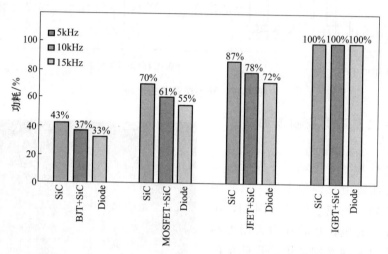

图 1-19　SiC 和 Si 基电力电子器件系统的不同频率损耗对比

四、典型电动汽车电驱动系统结构

1. 西门子公司的交流感应电机

交流感应电机与直流电机相比，具有效率高、结构简单、结实可靠、免维护、体积小、质量轻、易于冷却、寿命长等许多优点。感应电机本身比直流电机成本低，只是其逆变器比直流电机控制器成本高，但随着功率电子技术的不断进步，两者的成本差距越来越接近。从目前来看，交流感应电机系统总成本要比直流电机驱动系统高，但由于其质量轻、效率高及能有效地实现再生制动，因而在电动汽车上的运营成本要比直流电机驱动系统低，尤其在大功率电动汽车中有更广泛的应用。图 1-20 所示为西门子公司的一款交流感应电机。其参数如下所述。

图 1-20　西门子公司的一款交流感应电机

产品型号：Siemens 1PV5135-4WS28。

外形尺寸：长为 425mm，直径为 245mm。

质量：90kg。

冷却形式：水冷。

额定功率：67kW。

额定电压：650V。

额定转矩：160N·m。

额定电流：124A。

最大功率：150kW。
最大转矩：360N·m/250A。
持续转矩：450N·m。
最高转速：10000r/min。
能量密度（150kW·h）：1.67kW/kg。

2. UQM公司的永磁同步电机

永磁同步电机驱动系统以其高效、高控制精度、高转矩密度等特点在电动汽车电驱动系统中具有很高的应用价值。随着成本的降低和可靠性的进一步提高，永磁同步电机驱动系统在电动汽车上也将在一定范围内得到应用，特别是小功率的永磁同步电机驱动系统。

UQM公司致力于高功率密度、高效率电动机、发电机和电子控制器的开发与生产，拥有35年的开发经验，定位成为电动汽车领域的重要动力系统供应商。该公司针对不同类型的电动汽车（如混合动力、纯电动汽车）开发了一系列电机驱动系统。图1-21所示为一款适用于混合动力车型的（UQM公司）永磁同步电机驱动系统。其参数如下所述。

产品型号：SPM286-149-2。
外形尺寸：长为241mm，直径为411mm。
质量：95kg。
最大功率：200kW。
额定功率（3000r/min时）：115kW。

图1-21 适用于混合动力车型的（UQM公司）永磁同步电机驱动系统

最大转矩：900N·m。
额定转矩：450N·m。
最高转速：5500r/min。
最高效率：94%。
能量密度（200kW·h）：2.12kW/kg。

3. 中纺锐力公司的开关磁阻电机

开关磁阻电机调速系统（SRD）是同步磁阻电机系统中的一种。由于它在性能和结构上具有一系列的特点，十分适合电动汽车使用。如启动和低速运行时转矩大、电流小，具有串励电动机机械特性，系统高效区宽，结构简单坚固，用于高速、功率电路

图1-22 电动汽车用SRD

可靠性高等。因此，该系统的诞生和发展始终与电动汽车的发展相伴。中纺锐力公司研发出多种规格的车用 SRD，图 1-22 为电动汽车用 SRD，其参数见表 1-3。

表 1-3　电动汽车用 SRD 参数

序号	额定/峰值功率 /kW	额定/峰值转速 /(r/min)	电压 /V	控制器/电机质量 /kg	系统效率 /%	冷却方式（控制器/电机）	适用车型
1	100/180	2200/7000	336	80/350	94	风冷/水冷	纯电动大巴车
2	60/110	3500/6500	372	35/130	93.5	水冷/水冷	纯电动中巴车
3	35/65	2000/7000	336	35/140	92	风冷/自然风冷	混合动力大巴车
4	40/80	3500/6000	336	30/95	93	水冷/水冷	纯电动中巴车
5	10/25	2000/6500	312	20/50	91	水冷/水冷	中混电动轿车
6	8/16	2500/5000	240	10/40	90	风冷/风冷	微型电动轿车

第二章 电动汽车电驱动理论基础

第一节 电动汽车的结构原理

电动汽车的总体结构与传统汽车基本上是一致的,但在动力驱动系统、能源系统等关键总成部件上则有着很大的区别。传统汽车一般采用内燃机作为车辆的唯一动力源,通过传动系统将动力输出到车辆的驱动轮上。而电动汽车可以采用电驱动系统,或者电驱动与内燃机的混合动力系统作为车辆的动力源,同时,车辆在采用电驱动系统时,可以根据驱动系统的特点和车辆的特点采用单个、两个或者多个驱动装置来驱动车辆。此外,电机驱动系统的动力传输路线相对于传统汽车而言会更加灵活。图 2-1 为某种电动汽车的剖面图。

图 2-1 某种电动汽车的剖面图

传统汽车一般由发动机、底盘、车身和电气设备4个基本部分组成,其中发动机是唯一的动力源。底盘的作用是支承、安装发动机及各部件、总成,形成汽车的整体结构,并接受发动机的动力,使汽车产生运动,保证正常行驶。底盘由传动系、行驶系、转向系和制动系四部分组成。车身安装在底盘的车架上,用以容纳驾驶员、旅客乘坐或装载货物。轿车、客车的车身一般是整体结构,货车车身一般是由驾驶室和货箱两部分组成。汽车车身结构主要包括车身壳体、车门、车窗、车前钣制件、车身内外装饰件和车身附件、座椅及通风、暖气、冷气、空气调节装置等。在货车和专用汽车上还包括车箱和其他装备。电气设备由电源和用电设备两大部分组成。电源包括蓄电池和发电机。用电设备包括发动机的启动系、汽油机的点火系和其他用电装置。

尽管电动汽车的大多数参数是从发展成熟的燃油汽车体系中借鉴的,但电动汽车有其本身独有的结构特征和技术参数。

电动汽车系统可分为3个子系统,分别为电力驱动子系统、能源管理子系统和辅助控制子系统,电动汽车的基本构成如图2-2所示。

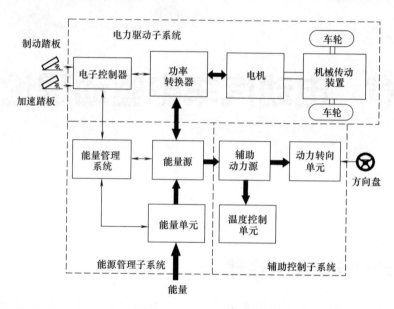

图 2-2 电动汽车的基本构成

1. 电力驱动子系统

电力驱动子系统由电子控制器、功率转换器、电机、机械传动装置和驱动车轮组成。电子控制器发出相应的控制指令来控制功率转换器中功率装置的通断,功率转换器的功能是调节电机与电源之间的功率流。

驱动电机的作用是将电源的电能转化为机械能,通过传动装置或直接驱动车轮。早期的电动汽车上广泛采用直流串励电动机,这种电动机具有"软"的机械特性,与汽车的行驶特性非常适应。但直流电动机由于存在换向火花、比功率较小、效率较低、维护保养工作量大等缺点,随着电动机及其控制技术的发展,正在逐渐被直流无刷电动机、开关磁阻电动机和交流异步电动机所取代。图2-3为BMW插电式混合动力汽车驱动系统结构。

电子控制器即电动机调速控制装置,是为实现电动汽车的变速和行驶方向的变换等功能而设置的,其作用是控制电动机的电压或电流,完成对电动机的驱动转矩和旋转方向的控制。在早期的电动汽车上,直流电动机的调速一般采用串接电阻或改变电动机磁场线圈的匝数来实现。但由于这种调速是有级的,并且会产生附加的能量消耗或使电动机的结构复杂,现在已很少采用。目前,电动汽车上应用较广泛的是晶闸管斩波调速,通过均匀地改变直流电动机的端电压,控制电动机的电流,来实现电动机的无级调速。随着电力电子技术的不断发展,这种调速方式也逐渐被应用了GTO(可关断晶闸管)、GTR(电力晶体管)、IGBT(绝缘栅双极晶体管)、MOSFET(场效应晶体管)等更先进的电力电子器件的斩波调速装置所取代。从技术的发展来看,伴随着新型驱动电机的应用,电动汽车的调速

图 2-3 BMW 插电式混合动力汽车驱动系统结构

控制转变为直流逆变技术的大规模应用正成为必然的趋势。在驱动电机旋转方向变换控制中，直流电动机依靠接触器改变电枢或磁场的电流方向实现电动机旋转方向变换，但会使控制电路复杂、可靠性降低。当采用交流异步电动机驱动时，电动机旋转方向的改变只需变换定子磁场三相电流的相序即可实现，电路得以简化。此外，采用交流电动机及变频调速控制技术可使电动汽车的制动能量回收控制更加方便，控制电路更加简单。

电动汽车用的功率变换器一般用于 DC/DC 转换或 DC/AC 转换。DC/DC 转换器又称为直流斩波器，用于直流电动机驱动系统。两象限直流斩波器能将蓄电池的直流电压转换为可变的直流电压，并能将再生制动能量进行反向转换。DC/AC 转换器通常称为逆变器，用于交流电动机驱动系统，它将蓄电池的直流电转换为频率和电压均可调的交流电。电动汽车一般使用电压输入式逆变器，其结构简单，并能进行双向能量转换。

电动汽车传动装置的作用是将电动机的驱动转矩传递给汽车的驱动轴。因为电动机可以带负载启动，所以电动汽车无需传统内燃机汽车中的离合器。并且由于驱动电动机的旋转方向可以通过电路控制实现变换，因此，电动汽车也无需内燃机汽车变速器中的倒挡。当采用电动机无级调速控制时，电动汽车还可以省去传统汽车的变速器。在采用电动轮驱动时，电动汽车可以省去传统内燃机汽车传动系统中的差速器。

2. 能源管理子系统

能源管理子系统包括电源、充电系统和能量管理系统等。电源为电动汽车的驱动电动机提供电能，电动机将电源的电能转化为机械能，通过传动装置或直接驱动车轮。电源是制约电动汽车发展的主要因素。电动汽车的电源应具有高比能量和高比功率等性能，以满足汽车对于动力性和续航里程的要求。其中，比能量定义为单位质量的电池（或动力电池组）所能输出的能量，单位为 W·h/kg 或 kW·h/kg；比功率为单位质量的电池所具有电能的功率，单位为 W/kg 或 kW/kg。另外，电动汽车的电源还应具有与汽车使用寿命相当的循环寿命、效率高、成本低和免维护等特点。早期电动汽车上应用最广泛的电源是铅酸蓄电池，但随着电动汽车技术的发展，铅酸蓄电池由于比能量较低、充电速度较慢、寿命较短逐渐被其他类型的蓄电池所取代。目前正在发展的电源主要有钠硫电池、镍铬电池、镍氢电池、锂电池、燃料电池、飞轮电池等。这些新型电源的出现与应用为电动汽车的发展开辟了广阔的前景。特别是性价比较高的磷酸铁锂电池的面世，为电池成本的下降和性能的提高奠定了坚实的技术物质基础。能量管理子系统主要负责监测电源的使用情况及控制充电机向蓄电池充电，并与电控系统一起控制再生制动及其能量的回收。

3. 辅助控制子系统

辅助控制子系统包括辅助动力系统、动力转向系统、导航系统、空调器、照明及除霜装置、刮水器、收音机、音响等。其中，辅助动力系统为电动汽车各辅助系统提供不同等级的电压，并提供必要的动力。这些辅助设备可以提高汽车的操纵性和乘员的舒适性。

第二节 电动汽车的动力学

电动汽车在总体结构上既与传统汽车有类似的方面，又在传动形式上与传统汽车有着较大的差别。传统汽车的驱动理论可以用来分析电动汽车的电驱动，但同时要注意两者之间的区别。

汽车的动力性是指汽车在良好路面上直线行驶时，由汽车受到的纵向外力决定的、所能达到的平均行驶车速。

汽车动力性的具体评价指标包括最高车速、加速时间（原地起步加速时间、超车加速时间）及最大爬坡度。

一、电动汽车受力的分析

图 2-4 为车辆驱动轮的受力情况，电动汽车电机输出轴上的输出转矩为 T，经过减速齿轮传动，传到驱动轴上的转矩为 M_t，使驱动轮与地面之间产生相互作用，车轮与地面作用有一圆周力 F_0，同时，地面对驱动轮产生反作用力 F_t。F_t 与 F_0 大小相等、方向相反，F_t 方向与驱动轮前进方向一致，是推动汽车前进的外力，定义为电动汽车的驱动力。

由力的平衡关系可知

$$M_t = T i_d i_0 \eta$$

$$F_t = \frac{M_t}{r} = \frac{M i_d i_0 \eta}{r} \tag{2-1}$$

式中，i_d 为变速器传动比；i_0 为主减速比；η 为传动系统的机械传动效率；r 为轮胎半径，m；M_t 为驱动转矩，N·m。

图 2-5 为作用于上坡行驶的车辆上的各种力，地面坡度角为 α。作用于驱动轮的轮胎和路面之间接触面上的总牵引力 $\sum F_t$ 推动车辆向前运动。该作用力由动力装置的转矩产生，并通过传动装置的传递最终驱动车轮。

车辆在运动时将受到阻碍其运动的阻力作用。该阻力与车辆的运动方向相反，通常包括轮胎滚动阻力 F_r（表现为图 2-5 中的滚动阻力矩 T_{rf} 和 T_{rr}）、空气阻力 F_w、爬坡阻力 F_g（图 2-5 中的 $Mg\sin\alpha$）和加速阻力 F_j（表现为图 2-5 中的 T_{jw1} 和 T_{jw2}）。因此，汽车行驶的总阻力为

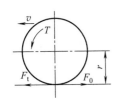

图 2-4 车辆驱动轮的
受力情况

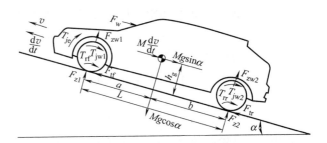

图 2-5 作用于上坡行驶的车辆上的各种力

$$\sum F = F_r + F_w + F_g + F_j \tag{2-2}$$

在上述诸阻力中,滚动阻力 F_r 和空气阻力 F_w 是在任何条件下都存在的,而爬坡阻力 F_g 和加速阻力 F_j 仅在一定的行驶条件下存在,在水平道路上等速行驶时则没有爬坡阻力和加速阻力。

依据牛顿第二运动定律,车辆的加速度可描述为

$$\frac{dv}{dt} = \frac{\sum F_t - \sum F}{\delta M} \tag{2-3}$$

式中,v 为车辆速度,m/s;$\sum F_t$ 为车辆的总牵引力,N;$\sum F$ 为总阻力,N;M 为车辆的总质量,kg;δ 为车辆动力系中表征旋转组件效应的质量系数。

式(2-3)表明车辆的速度和加速度取决于牵引力、阻力和车辆的质量。

1. 滚动阻力

车辆在硬质地面上行驶时,轮胎的滚动阻力基本源自于轮胎材料的滞变作用。它是在轮胎滚动时,由于轮胎胎壳挠曲所产生的作用所导致的地面反作用力的不对称分布。如图 2-6(a)所示,接触面前半部分的压力大于后半部分,这一现象导致了地面反作用力向前偏移,该向前偏移的地面反作用力 F_z 和作用于车轮中心、铅垂方向的载荷产生了一个抵制车轮转动的转矩。

如图 2-6(b)所示,汽车在松软地面上行驶时,还要考虑到轮胎陷进路面形成轮辙的情况,此时轮胎胎壁还受到附加的摩擦力。所以与硬质路面相比,车辆在松软地面上行驶时的滚动阻力显著增大。

此时,地面的反作用力几乎完全偏移至接触面的前半部分。由合成的地面反作用力向

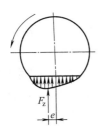
(a) 车轮在硬质路面上行驶时接地印迹面
上的压力分布

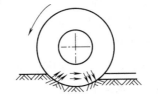
(b) 车轮在软质路面上行驶时形成轮辙及由于
轮辙摩擦产生的附加阻力

图 2-6 不同路面上轮胎的变形与受力

前偏移所产生的转矩被称为滚动阻力矩 T_r，可表达为

$$T_r = F_z e \tag{2-4}$$

式中，e 为偏移的距离。

为保持车轮转动，作用于车轮中心的力 F 应与滚动阻力矩相平衡，即此力应为

$$F = \frac{T_r}{r} = \frac{F_z e}{r} = F_z f_r \tag{2-5}$$

式中，r 为轮胎的半径；f_r 为滚动阻力系数，$f_r = e/r$。

这样，滚动阻力矩可通过这一等效力 F 表示，即定义滚动阻力 F_r 为

$$F_r = F_z f_r \tag{2-6}$$

式中，F_z 为作用于滚动车轮中心的铅垂方向的载荷。

当车辆运行在有坡度的路面上时，铅垂方向的载荷 F_z 应由与路面正交的分量所代替，即

$$F_r = F_z f_r \cos\alpha \tag{2-7}$$

式中，α 为路面的倾斜角。

滚动阻力系数 f_r，取决于轮胎的材料、结构、温度、充气压力、外轮胎面的几何形状、路面粗糙度、路面材料和路面上有无液体等因素，各种不同类型路面下的滚动阻力系数列于表 2-1。近年来，为节省材料，已有公司开发了用于轿车的低阻力轮胎，其滚动阻力系数小于 0.01。

表 2-1 各种不同类型路面下的滚动阻力系数

路面状况		滚动阻力系数	路面状况	滚动阻力系数
良好沥青或混凝土路面		0.010～0.018	泥泞土路（雨季或解冻期）	0.100～0.250
一般沥青或混凝土路面		0.018～0.020	干砂	0.100～0.300
碎石路		0.020～0.030	湿砂	0.060～0.150
良好的卵石路面		0.035～0.050	结冰路面	0.015～0.030
压紧土路	干燥的	0.025～0.035	压紧的雪路	0.030～0.050
	雨后的	0.050～0.150		

在表 2-1 给出的数值中，滚动阻力系数的大小没有考虑其与车速之间的变化关系。但实际上，行驶车速对滚动阻力系数有很大影响。图 2-7 说明，两种不同的轿车轮胎在一定车速（如 140km/h）以下时，滚动阻力随车速逐渐增加但变化不大；在某一车速（如 140km/h）以上时增长较快。当车速达到某一临界车速（如 200km/h）左右时，滚动阻力将迅速增长，此时轮胎容易发生驻波现象，轮胎周缘不再是圆形而呈明显的波浪状。出现驻波后，不但滚动阻力显著增加，轮胎的温度也很快增加到 100℃ 以上，胎面与轮胎帘布层脱落，几分钟内就会出现爆胎现象，这对高速行驶的车辆是一件很危险的事情。

轮胎的结构和橡胶的品种也对滚动阻力有影响。图 2-8 给出了几种不同轿车轮胎的滚动阻力系数随车速与充气压力而变化的曲线。可以看出，轮胎充气压力对滚动阻力系数数值的影响很大。当气压降低时，滚动阻力系数的数值迅速增加。这是因为气压降低时，轮胎在滚动中变形增大，迟滞损失增加。从图 2-8 中还可以看出，子午线轮胎的滚动阻力系

数较低。

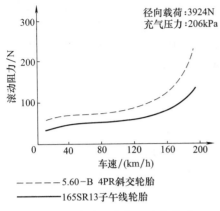
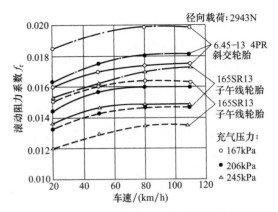

图 2-7 滚动阻力与车速的关系　　图 2-8 滚动阻力系数与车速和轮胎充气压力的关系

基于实测结果，对于车轮在硬质路面上的滚动阻力系数的计算，已有许多经验公式被提出。如在混凝土路面上，轿车轮胎的滚动阻力系数可按以下公式计算

$$f_r = f_0 + f_s \left(\frac{v}{100}\right)^{2.5} \tag{2-8}$$

式中，v 为车速，km/h；f_0 和 f_s 取决于轮胎的充气压力。

在车辆性能的计算中，可认为滚动阻力系数是速度的线性函数。对于混凝土路面上行驶的轿车，可采用如下适合于一般充气压力范围的计算公式

$$f_r = 0.01 \times \left(1 + \frac{v}{100}\right) \tag{2-9}$$

2. 空气阻力

根据空气动力学原理，汽车在行驶过程中受到的空气作用力在行驶方向上的分力被称为空气阻力，空气阻力又分为压力阻力和摩擦阻力两部分。

(1) 压力阻力。作用在汽车外表面上的法向压力的合力在行驶方向的分力。压力阻力又分为形状阻力、干扰阻力、内循环阻力和诱导阻力四部分。形状阻力占压力阻力的大部分比重，与车身主体形状有很大关系；干扰阻力是车身表面凸起物（如后视镜、门把手、引水槽、悬架导向杆、驱动轴等）引起的阻力；内循环阻力为发动机冷却系、车身通风等所需的空气流经车体内部时构成的阻力；诱导阻力是空气升力在水平方向上的投影。

(2) 摩擦阻力。当远离车辆的空气保持静止时，则靠近车辆外壳的空气以近乎车速运动，两者之间的空气分子在宽速度范围下相对运动。两个空气分子之间的速度差异便产生了摩擦力，这就导致了空气阻力中的第二个分量即摩擦阻力。

在一般轿车中，这几部分阻力的大致比例为：形状阻力占 58%，干扰阻力占 14%，内循环阻力占 12%，诱导阻力占 7%，摩擦阻力占 9%。

空气阻力是车速 v、车辆迎风正面的面积 A_f、空气密度 ρ 和车辆形状的函数，可表达为

$$F_w = \frac{1}{2} \rho A_f C_D (v + v_w) \tag{2-10}$$

式中，C_D 为车辆形状特征的空气阻力系数；v_w 为在车辆运行方向上的风速分量，其

方向与车速方向相反时取正值,与车速方向相同时则为负值。

式(2-10)表明,空气阻力与 C_D 及 A_f 成正比。一般情况下,由于 A_f 受车内空间的限制不宜改变,所以降低 C_D 是降低空气阻力的主要手段。20世纪50~60年代初,轿车的空气阻力系数 C_D 维持在 0.4~0.6,自 20 世纪 90 年代起已降到 0.3 左右。现代车身空气动力学的工程师认为,降低轿车车身的 C_D 值应从下列几点着手。

① 车身前部:发动机盖应向下倾,面与面交接处尽量圆滑,过渡平缓。
② 整车:整个车身应向前收缩 1°~2°,俯视形状为腰鼓式。
③ 汽车后部:最好采用舱背式或直背式,后部增加扰流板。
④ 车身底部:所有零部件应在车身下平面内且较平整,盖板应向后逐步升高。
⑤ 冷却进风系统:精心选择并改进通风进口和出口的位置。

3. 爬坡阻力

如图 2-9 所示,当车辆爬坡或下坡时,其重量将产生一个始终指向下坡方向的分力。这一分力起着阻碍(上坡时)或辅助(下坡时)向前运动的作用。在车辆性能分析中,现仅考虑上坡时的运行状态。由路面坡度所产生的力通常称为爬坡阻力,即

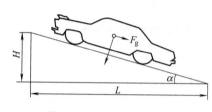

图 2-9 爬坡阻力示意图

$$F_g = Mg\sin\alpha \tag{2-11}$$

式中,M 为车的质量;α 为路面倾斜角。

为简化计算,当路面倾斜角较小时,通常采用坡度代替。

坡度定义为

$$i = \frac{H}{L} = \tan\alpha \approx \sin\alpha \tag{2-12}$$

式中,H 为坡面垂直高度;L 为坡面的水平距离。

同时,轮胎的滚动阻力和爬坡阻力一起构成了路面阻力,即

$$F_{rd} = F_r + F_g = Mg(f_r\cos\alpha + \sin\alpha) \tag{2-13}$$

当路面倾斜角较小时,路面阻力可简化为

$$F_{rd} = F_r + F_g = Mg(f_r + i) \tag{2-14}$$

式中,f_r 为滚动阻力系数;F_g 为爬坡阻力;i 为坡度;F_r 为滚动阻力。

令 $f_r + i = \psi$,ψ 为路面阻力系数,则有

$$F_{rd} = Mg\psi \tag{2-15}$$

4. 加速阻力

汽车在加速行驶时,其质量对于加速运动的惯性力就是加速阻力 F_j。汽车的质量分为平移质量和旋转质量两部分,加速时,不仅平移质量产生惯性力,旋转质量也要产生惯性力偶。为了便于计算,一般把旋转质量的惯性力偶矩转化为平移质量的惯性力,对于固定传动比的汽车,常以系数 δ 作为计入旋转质量惯性力偶矩后的汽车旋转质量换算系数,因而汽车的加速阻力可写为

$$F_j = \delta M \frac{dv}{dt} \tag{2-16}$$

式中,δ 为汽车旋转质量的换算系数,$\delta > 1$;M 为汽车的质量;$\frac{dv}{dt}$ 为行驶加速度。

δ 主要与飞轮的转动惯量、车轮的转动惯量及传动系的传动比有关，根据相应公式推导为（推导过程略）

$$\delta = 1 + \frac{1}{M} \times \frac{\sum I_w}{r^2} + \frac{1}{M} \times \frac{I_f i_g^2 i_0^2 \eta_r}{r^2} \tag{2-17}$$

式中，I_w 为车轮的转动惯量；I_f 为飞轮的转动惯量；r 为车轮半径；i_g 为变速器的传动比；i_0 为主减速器的传动比。

二、动力学方程

车辆的纵向受力情况如图 2-5 所示，作用在两轴车辆上的主要外力包括前、后车轮的滚动阻力 F_{rf} 和 F_{rr}（它们分别产生滚动阻力矩 T_{rf} 和 T_{rr}）、空气阻力 F_w、爬坡阻力 F_g（$Mg\sin\alpha$）和分别作用于前、后车轮的牵引力 F_{tf} 和 F_{tr}。对后轮驱动的车辆而言，F_{tf} 为零，而对前轮驱动的车辆，则 F_{tr} 为零。

车辆纵向运动的动力学方程可表达为

$$M \frac{dv}{dt} = (F_{tf} + F_{tr}) - (F_{rf} + F_{rr} + F_w + F_g) \tag{2-18}$$

式中，$\frac{dv}{dt}$ 为车辆沿纵向的线加速度；M 为车辆的质量。

式（2-18）中等号右边的第一项为总牵引力，第二项为总阻力。

若想得知轮胎与地面接触面所能支持的最大牵引力，必须确定前、后车轴上铅垂方向的载荷。通过累加作用于轮胎与地面接触面中心点上的所有力矩，可得前轴上铅垂方向的载荷 W_f 为

$$W_f = \frac{MgL_b\cos\alpha - \left(T_{rf} + T_{rr} + F_w h_w + Mgh_g\sin\alpha + Mh_g\frac{dv}{dt}\right)}{L} \tag{2-19}$$

式中，h_g 为车辆重心的高度；F_w 为空气阻力；$T_{rf} + T_{rr}$ 为滚动阻力矩；h_w 为空气阻力作用点高度；L 为坡面的水平距离。

同理，可得作用于后轴上的铅垂方向的载荷 W_f 为

$$W_f = \frac{MgL_a\cos\alpha + \left(T_{rf} + T_{rr} + F_w h_w + Mgh_g\sin\alpha + Mh_g\frac{dv}{dt}\right)}{L} \tag{2-20}$$

对于轿车，假设空气阻力作用点高度 h_w 近似于车辆重心的高度 h_g，则式（2-19）和式（2-20）可简化为

$$W_f = \frac{L_b}{L}Mg\cos\alpha - \frac{h_g}{L}\left(F_w + F_g + Mgf_r\frac{r_d}{h_{fg}}\cos\alpha + M\frac{dv}{dt}\right) \tag{2-21}$$

和

$$W_f = \frac{L_a}{L}Mg\cos\alpha + \frac{h_g}{L}\left(F_w + F_g + Mgf_r\frac{r_d}{h_{fg}}\cos\alpha + M\frac{dv}{dt}\right) \tag{2-22}$$

式中，r_d 为车轮的有效半径。由式（2-7）、式（2-10）、式（2-11）和式（2-18）可改写式（2-21）和式（2-22）为

$$W_f = \frac{L_b}{L}Mg\cos\alpha - \frac{h_g}{L}\left[F_t - F_r\left(1 - \frac{r_d}{h_g}\right)\right] \tag{2-23}$$

和

$$W_f = \frac{L_a}{L} Mg\cos\alpha + \frac{h_g}{L}\left[F_t - F_r\left(1 - \frac{r_d}{h_g}\right)\right] \qquad (2\text{-}24)$$

式中，F_t 为车辆的总牵引力，$F_t = F_{tf} + F_{tr}$；F_r 为车辆的滚动阻力；L_a 为车辆在重心前部的水平长度；L_b 为车辆在重心后部的水平长度。

式（2-23）和式（2-24）等号右边的第一项分别是当车辆静止在水平地面上时作用在前、后车轴上的静载荷；第二项分别为其铅垂方向载荷的动态分量。

轮胎与地面接触面所能支持的最大牵引力（大于该最大牵引力的任意少量的变化将引起轮胎在地面上的空转），其通常以铅垂方向载荷与路面附着系数 μ 的乘积的形式给出。因此，对于前轮驱动的车辆应有

$$F_{t,\max} = \mu W_f = \mu \left\{ \frac{L_b}{L} Mg\cos\alpha - \frac{h_g}{L}\left[F_t - F_r\left(1 - \frac{r_d}{h_g}\right)\right]\right\} \qquad (2\text{-}25)$$

和

$$F_{t,\max} = \frac{\mu Mg\cos\alpha \dfrac{L_b + f_r(h_g - r_d)}{L}}{1 + \mu \dfrac{h_g}{L}} \qquad (2\text{-}26)$$

式中，f_r 为滚动阻力系数。而对于后轮驱动的车辆应有

$$F_{t,\max} = \mu W_f = \mu \left\{ \frac{L_a}{L} Mg\cos\alpha - \frac{h_g}{L}\left[F_t - F_r\left(1 - \frac{r_d}{h_g}\right)\right]\right\} \qquad (2\text{-}27)$$

和

$$F_{t,\max} = \frac{\mu Mg\cos\alpha \dfrac{L_a + f_r(h_g - r_d)}{L}}{1 + \mu \dfrac{h_g}{L}} \qquad (2\text{-}28)$$

车辆行驶时，动力装置通过传动装置传递到驱动轮上的最大牵引力不应超过轮胎与地面间的附着力，即由式（2-26）或式（2-28）计算出的最大值，否则驱动轮将在地面上空转，导致车辆不稳定。

三、汽车行驶的附着条件与附着率

汽车动力系统所确定的驱动力是决定汽车动力性的一个主要因素。驱动力越大，加速能力也越好，爬坡能力也越强，但是当车辆的实际牵引力超过轮胎与地面间附着力的限值时，驱动轮将在地面上空转。因此，汽车的动力性不仅受驱动力的制约，还受到轮胎与地面附着条件的限制。

地面对轮胎切向反作用力的极限值称为附着力，在硬路面上，它与驱动轮的法向反作用力 F_z 成正比，常写成

$$F_{X,\max} = F_\varphi = F_Z \varphi \qquad (2\text{-}29)$$

式中，φ 为附着系数。作用在驱动轮上的转矩 T_t 引起的地面切向反作用力不能大于附着力，否则将发生驱动轮滑转现象，即对于后轮驱动的汽车有

$$\frac{T_t - T_{fr}}{r} = F_{Xr} \leqslant F_{Zr}\varphi \qquad (2\text{-}30)$$

这就是汽车行驶的附着条件。上式可写成

$$\frac{F_{Xr}}{F_{Zr}} \leq \varphi \tag{2-31}$$

式中，$\frac{F_{Xr}}{F_{Zr}}$ 为后轮驱动汽车驱动轮的附着率，可写为 $C_{\varphi r}$，则

$$C_{\varphi r} \leq \varphi \tag{2-32}$$

同理，对于前轮驱动汽车，其驱动轮的附着率不能大于地面附着率。

综上所述，汽车的附着力取决于附着系数和地面作用于驱动轮的法向反作用力。而附着系数则主要取决于路面种类、路面状况及行驶车速等。汽车在不同路面上行驶的附着系数如表2-2所示。

显然，当车辆行驶在潮湿、结冰、积雪或软土路面上时，轮胎与地面间的附着力就是车辆性能的主要制约因素。而在这样的路面情况下，作用于驱动轮的牵引转矩将使车轮在上述地面上发生显著滑移。因此，作用于驱动轮的最大牵引力取决于轮胎与地面间的附着力所能提供的纵向力，而不是发动机所能供给的最大转矩。

在良好铺砌的干燥路面上，由于轮胎的弹性导致轮胎滑移的可能性很小。而在各种不同类型的地面上，驱动轮的最大牵引力却与运动车轮的滑移率紧密相关。

表 2-2 汽车在不同路面上行驶的附着系数

路面种类	峰值附着系数	滑动附着系数	路面种类	峰值附着系数	滑动附着系数
沥青或混凝土（干）	0.8~0.9	0.75	土路（干）	0.68	0.65
沥青（湿）	0.5~0.7	0.45~0.6	土路（湿）	0.55	0.5~0.7
混凝土（湿）	0.8	0.7	雪（压紧）	0.2	0.15
砾石	0.6	0.55	冰	0.1	0.07

轮胎的滑移率 s 通常定义为

$$s = \left(1 - \frac{v}{r\omega}\right) \times 100\% = \left(1 - \frac{r_d}{r}\right) \times 100\% \tag{2-33}$$

式中，v 为轮胎中心的平移速度；ω 为轮胎的角速度；r 为自由滑动轮胎的滚动半径；r_d 为轮胎的有效滚动半径（轮胎中心的平移速度与轮胎角速度之比）。

当车辆处于牵引工况下，其速度 v 小于 $r\omega$，因此，轮胎滑移率是一个 0~1.0 的正值。然而，车辆在制动期间，轮胎滑移则应被定义为

$$s = \left(1 - \frac{r\omega}{v}\right) \times 100\% = \left(1 - \frac{r}{r_d}\right) \times 100\% \tag{2-34}$$

因此，它也是一个 0~1.0 的正值。相应于一定滑移率的轮胎的最大牵引力通常表示为

$$F_X = F_Z \mu \tag{2-35}$$

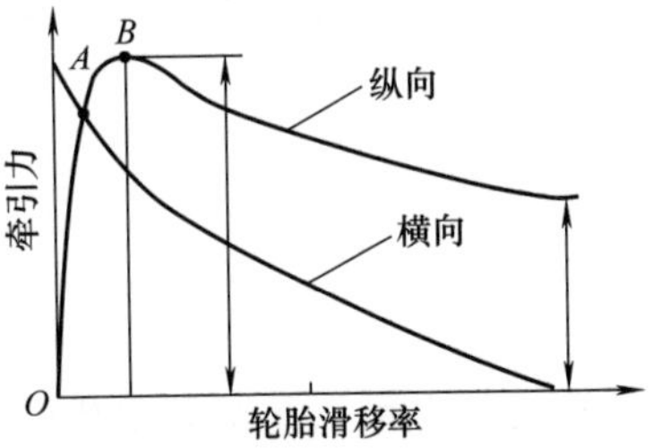

图 2-10 牵引力与轮胎滑移率间的变化关系

式中，F_Z 为轮胎铅垂方向的载荷；μ 为牵引力系数，它是滑移率的函数。

牵引力与轮胎滑移率之间始终有图2-10所示的关系。在小滑移率范围内（图2-10中的 OA 段），牵引力几乎线性地正比于滑移率，此时轮胎与地面并没有发生真正的相对滑动。

当牵引力矩施加到轮胎时，在轮胎与地面接触的坑槽处形成了牵引力，同时轮胎压向前方，并在其与地面接触的坑槽处受到压缩，随之便在轮胎的侧壁产生相应的形变。随着车轮转矩和牵引力的逐渐增加，将导致部分轮胎与地面接触时产生滑移。在这种情况下，牵引力和滑移率之间的关系是非线性的，即图2-10中的 AB 段曲线。牵引力在滑移率为15%~20%处达到峰值，这是因为负的动摩擦系数小于静摩擦系数，故牵引力在 B 点达到最大值后又逐渐降低，当滑移率超过此值并进一步增加时，将导致车辆不稳定的运行状态。由图2-10可见，牵引力从峰值迅速衰减至纯粹的滑移值。因此，对于正常的驱动工况，轮胎的滑移率必须限制在15%~20%的范围内。

四、电动汽车的性能

1. 电动汽车的动力性能

电动汽车的动力性能仍然通过加速性能、爬坡性能和最高车速三个指标来评定。

选择的电动机功率应不小于车辆在平坦良好路面上以最高车速行驶时的阻力功率之和，即电动汽车以最高车速行驶消耗的功率为

$$P_v = \frac{1}{\eta_t}\left(\frac{Mgf_r}{3600}v_{max} + \frac{C_D A_f}{76140}v_{max}^3\right) \tag{2-36}$$

根据 GB/T 18385—2005 的规定，电动汽车的最高车速有如下两项不同的标准特征值。

① 1km 最高车速：电动汽车能够往返各持续行驶 1km 以上距离的最高车速的平均值。

② 30min 最高车速：电动汽车能够持续行驶 30min 以上的最高平均车速。电动汽车以某一车速爬上一定坡度消耗的功率为

$$P_g = \frac{1}{\eta_t}\left(\frac{Mgf_r}{3600}v + \frac{C_D A_f}{76140}v^3 + \frac{Mgi}{3600}v\right) \tag{2-37}$$

式中，v 为电动汽车的行驶速度。

电动汽车在水平路面上加速行驶时消耗的功率为

$$P_j = \frac{1}{\eta_t}\left(\frac{Mgf_r}{3600}v + \frac{C_D A_f}{76140}v^3 + \frac{\delta Mg}{3600}\times\frac{dv}{dt}v\right) \tag{2-38}$$

式中，δ 为汽车的旋转质量换算系数。

汽车的加速能力用汽车原地起步的加速能力和超车加速能力来表示。通常采用汽车加速过程中所经过的加速时间和加速距离作为评价汽车加速性能的指标。

$$\begin{cases} F_j = F_t - F_f = F_w \\ \dfrac{dv}{dt} = \dfrac{1}{\delta M}F_j \\ t = \displaystyle\int_{v_1}^{v_2}\dfrac{dt}{dv}dv = \int_{v_1}^{v_2}\dfrac{1}{a_j}dv \end{cases} \tag{2-39}$$

总之，电动汽车驱动电机的最大功率应能同时满足电动汽车对最高车速、加速时间及爬坡度的要求。所以电动汽车电机的额定功率为

$$P_e = \max\{P_v, P_g, P_j\} \tag{2-40}$$

若要满足车辆的爬坡性能要求，则电动汽车行驶方程为

$$F_t = F_g + F_r + F_w \tag{2-41}$$

式中，F_g 为爬坡阻力，$F_g = Mg\sin\alpha$；F_r 为滚动阻力，$F_r = Mgf_r\cos\alpha$；α 为坡道

角度。

则车辆爬坡度的计算公式为

$$\alpha = \arcsin\frac{F_t - F_w}{Mg\sqrt{1+f_r^2}} = \arctan f_r \tag{2-42}$$

根据电动机的转矩可以确定电动汽车的驱动力,利用电动机转速计算电动汽车行驶速度。电动机转速 n 与汽车行驶速度 v 之间的关系式为

$$v = 0.337\frac{nr}{i_0 i_g} \tag{2-43}$$

式中,i_0 为主减速器的传动比;i_g 为变速器的传动比;r 为车轮半径。

电动汽车的驱动力 F_t 为

$$F_t = \frac{T_p i_g i_0 \eta_t}{r} \tag{2-44}$$

式中,η_t 为变速器到驱动轮的传动效率;T_p 为电动汽车输出转矩。

2. 电动汽车的功率平衡

汽车行驶时,不仅驱动力与行驶阻力互相平衡,发动机功率与汽车行驶的阻力功率也总是平衡的。就是说,在汽车行驶的每一瞬间,发动机发出的功率始终等于机械传动损失的功率与全部运动阻力所消耗的功率,汽车运动阻力所消耗的功率包括滚动阻力功率 P_f、空气阻力功率 P_w、坡度阻力功率 P_i 和加速阻力功率 P_j。

将汽车行驶方程式进行单位换算后,整理出汽车功率平衡方程式(式中功率的单位为 kW)如下

$$P_M = \frac{1}{\eta}(P_f + P_w + P_i + P_j) \tag{2-45}$$

$$P_M = \frac{1}{\eta}\left(\frac{Gf\cos\alpha v_a}{3600} + \frac{G\sin\alpha v_a}{3600} + \frac{C_D A v_a^3}{76140} + \frac{\delta G v_a}{3600g}\times\frac{dv}{dt}\right)$$

在利用功率平衡图求取最高车速时,P_M 应取连续功率曲线上的点以求取加速度,在求取最大爬坡度和加速能力时,P_M 可以取持续 1~5min 工作的功率曲线上的点。其计算公式如下

$$\frac{dv}{dt} = \frac{3600g\eta}{\delta G v}\left[P_t - \frac{1}{\eta}(P_f + P_w)\right] \tag{2-46}$$

$$i = \frac{3600\eta}{Gv}\left[P_t - \frac{1}{\eta}(P_f + P_w)\right] \tag{2-47}$$

图 2-11 表示的是一款电动货车实际工况的功率平衡图,从图 2-11 中的一挡 2 倍过载电机功率曲线可以看出,车辆在以该曲线所示的工况运行时,能够满足对于瞬间加速和上大坡的需求。

3. 电动汽车的制动性能

汽车的制动性能是指汽车能在短距离内停车且维持行驶方向的稳定性和下长坡时能维持一定车速的能力。汽车的制动性能显然是影响车辆安全的最重要特性之一,它直接关系到汽车的行驶安全,一些重大交通事故往往与制动失灵及制动距离太长有关。所以,具有良好的制动性能是汽车安全行驶的重要保障。影响汽车制动性能的因素主要有汽车的制动机构、人体机能及路面状况等。另外,车辆在市区运行时,大量的能量消耗在制动过程中,

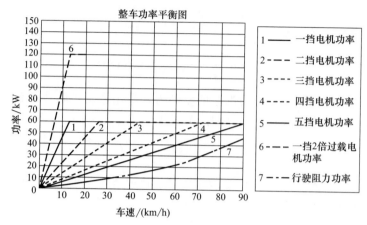

图 2-11 一款电动货车实际工况的功率平衡图

因此,越来越多的电驱动系统被引入车辆的牵引系,利用电驱动系统的再生制动功能可以增进车辆的效率,降低车辆的能耗。

(1) 制动力 制动片紧压在制动金属盘上时,在制动金属盘上产生摩擦力矩。该制动力矩使轮胎与地面在接触表面上产生制动力,可表示为

$$F_b = \frac{T_b}{r_d} \tag{2-48}$$

式中,T_b 为制动力矩;r_d 为车轮的有效半径;F_b 为制动力。

制动力随着制动力矩的增大而增大,当制动力达到轮胎与地面间的附着力所能支持的

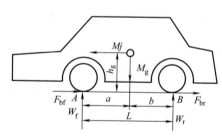

图 2-12 平坦路面上车辆制动时的受力情况

最大值时,即使制动力矩继续增大,制动力将不再增大。这一受制于附着力的最大制动力可表达为

$$F_{b,\max} = \mu_b F_Z \tag{2-49}$$

式中,μ_b 为轮胎与地面间的附着系数;F_Z 为车轮的垂直载荷。

与牵引情况相似,附着系数随轮胎的滑移而变化,在轮胎滑移率为 15%~20% 的范围内达到最大值,而后稍呈衰减,直至降至 10% 的滑移处。

(2) 制动力分配 图 2-12 为平坦路面上车辆制动时的受力情况。与制动力相比,滚动阻力和空气阻力很小,因此在此忽略。j 为车辆制动时的负加速度,可表述为

$$j = \frac{F_{bf} + F_{br}}{M} \tag{2-50}$$

式中,F_{bf} 和 F_{br} 分别为作用于前后轮上的制动力。

最大制动力受限于轮胎与地面之间的附着力,同时正比于作用在轮胎上铅垂方向上的负荷。因此,由制动力矩产生的实际制动力也应正比于铅垂方向上的载荷,其结果是前后轮同时获得了最大制动力。制动期间,载荷将从后轴转移到前轴。考虑前后轮与地面接触点 A 和 B 的力矩平衡关系,可得作用在前后轴铅垂方向上的载荷 W_f 和 W_r 分别为

$$W_f = \frac{Mg}{L}\left(L_b + h_g \frac{j}{g}\right) \tag{2-51}$$

$$W_r = \frac{Mg}{L}\left(L_a - h_g \frac{j}{g}\right) \quad (2\text{-}52)$$

式中，j 为车辆制动时的负加速度。

前后轴上的制动力分别正比于铅垂方向的载荷，于是可得

$$\frac{F_{bf}}{F_{br}} = \frac{W_f}{W_r} = \frac{L_b + h_g j/g}{L_b - h_g j/g} \quad (2\text{-}53)$$

由式（2-51）和式（2-52）联立求解得作用于前后轴上的理想制动力，作用于前后轴上的理想制动力分布曲线如图 2-13 所示。理想制动力分布曲线（简称为 I 曲线）是非线性的双曲线。若要在任何路面上都能同时刹住前后轮，则作用于前后轮上的制动力必须完全与这一曲线相符。

在车辆设计中，作用于前后轴上的实际制动力分布通常被设计为一个不变的线性比例关系。这一比例关系为前轴上的制动力与车辆总制动力之比，即

$$\beta = \frac{F_{bf}}{F_b} \quad (2\text{-}54)$$

式中，F_b 为车辆的总制动力，$F_b = F_{br} + F_{bf}$。

而前后轴上的实际制动力随 β 而变化，故可将它们表示为

$$F_{bf} = \beta F_b \quad (2\text{-}55)$$

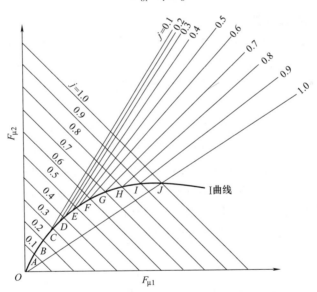

图 2-13 作用于前后轴上的理想制动力分布曲线

$$F_{br} = (1-\beta)F_b \quad (2\text{-}56)$$

于是可得

$$\frac{F_{bf}}{F_{br}} = \frac{\beta}{1-\beta} \quad (2\text{-}57)$$

图 2-14 为理想和实际制动力分布曲线（分别标记为 I 曲线和 β 曲线）的对比情况。

显然，图 2-14 所示的 I 曲线和 β 曲线仅有一个交点，即仅在此情况下前后轴能被同时刹住，此点处的附着系数称为同步附着系数，所对应的制动减速度称为临界减速度。这一交点表明了一个特定的路面附着系数 μ_0。将式（2-53）中的 j/g 用 μ_0 替代，即得

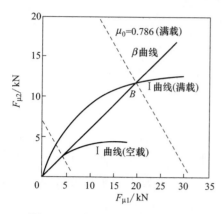

图 2-14 理想和实际制动力分布曲线（分别标记为Ⅰ曲线和 β 曲线）的对比情况

$$\frac{\beta}{1-\beta}=\frac{L_b+\mu_0 h_g}{L_a-\mu_0 h_g} \quad (2\text{-}58)$$

从而由式（2-58）可导出

$$\mu_0=\frac{L\beta-L_b}{h_g} \quad (2\text{-}59)$$

$$\beta=\frac{L_b+\mu_0 h_g}{L} \quad (2\text{-}60)$$

当车辆制动时，若附着系数小于 μ_0 时（对应于 β 曲线位于Ⅰ曲线下方的区间），前轮将首先刹住；相反，当路面附着系数大于 μ_0 时（对应于 β 曲线位于Ⅰ曲线上方的区间），则后轮首先刹住。

当后轮首先刹住时，车辆将丧失方向的稳定性，后轮胎承受横向力的能力降低到零。此时，侧风、路面的侧倾或离心作用等都会对车辆产生侧滑力矩，甚至使车头调转；先刹住前轮将会引发方向失控，驾驶员不再可能进行有效的操纵。然而，也应该指出，刹住前轮不会引起方向上的不稳定性，这是因为每当前轮发生侧向运动时，车辆的惯性力将对后轴偏转中心产生自校正力矩，从而有助于车辆返回到直线路径。

4. 电动汽车的燃料经济性

纯电动汽车和混合动力汽车燃料经济性能的计算有所不同，以下分别讨论。

（1）纯电动汽车　纯电动汽车的燃料经济性是指在动力蓄电池完全充电状态下以一定的行驶工况能连续行驶的最大距离，单位为 km，包括能量消耗率、比能量消耗率及能量经济性三个指标。

① 能量消耗率：电动汽车经过规定的试验循环后，对动力蓄电池重新充电至试验前的容量，从电网上得到的电能除以行驶里程所得到的数值，单位为 W·h/km。

② 比能量消耗率：电动汽车能量消耗率与整车质量的比值，单位为 W·h/(t·km)。

③ 能量经济性：电动汽车以各种预定行驶规范达到的续航里程与蓄电池再充电恢复到原有的充电状态所需要的交流电能量之比，单位为 km/(kW·h)。

纯电动汽车以等速行驶时，其功率需求为

$$P_B=\frac{P_\Sigma(v)}{\eta_m(n_m,P_m)\eta_t} \quad (2\text{-}61)$$

式中，P_B 为电动汽车行驶需求总功率，kW；$P_\Sigma(v)$ 为车辆行驶驱动功率；$\eta_m(n_m,P_m)$ 为电机驱动系统效率；η_t 为传动系统效率。

从而得到其能量消耗为

$$E_B=\int_0^T U_B(P_B)I_B(P_B)dt \approx \gamma_B U_{Bn}C_{Bn} \quad (2\text{-}62)$$

式中，E_B 为能量消耗，W·h；$U_B(P_B)$ 为驱动系统母线电压；$I_B(P_B)$ 为驱动系统母线电流。

其续航里程为

$$S=\frac{E_B}{1000P_B}v \quad (2\text{-}63)$$

对于按照某一工况行驶的纯电动汽车，其续航里程为

$$S = \int_0^t v(t) \mathrm{d}t \tag{2-64}$$

单位里程的能耗 $e(\mathrm{kW/km})$ 在某些文献中称为电动汽车的效率。在另外一些文献中，将电动汽车的能量经济性定义为电动汽车以各种预定行驶规范达到的续航里程与蓄电池再充电恢复到满电状态所需要的交流电能量之比，即

$$电动汽车的能量经济性 = \frac{预定行驶规范所走的续航里程}{蓄电池再充电恢复到满电状态所需的交流电能量} \tag{2-65}$$

电动汽车的续航里程也可以从单位里程的能耗和比能耗的角度进行计算。设电动汽车行驶时单位里程能耗为 e，电动汽车总质量为 M，电动汽车行驶的比能耗定义为 e_0，则

$$e_0 = \frac{e}{M} \tag{2-66}$$

$$e = e_0 M \tag{2-67}$$

设电动汽车上动力蓄电池组充满电的总能量为 E，则由下式可计算电动汽车的续航里程，即

$$S = \frac{E}{e} = \frac{E}{e_0 M} \tag{2-68}$$

在实际情况中，由于空气阻力消耗的能量与质量无关，同时各蓄电池单位之间存在放电效率、放电深度、放电电流的差异及自放电现象，上述因素对于动力电池组输出的总能量均有影响。另外，行驶规范的差别等因素也将影响电动汽车的续航里程，因此，式（2-68）为电动汽车续航里程的近似估算。

（2）混合动力汽车　对于混合动力汽车而言，由于车辆行驶所需的能量不仅来自于电池组，而且也需要消耗一部分车载燃料能量，因此其燃料经济性的评价需要考虑两个方面，分别为燃料消耗量和外界输入电量，为统一标准，一般采用百公里运行成本作为评价指标，即

$$C_{\mathrm{hev}} = C_{\mathrm{fue}} Q_{\mathrm{s}} + C_{\mathrm{elect}} E_{\mathrm{Grid}} \tag{2-69}$$

式中，C_{hev} 为混合动力汽车的百公里运行成本，元/100km；C_{fue} 为燃油价格，元/L；C_{elec} 为工业用电价格，元/(kW·h)；E_{Grid} 为电池组每百公里所需电网充电电量的平均值，kW·h/100km。

第三节　电动汽车电驱动系统的动力需求特性

电动汽车的动力特性通常用车辆的加速时间、最高车速和爬坡能力予以评价。在电驱动系统的设计中，电动机的额定功率和传动装置参数是为了满足动力性能要求而首要考虑的问题，而所有的参数设计基本上取决于电驱动系统的转速-功率（转矩）特性。

一、电驱动系统的特性

电动汽车用电机需要频繁启动和停车，并承受较大的加速度或负加速度，而且要求具

有低速大转矩（用于爬坡）、高速小转矩（用于高速运行）和调速范围宽等特性，主要体现在以下几个方面。

（1）电动汽车在加速或爬坡时，需要电动机提供4～5倍的额定转矩。

（2）在电动汽车高速行驶时，电动机应以4～5倍的最低转速运行。

（3）电动汽车用驱动电机应根据车辆的驱动特点和驾驶员的操作习惯设计。

（4）电动汽车用驱动电机应可控性好，稳态精度高。

（5）电动汽车用驱动电机由于安装在行驶的车辆上，应该能够承受高温、多变的气候条件和频繁的振动，在恶劣的环境下能够正常工作。

目前，直流电机（DCM）、感应电机（IM）、直流无刷电机（BLDCM）、永磁同步电机（PMSI）及开关磁阻电机（SRIM）等不同形式的驱动电机在电动汽车上均有不同程度的应用。

电动机是纯电动汽车唯一的动力源，适用于电动车辆使用的电动机的外特性通常为在额定转速 n_N 以下，以恒扭矩模式工作；在额定转速以上，以恒功率模式工作。电动汽车用驱动电机的机械特性如图2-15所示，分为恒转矩区和恒功率区两个区域。

由图2-15可知，在基速以下为恒转矩区，电动机输出恒转矩；基速以上为恒功率区，电动机输出恒功率。在恒功率区，通过弱磁控制使电动机达到最高转速，因此也称为弱磁区。电机的调速范围要覆盖整个恒转矩区和恒功率区。电机在调速范围内要具备快速的转矩响应特性。永磁无刷直流电动机的转矩密度最高；但它在恒功率区很难高速运行，限制了其最大调速范围。感应电动机易实现恒功率区弱磁升速，因而得到了较广泛的应用。从电动汽车的行驶工况可以看出，电动机不只工作在额定点，因此要求电动机在整个转矩-转速特性区内都要有高效率。由此可见，驱动电动机不仅应具备上述要求的机械特性，在整个工作区都具有高效率也至关重要，这给电动机的设计带来了困难。因此，在选用电动机时应使电动机在频繁工作区具有高效率。

图2-16表明了一台具有不同转速比 x（x 分别为2、4、6）的60kW电动机的转速-转矩特性曲线。显然，对于具有大范围恒功率区域的电动机，其最大转矩能显著提高，车辆的加速和爬坡性能不仅可以因此得以改善，传动装置也可简化。但是，每种形式的电动机都有其

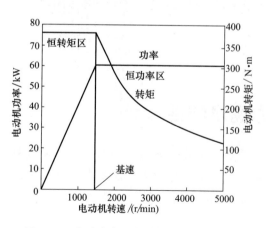

图2-15　电动汽车用驱动电机的机械特性

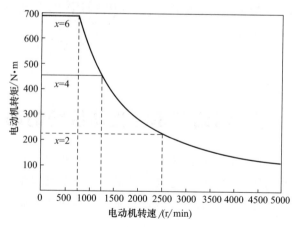

图2-16　x 分别为2、4、6的60kW电动机的转速-转矩特性

固有的最高转速比的限值，如永磁电机由于有永磁体，磁场难以衰减，因此永磁电机的转速比较小，$x<2$；开关磁阻电机的转速比可达到 $x>6$；异步电机的转速比约为 $x=4$。

二、传动装置的特性

传动比的分配是传动装置设计中的一个重要问题和参数。车辆传动比包括变速器的传动比和主减速器的传动比。电动汽车在最高车速行驶时，以最小传动比的挡位行驶；在最大爬坡度时，以最大传动比的挡位行驶。电动汽车可以选择两挡变速器来满足高速行驶和爬坡的要求。如果主减速器的传动比能够直接满足整车动力性能指标的要求，可使用直接挡即只使用单挡固定速比的主减速器。

单挡或多挡传动装置的选择主要取决于电动机的转速-转矩特性。在给定的电动机额定功率下，若其有大范围的恒功率区，则单挡传动装置将足以在低速情况下提供高牵引力，否则，必须采用多挡传动装置。图 2-17 为配有 $x=2$ 的牵引电机和三挡传动装置的电动汽车的牵引力随车速变化的特性。其第一挡覆盖了 a-b-c 的车速区间；第二挡覆盖了 d-e-f 的车速区间；第三挡覆盖了 g-f-h 的车速区间。图 2-18 为配有 $x=4$ 的牵引电机和两挡传动装置的电动汽车的牵引力随车速变化的特性。其第一挡覆盖

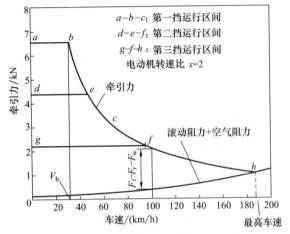

图 2-17　配有 $x=2$ 的牵引电机和三挡传动装置的电动汽车的牵引力曲线和阻力曲线

了 a-b-c 的车速区间；第二挡覆盖了 d-e-f 的车速区间。图 2-19 为配有 $x=6$ 的牵引电机和单挡传动装置的电动汽车的牵引力随车速变化的特性。这三种设计具有相同的牵引力随车速变化的特性，因而对应的车辆将有同样的加速和爬坡性能。

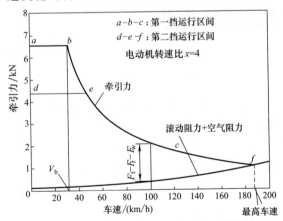

图 2-18　配有 $x=4$ 的牵引电机和两挡传动装置的电动汽车的牵引力曲线和阻力曲线

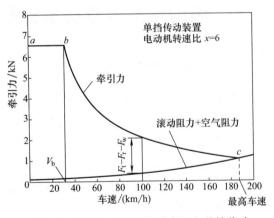

图 2-19　配有 $x=6$ 的牵引电机和单挡传动装置的电动汽车的牵引力曲线和阻力曲线

三、电动汽车动力性能的分析

与内燃机汽车一样，电动汽车的动力性能用最高车速、爬坡能力和加速能力来评价。

通过牵引力曲线与阻力曲线（主要是滚动阻力和空气阻力）的交点，如图 2-17～图 2-19 所示，即可求得最高车速。但是，在采用较大功率的驱动电机或大传动比的一些设计中，并不存在这样的交点。此时，最高车速可由驱动电机的最高转速求得，即

$$v_{\max}=\frac{\pi N_{m,\max} r_d}{30 i_{g,\min} i_0} \tag{2-70}$$

式中，$N_{m,\max}$ 为驱动电机的最高转速；$i_{g,\min}$ 为传动装置的最小传动比（最高挡）。

在衡量车辆的爬坡能力时，认为车辆是匀速行驶的，由电动汽车的行驶方程得到

$$F_t = F_f + F_w + F_i + F_j \tag{2-71}$$

式中，F_f 为滚动阻力，$F_f = fG\cos\alpha$；F_w 为空气阻力，$F_w = \frac{1}{2}\rho A_f C_D(v+v_w)^2$；$F_i$ 为坡道阻力，$F_i = G\sin\alpha$；F_j 为加速阻力，$F_j = 0$。

因此，车辆所爬坡的坡度角 α 计算公式为

$$\alpha = \arcsin\frac{F_t - F_w}{Mg\sqrt{1+f^2}} \tag{2-72}$$

在衡量车辆的加速能力时，认为车辆是在水平路面上行驶的。此时，车辆的行驶加速度可以表达为

$$\frac{dv}{dt} = \frac{F_t - F_w - F_f}{\delta M} \tag{2-73}$$

则车辆由起步到车速 v 的加速时间为

$$t = \frac{1}{3.6}\int_0^v \frac{dt}{dv}dv = \frac{1}{3.6}\int_0^v \frac{\delta M}{F_t - F_w - F_f} \tag{2-74}$$

第四节　电动汽车电驱动系统参数的匹配准则

一、电机参数的匹配

电动汽车用电机具有良好的转矩-转速特性，涵盖了 6000～15000r/min 的转速范围。

根据车辆的行驶工况，驱动电机可以在恒转矩区和恒功率区运转。

正确选择电动机的参数非常重要，如果选择过小，电动机经常在过载状态下运行；反之，如果选择太大，电动机经常在欠载状态下运行，效率及功率因数降低，不仅浪费电能，而且增加动力电池的容量，使车辆的综合经济效益下降。电机参数的确定主要从额定功率、转矩和转速三个方面考虑。

在选择电动机的额定功率时，应保证电动汽车能够在各种工况下运行。

电动汽车以最高车速行驶时消耗的功率为

$$P_v = \frac{1}{\eta}\left(\frac{Mgf}{3600}v_{\max} + \frac{C_D A_f}{76140}v_{\max}^3\right) \tag{2-75}$$

电动汽车以某一速度 v 爬上一定坡度时消耗的功率为

$$P_i = \frac{1}{\eta}\left(\frac{Mgf}{3600}v + \frac{C_D A_f}{76140}v^3 + \frac{Mgi}{3600}v\right) \qquad (2\text{-}76)$$

电动汽车在水平路面上加速行驶时消耗的功率为

$$P_j = \frac{1}{\eta}\left(\frac{Mgf}{3600}v + \frac{C_D A_f}{76140}v^3 + \frac{\delta Mg}{3600} \times \frac{dv}{dt}v\right) \qquad (2\text{-}77)$$

式中，δ 为汽车的旋转质量换算系数；C_D 为表示车辆形状特征的空气阻力系数；A_f 为车辆迎风正面的面积；v 为车速；Mg 为车辆的重力。

电动汽车驱动电机的额定功率应能同时满足汽车对最高车速、加速时间及爬坡能力的要求。所以电动汽车驱动电机的额定功率为

$$P_e \geqslant \max(P_v, P_i, P_j) \qquad (2\text{-}78)$$

而电机的最大功率为

$$P_{\max} = \lambda P_e \qquad (2\text{-}79)$$

式中，λ 为电机的过载系数。

驱动电机转矩 M_m 的选择要满足汽车对于起步和最大爬坡度的要求。在确定驱动电机的最大转矩时，认为车辆以匀速行驶，则此时车辆的行驶方程为

$$F_t = F_f + F_w + F_i \qquad (2\text{-}80)$$

根据上一节的内容，将驱动力和各种阻力的表达式代入式（2-80），得

$$\frac{M_m i_g i_0 \eta}{r} = fG\cos\alpha + \frac{1}{2}\rho A_f C_D (v + v_w)^2 + G\sin\alpha \qquad (2\text{-}81)$$

式中，M_m 为驱动电机的转矩。

因此，驱动电机的转矩为

$$M_m = \frac{\left[fG\cos\alpha + \frac{1}{2}\rho A_f C_D (v + v_w)^2 + G\sin\alpha\right]r}{i_g i_0 \eta} \qquad (2\text{-}82)$$

驱动电机的额定转速 n_b 应符合其转矩-转速特性要求，在启动（低转速）时能够得到恒定的最大转矩，同时在高转速时得到恒定的较高功率；驱动电机最大转速的选择要结合传动系速比、驱动电机效率和连续转动特性考虑；驱动电机的功率是转矩和转速的函数，在保证转速和转矩要求的情况下，力求达到最大的工作效率。

二、传动装置的参数匹配

在电动机输出特性一定时，传动系传动比的选择依赖于整车的动力性能指标要求，即电动汽车传动比的选择应满足汽车最高期望车速、最大爬坡度及对加速时间的要求。

1. 传动系速比的上限

传动系速比的上限由电动机的最高转速和最高行驶车速确定。

$$i \leqslant \frac{0.377 n_{\max} r}{v_{\max}} \qquad (2\text{-}83)$$

$$i = i_0 i_g$$

式中，i_0 为主减速器的传动比；i_g 为变速器的传动比；$n_{\max}$ 为电动机的最高转速；$v_{\max}$ 为最高车速；r 为车轮的有效半径。

2. 传动系速比的下限

传动系速比的下限由下述两种方法算出的传动系速比的最大值确定。

（1）由电动机最高转速对应的最大输出转矩和最大行驶车速对应的行驶阻力所确定的传动系速比下限为

$$i \geqslant \frac{F_{v,\max} r}{\eta M_{v,\max}} \tag{2-84}$$

式中，$F_{v,\max}$ 为最高车速下对应的行驶阻力；$M_{v,\max}$ 为电动机最高转速所对应的输出转矩；η 为系统的传动效率。

（2）由电动机的最大输出转矩和车辆在最大爬坡度下对应的行驶阻力确定的传动系速比下限为

$$i \geqslant \frac{F_{i,\max} r}{\eta M_{i,\max}} \tag{2-85}$$

式中，$F_{i,\max}$ 为车辆在最大爬坡度下对应的行驶阻力；$M_{i,\max}$ 为电动机的最大输出转矩。

对于车辆动力传动装置参数匹配的研究有助于在初始设计阶段对车辆的整体布置进行优化，进而选择合理的动力传动装置，从而对车辆的设计提出指导，节约成本，缩短开发的周期。

第三章 电驱动控制电力电子技术

电动汽车电驱动系统一般由驱动电机系统、功率变换系统和控制管理等部分组成。驱动电机系统是电动汽车的心脏,直接影响整车的效率。在功率变换系统中,电力电子(半

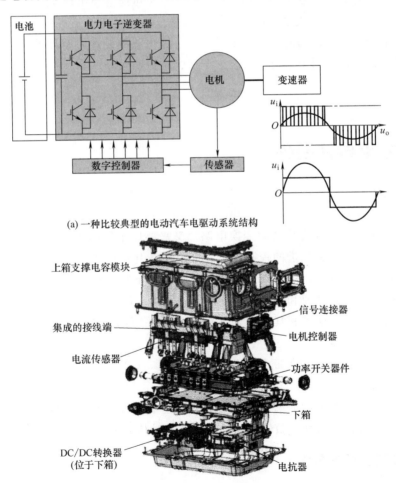

(a) 一种比较典型的电动汽车电驱动系统结构

(b) 新一代电驱动系统结构

图 3-1 电驱动系统结构

导体）器件主要是作为功率开关使用，利用不同的控制技术，与开关相配合，达到向驱动电机提供不同极性、不同电压、不同频率、不同相序的供电电压的目的，以此控制电机的启动、转向和转速。电池作为电动汽车的能源部件，其比能量、比功率和使用寿命等性能，往往是电动汽车启动、加速、续驶里程、整车成本和使用寿命的决定因素。电动汽车的运行工况是比较复杂的，如启动和上坡时需要电池放出能量，制动或下坡时需要进行能量回收，而这一放电和充电过程需要由电力电子变流器的控制来完成，因此高性能电动汽车用电力电子器件及由它构成的电力电子变换装置等就成为电机驱动用功率转换器的核心，故电力电子技术是现代机电传动系统控制技术的基础与核心。图3-1（a）所示为一种比较典型的电动汽车电驱动系统结构。电力电子逆变器作为驱动系统的控制中枢，主要由功率开关器件构成，将电池系统供给的直流电源通过逆变技术转换为驱动电机所需用的交流电。数字控制器通过采集电机信息为电力电子逆变器提供所需要的功率器件的开关信号。上层母排电容（支撑电容）在电驱动系统中起稳定母线电压作用，保证功率器件正常工作而不受开关产生的过电压影响，同时提供脉宽调制（PWM）过程中的脉动电流。功率器件驱动电路则接收数字控制器的开关信号并反馈相关信息，进而放大开关信号并驱动功率器件，与此同时，该电路能够提供电压隔离和保护功能，以尽可能避免出现功率器件的损坏。

图3-1（b）所示为新一代电驱动系统结构示意，其突出特点是将低压部分与高压部分进行了有机的结合与充分的隔离，实现了系统的一体化总体设计，而且系统结构层次分明，组装装配工艺非常好，有利于系统的安装、调试、维护和保养。

第一节 电力半导体器件

由半导体电力开关器件所构成的开关电路可以实现电力变换和控制，以实现开关模式的电力电子变换和控制。它包括电压（电流）大小、频率、波形、相位的变换和控制，既需要半导体电力开关器件构成开关型变换电路，又需要以半导体集成电路和微处理器为基本硬件构成控制系统，并将先进的控制理论和控制策略引入开关电路的通、断控制。

电力电子器件根据其开通与关断可控性的不同可以分为三类。

（1）不可控型器件：开通和关断都不能控制的器件。仅整流二极管是不可控型器件。

（2）半控型器件：只能控制其开通，不能控制其关断的器件。普通晶闸管（SCR）及其派生器件属于半控型器件。

（3）全控型器件：开通与关断都可以控制的器件，GTR、GTO、P-MOSFET、IGBT等都属于全控型器件。

电力电子器件种类繁多，本章以半导体PN结基本原理为基础，仅介绍几种基本的半导体开关器件，除对普通晶闸管做较详细的介绍外，对其他一些器件只做定性的分析。

一、不可控型开关器件

几乎在所有的电子电路中，都要用到半导体二极管，它在许多的电路中起着重要的作用。它是诞生最早的半导体器件之一，其应用也非常广泛。二极管种类有很多，按照所用的半导体材料,可分为锗二极管(Ge 管)和硅二极管(Si 管)。根据其不同用途,可分为检波二极管、整流二极管、稳压二极管、开关二极管等。按照管芯结构,又可分为点接触型二极管、面接触型二极管及平面型二极管。点接触型二极管是用一根很细的金属丝压在光洁的半导体晶片表面,通以脉冲电流,使触丝一端与晶片牢固地烧结在一起,形成一个 PN 结。由于是点接触,所以只允许通过较小的电流(不超过几十毫安),适用于高频小电流电路,如收音机的检波等。面接触型二极管的 PN 结面积较大,允许通过较大的电流(几安到几十安),主要用于把交流电变换成直流电的整流电路中。平面型二极管是一种特制的硅二极管,它不仅能通过较大的电流,而且性能稳定可靠,多用于开关、脉冲及高频电路中。

(一)半导体二极管的结构

半导体二极管是在一个 PN 结的两侧,各引出一根金属电极,并用外壳封装起来而构成的。由 P 区引出的电极称为阳极,由 N 区引出的电极称为阴极,电路符号如图 3-2(a)所示。

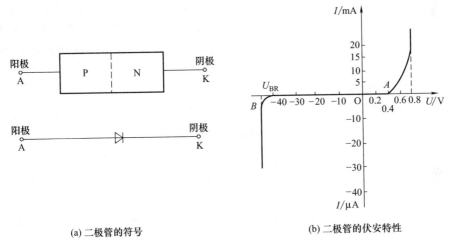

(a) 二极管的符号　　　　　　　　(b) 二极管的伏安特性

图 3-2　半导体二极管

(二)半导体二极管的伏安特性

二极管两端电压 U 与流过二极管的电流 I 之间的关系,称为二极管的伏安特性。它可以用伏安特性曲线表示,如图 3-2(b)所示,下面分三种情况讨论。

1. **正向特性**

二极管两端加正向电压时,产生正向电流。但从特性曲线上看到,当正向电压较小时,由于外电场还不足以克服 PN 结内电场对多数载流子扩散运动产生的阻力,正向电流很小,几乎为零[图 3-2(b)中的 OA 段]。这个区域通常称为死区,对应的电压称为死区电压或阈值电压(锗管约 0.1V,硅管约 0.5V)。当正向电压超过死区电压后,内电场被大大削弱,流过二极管的电流迅速增加,二极管正向导通。正向导通时的管压降,硅管为 0.6~0.8V,锗管为 0.1~0.3V。

2. **反向特性**

在反向电压作用下,P 区的少数载流子电子与 N 区的少数载流子空穴产生漂移运动,形成很小的反向饱和电流,如图 3-2(b)中的 OB 段。硅管的反向饱和电流在纳安数量级,锗管在微安数量级。温度升高时，由于热激发少数载流子浓度增加，反向饱和电流也随之增加。

3. 反向击穿特性

当反向电压增大到某一数值 U_{BR} 时，反向电流突然急剧增加，这种现象称为二极管反向击穿，U_{BR} 称为反向击穿电压。

击穿有雪崩击穿、齐纳击穿和热击穿三种形式，前两种又称为电击穿。发生电击穿时，只要反向电压和反向电流的乘积（即 PN 结的耗散功率）不超过 PN 结的最大允许耗散功率，管子一般不会被烧坏，当反向电压撤掉后，二极管仍能正常工作。热击穿则为破坏性击穿，这时 PN 结的耗散功率已超过允许值。

（三）半导体二极管的主要参数

用来表示二极管性能好坏和适用范围的技术指标，称为二极管的参数。不同类型的二极管有不同的特性参数，以下为二极管的几个主要参数。

1. 最大整流电流

最大整流电流是指二极管长期连续工作时允许通过的最大正向电流值，其值与 PN 结面积及外部散热条件等有关。因为电流通过管子时会使管芯发热，温度上升，当温度超过容许限度时，就会使管芯过热而损坏。所以在规定的散热条件下，二极管使用中不要超过二极管最大整流电流值。

2. 最高反向工作电压

加在二极管两端的反向电压高到一定值时，会将管子击穿，失去单向导电能力。为了保证使用安全，应该规定最高反向工作电压值。

3. 反向电流

反向电流是指二极管在规定的温度和最高反向电压作用下，流过二极管的反向电流。反向电流越小，管子的单方向导电性能越好。值得注意的是，反向电流与温度有着密切的关系，温度每升高大约 10℃，反向电流增大一倍。一般硅二极管比锗二极管在高温下具有较好的稳定性。

4. 动态电阻 R_d

动态电阻 R_d 是二极管特性曲线静态工作点 Q 附近电压的变化与相应电流的变化量之比。

二、半控型开关器件——晶闸管

晶闸管（Thyristor，TH）是晶体闸流管的简称，又称为可控硅整流器（Silicon Controlled Rectifier，SCR），以前常简称为可控硅，其外形如图 3-3（a）所示。晶闸管具有硅整流器件的特性，能在高电压、大电流条件下工作，且其工作过程可以控制，被广泛应用于可控整流、交流调压、无触点电子开关、逆变及变频等电子电路中。

（一）普通晶闸管的结构和工作原理

晶闸管具有四层 PNPN 结构，形成三个 PN 结 [J_1、J_2、J_3，如图 3-3（b）所示]，可以等效为 PNP、NPN 型两晶体管组成的复合管，三端引出线分别为阳极 A（Anode）、阴极 K（Cathode）和门极 G（Gate）。在 A、K 之间加上正电压后，管子并不导通，当门极 G 加上正电压（相对于阴极 K 而言）后才导通，此时再去掉门极的电压，管子依然能够保持

第三章 电驱动控制电力电子技术

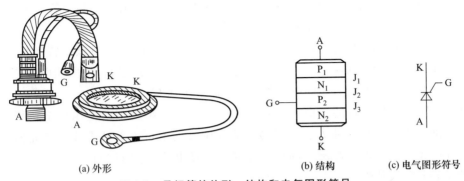

(a) 外形　　　　　　　　(b) 结构　　　(c) 电气图形符号

图 3-3　晶闸管的外形、结构和电气图形符号

导通。

晶闸管在工作过程中，它的阳极 A 和阴极 K 与电源和负载连接，组成晶闸管的主电路；晶闸管的门极 G 和阴极 K 与控制晶闸管的装置连接，组成晶闸管的控制电路。当晶闸管加上正向电压（阳极接正、阴极接负）时，若门极电路开路，则 J_1、J_3 结处于正偏，J_2 结处于反偏，其伏安特性与二极管反向特性相似，晶闸管处于正向阻断状态。若门极对阴极加上一定的正向电压，则 N_2 区向 P_2 区注入电子，这些电子经扩散，通过 P_2 区到达 J_2 结耗尽层（也称高阻层、阻挡层），因耗尽层电场的作用，注入电子到达 N_1 区，形成等效 NPN 型晶体管的射极电流，产生过剩电子。为了中和过剩电子，必将有等量空穴由 P_1 区注入 N_1 区。同理这些空穴可到达 P_2 区，形成等效 PNP 型晶体管的射极电流。构成晶闸管的两个晶体管，因内部载流子的输运现象而相互供给基极电。当满足两个晶体管的共基极电流放大倍数之和 $\alpha_1+\alpha_2 \geqslant 1$ 时，晶闸管导通。晶闸管一旦导通，因流过的电流较大，α_1、α_2 电流倍数增大，足以继续保证 $\alpha_1+\alpha_2 \geqslant 1$。这时，即使门极电路开路，晶闸管仍能处于导通状态。当所加正向电压大于或等于转折电压时，晶闸管也会导通，称为硬开通。当晶闸管加上反向电压时，因 J_1、J_3 结反偏，器件呈阻断状态。

（二）晶闸管的伏安特性

晶闸管的导通和截止这两个工作状态是由阳极电压 U、阳极电流 I 及门极电流 I_G 决定的，而这几个量又是互相有联系的。在实际应用中常用晶闸管的伏安特性曲线来表示它们之间的关系。图 3-4 所示的伏安特性曲线是在 $I_G=0$ 的条件下作出的。

当晶闸管的阳极和阴极之间加正向电压时，由于门极未加电压，晶闸管内只有很小的电流流过，这个电流称为正向漏电流。这时，晶闸管阳极和阴极之间表现出很大的内阻，处于阻断（截止）状态，如图 3-4 第一象限中曲线的下部所示。当正向电压增加到某一数值时，漏电流突然增大，晶闸管由阻断状态突然导通。晶闸管导通后，就

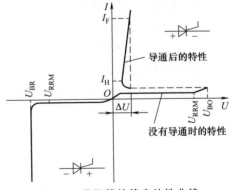

图 3-4　晶闸管的伏安特性曲线

可以通过很大的电流，而它本身的管压降只有 1V 左右，因此特性曲线靠近纵轴而且陡直。晶闸管由阻断状态转为导通状态所对应的电压称为正向转折电压 U_{BO}。在晶闸管导通后，

若减小正向电压,则正向电流就逐渐减小。当电流小到某一数值时,晶闸管又从导通状态转为阻断状态,这时所对应的最小电流称为维持电流 I_H。

当晶闸管的阳极和阴极之间加反向电压时(门极仍不加电压),其伏安特性与二极管类似,电流也很小,称为反向漏电流。当反向电压增加到某一数值时,反向漏电流急剧增大,使晶闸管反向导通,这时所对应的电压称为反向转折电压 U_{BR}。

从图 3-4 所示的晶闸管的正向伏安特性曲线可见,当阳极正向电压高于转折电压时,元器件将导通。但是这种导通方法很容易造成晶闸管的不可恢复性击穿而使元器件损坏,在正常工作时是不采用的。晶闸管的正常导通受门极电流 I_G 的控制,为了正确使用晶闸管,必须了解其门极特性。

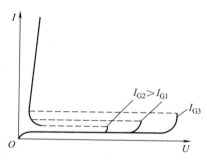

图 3-5 门极电流对晶闸管转折电压的影响

当门极加正向电压时,门极电路就有电流 I_G,晶闸管就容易导通,其正向转折电压降低,特性曲线左移。门极电流越大,正向转折电压越低,如图 3-5 所示。

实际规定,当晶闸管的阳极与阴极之间加上 6V 直流电压,能使器件导通的门极最小电流(电压)称为触发电流(电压)。由于制造工艺上的问题,同一型号的晶闸管的触发电压和触发电流也不尽相同。如果触发电压太低,则晶闸管容易受干扰电压的作用而造成误触发;如果太高,又会造成触发电路设计上的困难。因此,规定了在常温下各种规格的晶闸管的触发电压和触发电流的范围。例如,对 KP50 型的晶闸管,触发电压不大于 3.5V,触发电流为 8~150mA。

(三) 晶闸管的主要参数

为了正确地选择和使用晶闸管,还必须了解它的电压、电流等主要参数的意义。晶闸管的主要参数有以下几项。

1. 正向重复峰值电压 U_{FRM}

在门极断路和晶闸管正向阻断的条件下,可以重复加在晶闸管两端的正向峰值电压,称为正向重复峰值电压,用符号 U_{FRM} 表示。按规定此电压为正向转折电压的 80%。

2. 反向重复峰值电压 U_{RRM}

在门极断路时,可以重复加在晶闸管器件上的反向峰值电压,称为反向重复峰值电压,用符号 U_{RRM} 表示。按规定此电压为反向转折电压的 80%。

3. 正向平均电流 I_F

在环境温度不大于 40℃和标准散热及全导通的条件下,晶闸管通过的工频正弦半波电流(在一个周期内的)平均值,称为正向平均电流 I_F,简称为正向电流。通常所说的多少安的晶闸管,就是指这个电流。如果正弦半波电流的最大值为 I_m,则有

$$I_F = \frac{1}{2\pi} \int_0^\pi I_m \sin\omega t \, d(\omega t) = \frac{I_m}{\pi} \tag{3-1}$$

然而,这个电流值并不是一成不变的,晶闸管允许通过的最大工作电流还受冷却条件、环境温度、器件导通角、器件每个周期的导通次数等因素的影响。

4. 维持电流 I_H

在规定的环境温度和门极开路时,维持器件继续导通的最小阳极电流称为维持电流

I_H。当晶闸管的正向电流小于这个电流时,晶闸管将自动关断。

(四) 晶闸管的派生器件

1. 快速开关晶闸管(Fast Switching Thyristor,FST)

FST包括所有专为快速响应而设计的晶闸管,有快速晶闸管和高频晶闸管。由于对管芯结构和制造工艺进行了改进,开关时间、du/dt 和 di/dt 都有明显的改善。普通晶闸管关断时间为数百微秒,快速晶闸管为数十微秒,高频晶闸管约为10ms。高频晶闸管的不足在于其电压和电流定额都不易做高;由于工作频率较高,选择通态平均电流时不能忽略其开关损耗的发热效应。

2. 双向晶闸管(Triode AC Switch,TRIAC)

TRIAC可认为是一对反并联连接的普通晶闸管的集成,有两个主电极 T_1 和 T_2,一个门极 G。

TRIAC正反两方向均可触发导通,所以它在第一和第四象限有对称的伏安特性,其电气图形符号和伏安特性如图3-6所示。它与一对反并联晶闸管相比,更为经济,且控制电路简单,在交流调压电路、固态继电器和交流电机调速等领域应用较多,通常用在交流电路中,因此不用平均值而用有效值来表示其额定电流值。

3. 逆导晶闸管(Reverse Conducting Thyristor,RCT)

RCT是将晶闸管反并联一个二极管制作在同一管芯上的功率集成器件,其电气图形符号和伏安特性如图3-7所示。与普通晶闸管相比,逆导晶闸管具有正向压降小、关断时间短、高温特性好、额定结温高等优点。逆导晶闸管的额定电流有两个,一个是晶闸管电流,

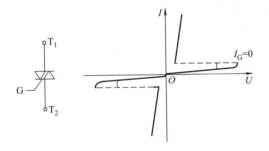

(a) 电气图形符号　　(b) 伏安特性

图3-6 双向晶闸管的电气图形符号和伏安特性

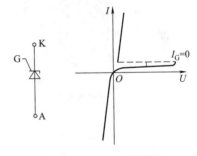

(a) 电气图形符号　　(b) 伏安特性

图3-7 逆导晶闸管的电气图形符号和伏安特性

一个是反并联二极管的电流。逆导晶闸管在使用时器件数目较少,装置体积小,质量小,价格低,配线简单,晶闸管承受的反偏时间增加。

4. 光控晶闸管(Light Triggered Thyristor,LTT)

LTT又称光触发晶闸管,是利用一定波长的光照信号触发导通的晶闸管,其电气图形符号和伏安特性如图3-8所示。小功率光控晶闸管只有阳极和阴极两个端子,大功率

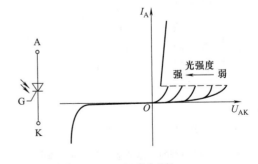

(a) 电气图形符号　　(b) 伏安特性

图3-8 光控晶闸管的电气图形符号和伏安特性

光控晶闸管则还带有光缆，光缆上装有作为触发光源的发光二极管或半导体激光器。光触发保证了主电路与控制电路之间的绝缘，且可避免电磁干扰的影响，因此它在高压大功率的场合，如高压直流输电和高压核聚变装置中，占据重要的地位。

三、典型全控型器件

（一）门极可关断晶闸管（Gate Turn-Off Thyristor，GTO）

门极可关断晶闸管是晶闸管的一种派生器件，但可以通过在门极施加负的脉冲电流使其关断，因而属于全控型器件。GTO 的许多性能虽然与绝缘栅双极型晶体管、电力场效应晶体管相比要差，但其电压、电流容量较大，与普通晶闸管接近，因而在兆瓦级以上的大功率场合仍有较多的应用。

1. GTO 的结构和工作原理

GTO 和普通晶闸管一样，是 PNPN 四层半导体结构，外部也是引出阳极、阴极和门极。但和普通晶闸管不同的是，GTO 是一种多元的功率集成器件，虽然外部同样引出三个极，但内部则包含数十个甚至数百个共阳极的小 GTO 元，这些 GTO 元的阴极和门极则在器件内部并联在一起。这种特殊结构是为了便于实现门极控制关断而设计的。图 3-9（a）、(b) 分别给出了典型的 GTO 各单元阴极、门极间隔排列的图形和其并联单元结构的断面示意图，图 3-9（c）是 GTO 的电气图形符号。

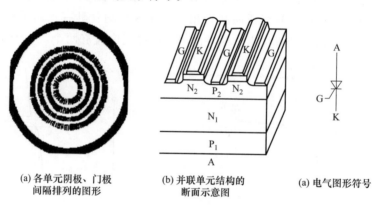

(a) 各单元阴极、门极间隔排列的图形　　(b) 并联单元结构的断面示意图　　(c) 电气图形符号

图 3-9　GTO 的内部结构和电气图形符号

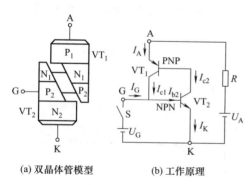

(a) 双晶体管模型　　(b) 工作原理

图 3-10　晶闸管的双晶体管模型及其工作原理

与普通晶闸管一样，GTO 的工作原理仍然可以用双晶体管模型（见图 3-10）来分析。由 $P_1N_1P_2$ 和 $N_1P_2N_2$ 构成的两个晶体管 VT_1、VT_2 分别具有共基极电流增益 α_1 和 α_2。由普通晶闸管的分析可以看出，$\alpha_1+\alpha_2=1$ 是器件临界导通的条件。当 $\alpha_1+\alpha_2>1$ 时，两个等效晶体管过饱和而使器件导通；当 $\alpha_1+\alpha_2<1$ 时，因不能维持饱和导通而关断。

GTO 与普通晶闸管有以下不同之处。

（1）在设计器件时使得 α_2 较大，这样晶体管 VT_2 控制灵敏，使得 GTO 易于关断。

(2) 使得导通时的 $\alpha_1+\alpha_2$ 更接近于 1。普通晶闸管设计为 $\alpha_1+\alpha_2\geqslant 1.15$，而 GTO 设计为 $\alpha_1+\alpha_2\approx 1.05$，这样使 GTO 导通时饱和程度不深，更接近于临界饱和，从而为门极控制关断提供了有利条件。当然，负面的影响是，导通时管压降增大了。

(3) 多元集成结构使每个 GTO 元阴极面积很小，门极和阴极间的距离大为缩短，使得 P_2 基区所谓的横向电阻很小，从而使从门极抽出较大的电流成为可能。

所以，GTO 的导通过程与普通晶闸管是一样的，有同样的正反馈过程，只不过导通时饱和程度较浅。而关断时，给门极加负脉冲，即从门极抽出电流，则晶体管 VT_2 的基极电流 I_{b2} 减小，使 I_K 和 I_{c2} 减小，I_{c2} 的减小又使 I_A 和 I_{c1} 减小，又进一步减小 VT_2 的基极电流，如此也形成强烈的正反馈。当两个晶体管发射极电流 I_A 和 I_K 的减小使 $\alpha_1+\alpha_2<1$ 时，器件退出饱和而关断。

GTO 的多元集成结构除了对关断有利外，也使得其比普通晶闸管开通过程更快，承受 di/dt 的能力增强。

2. GTO 的动态特性

图 3-11 给出了 GTO 开通和关断过程中门极电流 i_G 和阳极电流 i_A 的波形。与普通晶闸管类似，开通过程中需要经过延迟时间 t_d 和上升时间 t_r。关断过程则有所不同，首先需要经历抽取饱和导通时储存的大量载流子的时间——储存时间 t_s，从而使等

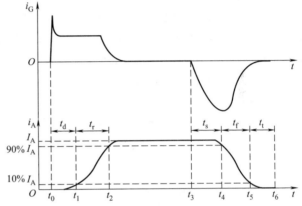

图 3-11 GTO 开通和关断过程中电流的波形

效晶体管退出饱和状态；然后则是等效晶体管从饱和区退至放大区，阳极电流逐渐减小的时间——下降时间 t_f；最后还有残存载流子复合所需的时间——尾部时间 t_t。

通常 t_f 比 t_s 小得多，而 t_t 比 t_s 要长。门极负脉冲电流幅值越大，前沿越陡，抽走储存的载流子的速度越快，t_s 就越短。若使门极负脉冲的后沿缓慢衰减，在 t_t 阶段仍能保持适当的负压，则可以缩短尾部时间。

3. GTO 的主要参数

GTO 的多数主要参数都和普通晶闸管相应的参数意义相同。这里只简单介绍一些意义不同的参数。

(1) 最大可关断阳极电流 I_{ATO}。该值是用来标称 GTO 额定电流的参数。这一点与普通晶闸管用通态平均电流作为额定电流是不同的。

(2) 电流关断增益 β_{off}。最大可关断阳极电流 I_{ATO} 与门极负脉冲电流最大值 I_{GM} 之比称为电流关断增益，即

$$\beta_{off}=\frac{I_{ATO}}{I_{GM}}$$

β_{off} 一般很小，只有 5 左右，这是 GTO 的一个主要缺点。一个 1000A 的 GTO，关断时门极负脉冲电流的峰值达 200A，这是一个相当大的数值。

(3) 开通时间 t_{on}。开通时间指延迟时间与上升时间之和。GTO 的延迟时间一般为 1～2μs，上升时间则随通态阳极电流值的增大而增大。

(4) 关断时间 t_{off}。关断时间一般指储存时间和下降时间之和，而不包括尾部时间。GTO 的储存时间随阳极电流的增大而增大，下降时间一般小于 $2\mu s$。

另外需要指出的是，不少 GTO 都制成逆导型，类似于逆导晶闸管。当需要承受反向电压时，应和电位二极管串联使用。

（二）双极型晶体管（Bipolar Junction Transistor，BJT）

双极型晶体管是一种耐高电压、大电流的双极结型晶体管。在电力电子技术的范围内，GTR 与 BJT 这两个名称是等效的。

1. BJT 的结构和工作原理

BJT 与普通双极结型晶体管的基本原理是一样的。但是对 BJT 来说，最主要的特性是耐压高、电流大、开关特性好，而不像小功率的用于信息处理的双极型晶体管那样注重单管电流放大系数、线性度、频率响应以及噪声和温漂等性能参数。因此，BJT 通常采用至少由两个晶体管按达林顿接法组成的单元结构，同 GTO 一样，采用集成电路工艺将许多这种单元并联而成。单管的 BJT 结构与普通的双极结型晶体管是类似的。BJT 是由三层半导体（分别引出集电极、基极和发射极）形成的两个 PN 结（集电结和发射结）构成，多采用 NPN 结构。图 3-12 (a)、(b) 分别给出了 NPN 型 BJT 的内部结构断面示意图和电气图形符号。注意，表示半导体类型字母的右上角标中，"+" 表示高掺杂浓度，"-" 表示低掺杂浓度。

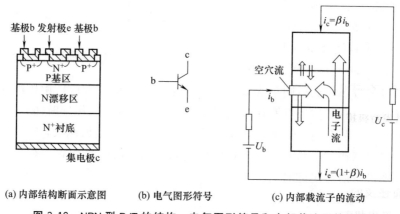

(a) 内部结构断面示意图　　(b) 电气图形符号　　(c) 内部载流子的流动

图 3-12　NPN 型 BJT 的结构、电气图形符号和内部载流子的流动

在应用中，BJT 一般采用共发射极接法，图 3-12 (c) 所示为在此接法下 BJT 内部载流子流动情况示意图。集电极电流 i_c 与基极电流 i_b 之比称为 BJT 的电流放大系数（β），它反映了基极电流对集电极电流的控制能力，当考虑到集电极和发射极间的漏电流 I_{ceo} 时，i_c、i_b 的关系为

$$i_c = \beta i_b + I_{ceo}$$

BJT 的产品说明书中通常给出的是直流电流增益 h_{FE}，它是指在直流工作的情况下集电极电流与基极电流之比。一般可认为 $\beta \approx h_{FE}$。单管 BJT 的 β 值比处理信息用的小功率晶体管小得多，通常为 10 左右，采用达林顿接法可以有效地增大电流增益。

2. BJT 的基本特性

(1) 静态特性　图 3-13 所示为共发射极接法时 BJT 的典型输出特性，明显地分为截止区、放大区和饱和区三个区域。在电力电子电路中，BJT 工作在开关状态，即工作在截止区或饱和区。但在开关过程中，即在截止区和饱和区之间过渡时，都要经过放大区。

(2) 动态特性　BJT 是用基极电流来控制集电极电流的，图 3-14 给出了 BJT 开通和关断过程中基极电流和集电极电流波形的关系。与 GTO 类似，BJT 开通时需要经过延迟时间 t_d 和上升时间 t_r，二者之和为开通时间 t_{on}。关断时需要经过储存时间 t_s 和下降时间 t_f，二者之和为关断时间 t_{off}。延迟时间主要是由发射结势垒电容和集电结势垒电容充电产生的。增大基极驱动电流 i_b 的幅值并增大 di_b/dt，可以缩短延迟时间，同时也可以缩短上升时间，从而加快开通过程。储存时间是用来除去饱和导通时储存在基区的载流子的，是关断时间的主要部分。减小导通时的饱和深度以减小储存的载流子，或者增大基极负电流 I_{b2} 的幅值和负偏压，可以缩短储存时间，从而加快关断速度。当然，减小导通时的饱和深度的负面作用是会使集电极和发射极间的饱和导通压降 U_{ces} 增加，从而增大通态损耗，这是一对矛盾，需要在应用时加以考虑。

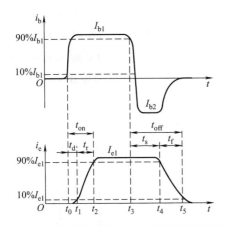

图 3-13　共发射极接法时 BJT 的典型输出特性

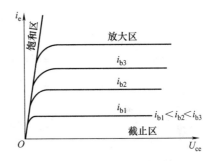

图 3-14　BJT 开通和关断过程中的电流

BJT 的开关时间为几微秒，比晶闸管和 GTO 都短很多。

3. BJT 的主要参数

除了前面述及的一些参数，如电流放大倍数 β、直流电流增益 h_{FE}、集电极与发射极间漏电流 I_{ceo}、集电极和发射极间饱和压降 U_{ces}、开通时间 t_{on} 和关断时间 t_{off} 以外，对 BJT 主要关注的参数还包括以下几个。

(1) 最高工作电压。BJT 上所加的电压超过规定值时，就会发生击穿。击穿电压不仅和晶体管本身的特性有关，还与外电路的接法有关，有发射极开路时集电极和基极间的反向击穿电压 U_{cbo}；基极开路时集电极和发射极间的击穿电压 U_{ceo}；发射极与基极间用电阻连接或短路连接时集电极和发射极间的击穿电压 U_{cer} 和 U_{ces}，以及发射极反向偏置时集电极和发射极间的击穿电压 U_{cex}。这些击穿电压之间的关系为 $U_{cbo} > U_{cex} > U_{ces} > U_{cer} > U_{ceo}$。实际使用 BJT 时，为了确保安全，最高工作电压要比 U_{ceo} 低得多。

(2) 集电极最大允许电流 I_{cM}。通常规定直流电流增益 h_{FE} 下降到规定值的 $1/3 \sim 1/2$ 时，所对应的 I_c 为集电极最大允许电流。实际使用时要留有较大裕量，只能用到 I_{cM} 的一半或稍多一点。

(3) 集电极最大耗散功率 P_{cM}。这是指在最高工作温度下允许的耗散功率。产品说明

书中在给出 P_{cM} 时总是同时给出壳温 T_c，间接表示了最高工作温度。

4. BJT 的二次击穿现象与安全工作区

当 BJT 的集电极电压升高至前面所述的击穿电压时，集电极电流迅速增大，这种首先出现的击穿是雪崩击穿，被称为一次击穿。出现一次击穿后，只要 I_c 不超过与最大允许耗散功率相对应的限度，BJT 一般不会损坏，工作特性也不会有什么变化。但是在实际应用中，常常发现一次击穿发生时如不有效地限制电流，I_c 增大到某个临界点时会突然急剧上升，同时伴随着电压的陡然下降，这种现象称为二次击穿。二次击穿常常会立即导致器件的永久损坏，或者工作特性明显衰变，因而对 BJT 危害极大。

将不同基极电流下二次击穿的临界点连接起来，就构成了二次击穿临界线，临界线上的点反映了二次击穿功率 P_{SB}。这样，BJT 工作时不仅不能超过最高电压 U_{ceM}，集电极最大电流 I_{cM} 和最大耗散功率 P_{cM} 也不能超过二次击穿临界线。这些限制条件就规定了 BJT 的安全工作区，如图 3-15 所示。

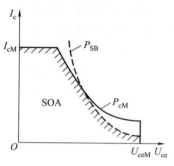

图 3-15 BJT 的安全工作区

（三）电力场效应晶体管（Power Metal-Oxide-Semicon ductor Field-effect Transistor，P-MOSFET）

电力场效应晶体管有结型和绝缘栅型两种类型，但通常主要指绝缘栅型中的 MOS 型，简称 P-MOSFET，或者更精练地简称为 MOS 管。结型电力场效应晶体管则一般称为静电感应晶体管（SIT）。

P-MOSFET 是用栅极电压来控制漏极电流的，因此它的第一个显著特点是驱动电路简单，需要的驱动功率小。第二个显著特点是开关速度快，工作频率高。另外，P-MOSFET 的热稳定性优于 BJT，但是 P-MOSFET 电流容量小，耐压低，一般只适用于功率不超过 10kW 的电力电子装置。

1. P-MOSFET 的结构和工作原理

P-MOSFET 的种类和结构繁多，按导电沟道可分为 P 沟道和 N 沟道。当栅极电压为零时漏源极之间就存在导电沟道的称为耗尽型；对于 N（P）沟道器件，栅极电压大于（小于）零时才存在导电沟道的称为增强型。在 P-MOSFET 中，主要是 N 沟道增强型。

P-MOSFET 在导通时只有一种极性的载流子（多子）参与导电，是单极型晶体管。其导电机理与小功率 MOS 管相同，但结构上有较大区别。小功率 MOS 管是一次扩散形成的器件，其导电沟道平行于芯片表面，是横向导电器件。而目前 P-MOSFET 大都采用了垂直导电结构，所以又称为 VMOSFET。这大大提高了 P-MOSFET 器件的耐压和耐电流能力。按垂直导电结构的差异，P-MOSFET 又分为利用 V 形槽实现垂直导电的 VV-MOSFET 和具有垂直导电双扩散 MOS 结构的 VD-MOSFET，这里主要以 VD-MOSFET 器件为例进行讨论。

P-MOSFET 也是多元集成结构，一个器件由许多个小 MOSFET 元组成。每个元的形状和排列方法，不同生产厂家采用了不同的设计，因而对其产品取了不同的名称。国际整流器公司的 HEXFET 采用了六边形单元，西门子公司的 SIPMOS-FET 采用了正方形单元，而摩托罗拉公司的 TMOS 则采用了矩形单元，按品字形排列。不管名称怎样变，垂直导电的基本思想没有变。

图 3-16（a）给出了 N 沟道增强型 VD-MOSFET 中一个单元的截面图。P-MOSFET 的电气图形符号如图 3-16（b）所示。

当漏极接电源正端，源极接电源负端，栅极和源极间电压为零时，P 基区与 N 漂移区之间形成的 PN 结 J_1 反偏，漏源极之间无电流流过。如果在栅极和源极之间加一正电压 U_{GS}，由于栅极是绝缘的，所以并不会有栅极电流流过。但栅极的正电压却会将其下面 P 区中的空穴推开，而将 P 区中的少子-电子吸引到栅极下面的 P 区表面。当 U_{GS} 大于某一电压值 U_T 时，栅极下 P 区表面的电子浓度将超过空穴浓度，从而使 P 型半导体反型而成 N 型半导体，形成反型层，该反型层形成 N 沟道而使 PN 结 J_1 消失，漏极和源极导电。电压 U_T 称为开启电压（或阈值电压），U_{GS} 超过 U_T 越多，漏极电流 I_D 越大。

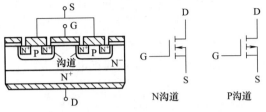

(a) 内部结构断面示意图　　(b) 电气图形符号

图 3-16　P-MOSFET 的结构和电气图形符号

2. P-MOSFET 的基本特性

（1）静态特性　漏极电流 I_D 和栅源间电压 U_{GS} 的关系反映了输入电压和输出电流的关系，称为 P-MOSFET 的转移特性，如图 3-17（a）所示。从图中可知，I_D 较大时，I_D 与 U_{GS} 的关系近似线性，曲线的斜率被定义为 P-MOSFET 的跨导 G_{fs}，即

$$G_{fs} = \frac{dI_D}{dU_{GS}}$$

P-MOSFET 是电压控制型器件，其输入阻抗极高，输入电流非常小。

图 3-17（b）所示为 P-MOSFET 的漏极伏安特性，即输出特性。从图中同样可以看到截止区（对应于 BJT 的截止区）、饱和区（对应于 BJT 的放大区）和非饱和区（对应于 BJT 的饱和区）三个区域。这里饱和与非饱和的概念与 BJT 不同。饱和是指漏源间电压增加时漏极电流不再增加。非饱和是指漏源间电压增加时漏极电流相应增加。P-MOSFET 工作在开关状态，即在截止区和非饱和区之间来回转换。

由于 P-MOSFET 本身结构所致，在其漏极和源极之间形成了一个与之反向并联的寄生

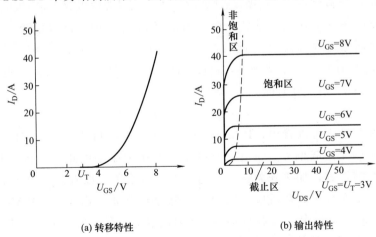

(a) 转移特性　　(b) 输出特性

图 3-17　P-MOSFET 的转移特性和输出特性

二极管，它与 MOSFET 构成了一个不可分割的整体，使得在漏、源极间加反向电压时器件导通。因此，使用 P-MOSFET 时应注意这个寄生二极管的影响。

P-MOSFET 的通态电阻具有正温度系数，这一点对器件并联时的均流有利。

（2）动态特性 用图 3-18（a）所示的电路来测试 P-MOSFET 的开关特性。图中 u_P 为矩形脉冲电压信号源［波形见图 3-18（b）］，R_S 为信号源内阻，R_G 为栅极电阻，R_L 为漏极负载电阻，R_F 用于检测漏极电流。

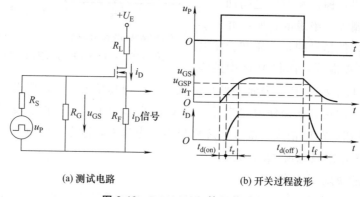

(a) 测试电路   (b) 开关过程波形

图 3-18 P-MOSFET 的开关过程

因为 P-MOSFET 存在输入电容 C_{in}，所以当脉冲电压 u_P 的前沿到来时，C_{in}（在内部，图上未标出）有充电过程，栅极电压 u_{GS} 呈指数曲线上升，如图 3-18（b）所示。当 u_{GS} 上升到开启电压 u_T 时，开始出现漏极电流 i_D。从 u_P 前沿时刻到 $u_{GS}=u_T$ 并开始出现 i_D 的时刻，这段时间称为开通延迟时间 $t_{d(on)}$。此后，i_D 随 u_{GS} 的上升而上升。u_{GS} 从开启电压上升到 P-MOSFET 进入非饱和区的栅压 u_{GSP} 这段时间称为上升时间 t_r，这时相当于 BJT 的临界饱和，漏极电流 i_D 也达到稳态值。i_D 的稳态值由漏极电源电压 U_E 和漏极负载电阻决定，u_{GSP} 的大小和 i_D 的稳态值有关。u_{GS} 的值达到 u_{GSP} 后，在脉冲信号源 u_P 的作用下继续升高直至达到稳态，但 i_D 已不再变化，相当于 BJT 处于深饱和。P-MOSFET 的开通时间 t_{on} 为开通延迟时间与上升时间之和，即

$$t_{on}=t_{d(on)}+t_r$$

当脉冲电压 u_P 下降到零时，栅极输入电容 C_{in} 通过信号源内阻 R_S 和栅极电阻 R_G（$\gg R_S$）开始放电，栅极电压 u_{GS} 按指数曲线下降。当下降到 u_{GSP} 时，漏极电流 i_D 才开始减小，这段时间称为关断延迟时间 $t_{d(off)}$。此后，C_{in} 继续放电，u_{GS} 从 u_{GSP} 继续下降，i_D 减小，到 $u_{GS}<u_T$ 时沟道消失，i_D 下降到零，这段时间称为下降时间 t_f。关断延迟时间和下降时间之和为 P-MOSFET 的关断时间 t_{off}。即

$$t_{off}=t_{d(off)}+t_f$$

从上面的开关过程可以看出，P-MOSFET 的开关速度和其输入电容的充放电有很大关系。使用者虽然无法降低 C_{in} 的值，但可以降低栅极驱动电路的内阻，从而减小栅极回路的充放电时间常数，加快开关速度。通过以上讨论还可以看出，由于 P-MOSFET 只靠多子导电，不存在少子储存效应，因而其关断过程是非常迅速的。P-MOSFET 的开关时间在 10~100ns 之间，其工作频率可达 100kHz 以上，是主要电力电子器件中最高的。

P-MOSFET 是场控器件，在静态时几乎不需要输入电流。但是，在开关过程中需要对

输入电容充放电,仍需要一定的驱动功率。开关频率越高,所需的驱动功率越大。

3. P-MOSFET 的主要参数

除前面已涉及的跨导 G_{fs}、开启电压 U_T 以及开关过程中的各时间参数 $t_{d(on)}$、t_r、$t_{d(off)}$ 和 t_f 之外,P-MOSFET 还有以下主要参数。

(1) 漏极电压 U_{DS}。这是标称 P-MOSFET 电压定额的参数。

(2) 漏极直流电流 I_D 和漏极脉冲电流幅值 I_{DM}。这是标称 P-MOSFET 电流定额的参数。

(3) 栅源电压 U_{GS}。栅源之间的绝缘层很薄,$|U_{GS}|>20V$ 将导致绝缘层击穿。

(4) 极间电容,P-MOSFET 的三个电极之间分别存在极间电容 C_{GS}、C_{GD} 和 C_{DS}。

一般生产厂家提供的是漏源极短路时的输入电容 C_{iss}、共源极输出电容 C_{oss} 和反向转移电容 C_{rss}。它们之间的关系是 $C_{iss}=C_{oss}+C_{rss}$,$C_{rss}=C_{GD}$,$C_{oss}=C_{DS}+C_{GD}$。

前面提到的输入电容可以近似用 C_{iss} 代替,这些电容都是非线性的。

漏源间的耐压、漏极最大允许电流和最大耗散功率决定了 P-MOSFET 的安全工作区。一般来说,P-MOSFET 不存在二次击穿问题,这是它的一大优点。在实际使用中,仍应注意留适当的裕量。

(四) 绝缘栅双极型晶体管 (Insulate Gate Bipolar Transistor, IGBT)

BJT 和 GTO 是双极型电流驱动器件,由于具有电导调制效应,所以其通流能力很强,但开关速度较低,所需驱动功率大,驱动电路复杂。而 P-MOSFET 是单极型电压驱动器件,开关速度快,输入阻抗高,热稳定性好,所需驱动功率小而且驱动电路简单。将这两类器件相互取长补短适当结合而成的复合器件,通常称为 IGBT 器件。IGBT 综合了 BJT 和 P-MOSFET 的优点,因而具有良好的特性。因此,自其 1986 年开始投入市场,就迅速扩展了其应用领域,目前已取代了原来 BJT 和一部分 P-MOSFET 的市场,成为中小功率电力电子设备的主导器件,并在继续努力提高电压和电流容量,以期再取代 GTO 的地位。

1. IGBT 的结构和工作原理

IGBT 也是三端器件,具有栅极 G、集电极 C 和发射极 E。图 3-19(a) 所示为一种由 N 沟道 VD-MOSFET 与双极型晶体管组合而成的 IGBT 的基本结构。与图 3-16(a) 对照可以看出,IGBT 比 VD-MOSFET 多一层 P^+ 注入区,形成了一个大面积的 P^+N 结 J_1。这样使得 IGBT 导通时由 P^+ 注入区向 N 基区发射少子,从而对漂移区电导率进行调制,使得 IGBT 具有很强的通流能力。其简化等效电路如图 3-19(b) 所示,可以看出这是用双极型晶体管与 VD-MOSFET 组成的达林顿结构,相当于一个由 VD-MOSFET 驱动的厚基区 PNP 晶体管。图中,R_N 为晶体管基区内的调制电阻。因此,IGBT 的驱动原理与 P-MOSFET 基本相同,它是一种场控器件,其开通和关断是由栅极和发射极间的电压 U_{GE} 决定的,当 U_{GE}(即 G、E 之间的电压)为正且大于开启电压 $U_{GE(th)}$ 时,VD-MOSFET 内形成沟道,并为晶体管提供基极电流进而使 IGBT 导通。由于前面提到的电导调制效应,使得电阻 R_N 减小。这样高耐压的 IGBT 也具有很小的通态压降。当栅极与发射极间施加反向电压或不加信号时,VD-MOSFET 内的沟道消失,晶体管的基极电流被切断,使得 IGBT 关断。

以上所述 PNP 晶体管与 N 沟道 VD-MOSFET 组合而成的 IGBT 称为 N 沟道 IGBT,记为 N-IGBT,其电气图形符号如图 3-19(c) 所示。相应的还有 P 沟道 IGBT,记为 P-IGBT,将图 3-19(c) 中的箭头反向即为 P-IGBT 的电气符号。目前 N-IGBT 应用较多,因此

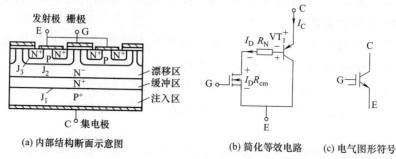

(a) 内部结构断面示意图　(b) 简化等效电路　(c) 电气图形符号

图 3-19　IGBT 的结构、简化等效电路和电气图形符号

下面仍以其为例进行介绍。

2. IGBT 的基本特性

(1) 静态特性　图 3-20 (a) 所示为 IGBT 的转移特性,它描述的是集电极电流 I_C 与栅射电压 U_{GE} 之间的关系,与 P-MOSFET 的转移特性类似。开启电压 $U_{GE(th)}$ 是 IGBT 能实现电导调制而导通的最低栅射电压。$U_{GE(th)}$ 随温度升高而略有下降,温度每升高 1℃,其值下降 5mV 左右。在 25℃时,$U_{GE(th)}$ 的值一般为 2~6V。

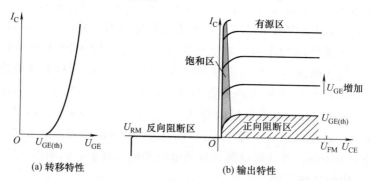

(a) 转移特性　(b) 输出特性

图 3-20　IGBT 的转移特性和输出特性

图 3-20 (b) 所示为 IGBT 的输出特性,也称伏安特性,它描述的是以栅射电压为参考变量时,集电极电流 I_C 与集射极间电压 U_{CE} 之间的关系。此特性与 GTO 的输出特性相似,不同的是参考变量,IGBT 的为栅射电压 U_{GE},而 GTR 的为基极电流 I_B。IGBT 的输出特性也分为三个区域:正向阻断区、有源区和饱和区。这分别与 GTR 的截止区、放大区和饱和区相对应。此外,当 U_{CE}<0 时,IGBT 为反向阻断工作状态。在电力电子电路中,IGBT 作为开关,因而是在正向阻断区和饱和区之间来回转换。

(2) 动态特性　图 3-21 所示为 IGBT 开关过程的波形图。IGBT 的开通过程与 P-MOSFET 的开通过程很相似,这是因为 IGBT 在开通过程中大部分时间是作为 MOSFET 来运行的。如图 3-21 所示,从驱动电压 U_{GE} 的前沿上升至其幅值的 10% 的时刻开始,到集电极电流 I_C 上升至其幅值的 10% 的时刻为止,这段时间为开通延迟时间 $t_{d(on)}$。而 I_C 从 10% I_{CM} 上升至 90% I_{CM} 所需的时间为电流上升时间 t_r。同样,开通时间 t_{on} 为开通延迟时间与电流上升时间之和。开通时,集射极电压 U_{CE} 的下降过程分为 t_{fv1} 和 t_{fv2} 两段。前者为 IGBT 中 VD-MOSFET 单独工作的电压下降过程;后者为 VD-MOSFET 和 PNP 晶体管同时工作的电压下降过程。由于 U_{CE} 下降时 IGBT 中 VD-MOSFET 的栅漏电容增加,而且 IG-

BT 中的 PNP 晶体管由放大状态转入饱和状态也需要一个过程，因此 t_{fv2} 段电压下降过程变缓。只有在 t_{fv2} 段结束时，IGBT 才完全进入饱和状态。

IGBT 关断时，从驱动电压 U_{CE} 的脉冲后沿下降到其幅值的 90% 的时刻起，到集电极电流下降至 $90\%I_{CM}$ 止，这段时间为关断延迟时间 $t_{d(off)}$；集电极电流从 $90\%I_{CM}$ 下降至 $10\%I_{CM}$ 的这段时间称为电流下降时间。二者之和为关断时间 t_{off}。电流下降时间可以分为 t_{fi1} 和 t_{fi2} 两段。其中，t_{fi1} 对应 IGBT 内部的 VD-MOSFET 的关断过程，这段时间集电极电流 I_C 下降较快；t_{fi2} 对应 IGBT 内部的 PNP 晶体管的关断过程，这段时间内 VD-MOSFET 已经关断，IG-

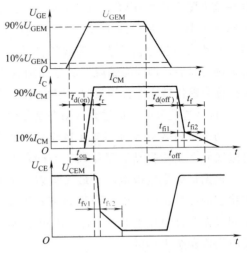

图 3-21 IGBT 的开关过程波形图

BT 又无反向电压，所以 N 基区内的少子复合缓慢，造成 I_C 下降较慢。由于此时集射极电压已经建立，因此较长的电流下降时间会产生较大的关断损耗。为解决这一问题，可以与 BJT 一样通过减轻饱和程度来缩短电流下降时间，不过同样也需要与通态压降折中考虑。

可以看出，IGBT 中双极型 PNP 晶体管的存在，虽然带来了电导调制效应的好处，但也引入了少子储存现象，因而 IGBT 的开关速度要低于 P-MOSFET。此外，IGBT 的击穿电压、通态压降和关断时间也是需要折中考虑的参数。高压器件的 N 基区须有足够的宽度和较高的电阻率，这会引起通态压降的增大和关断时间的延长。

3. IGBT 的主要参数

除了前面提到的各参数之外，IGBT 的主要参数还包括以下几项。

（1）最大集射极间电压 U_{CES}。这是由器件内部的 PNP 晶体管所能承受的击穿电压所确定的。

（2）最大集电极电流。该电流包括额定直流电流 I_C 和 1ms 脉宽最大电流 I_{CP}。

（3）最大集电极功耗 P_{CM}。这是在正常工作温度下允许的最大耗散功率。

IGBT 的特性和参数特点可以总结如下。

（1）IGBT 开关速度高，开关损耗小。有关资料表明，在电压 1000V 以上时，IGBT 的开关损耗只有 BJT 的 1/10，与 P-MOSFET 相当。

（2）在相同电压和电流定额的情况下，IGBT 的安全工作区比 BJT 大，而且具有耐脉冲电流冲击的能力。

（3）IGBT 的通态压降比 VD-MOSFET 低，特别是在电流较大的区域。

（4）IGBT 的输入阻抗高，其输入特性与 P-MOSFET 类似。

（5）与 P-MOSFET 和 BJT 相比，IGBT 的耐压和通流能力还可以进一步提高，同时可保持开关频率高的特点。

4. IGBT 的擎住效应和安全工作区

在 IGBT 内部寄生着一个 NPN、晶体管和作为主开关器件的 PNP 晶体管组成的寄生晶体管。其中 NPN 晶体管的基极与发射极之间存在体区短路电阻，P 形体区的横向空穴电流会在该电阻上产生压降，相当于对 J_3 结施加一个正向偏压。在额定集电极电流范围内，这个偏压很小，不足以使 J_3 开通，然而一旦 J_3 开通，栅极就会失去对集电极电流的控制作用，导致集电极电流增大，造成器件功耗过高而损坏。这种电流失控的现象，就像普通晶闸管被触发以后，即使撤销触发信号晶闸管仍然因进入正反馈过程而维持导通的机理一样，因此被称为擎住效应或自锁效应。引发擎住效应的原因，可能是集电极电流过大（静态擎住效应），也可能是 du_{CE}/dt 过大（动态擎住效应），温度升高也会加重发生擎住效应的危险。

动态擎住效应比静态擎住效应所允许的集电极电流还要小，因此所允许的最大集电极电流实际上是根据动态擎住效应而确定的。

根据最大集电极电流、最大集射极间电压和最大集电极功耗可以确定 IGBT 在导通工作状态的参数极限范围，即正向偏置安全工作区；根据最大集电极电流、最大集射极间电压和最大允许电压上升率 du_{CE}/dt 可以确定 IGBT 在阻断工作状态下的参数极限范围，即反向偏置安全工作区。

四、宽禁带半导体器件

随着硅工艺的日益成熟，硅半导体器件已经接近材料极限。为了进一步提高电力电子系统的综合性能指标，宽禁带半导体器件因其材料本身固有的性能优势，越来越受到功率半导体器件研究者重视。但也是由于材料本身性能的限制，给充分发掘宽禁带半导体材料的性能带来挑战。宽禁带半导体器件研究堪称任重道远。目前在宽禁带半导体器件中常用的材料主要还是 SiC 和 GaN。相对于 Si 材料的电力电子器件，宽禁带半导体具有下述显著优势。

(1) 宽禁带半导体电力电子器件具有更低的导通电阻。在击穿电压较低（约50V）时，SiC 功率器件的比导通电阻仅有 $1.12\mu\Omega$，约是 Si 同类器件的 1/100。在击穿电压较高（约5kV）时，比导通电阻增大到 $29.5m\Omega$，约是 Si 同类器件的 1/300。

(2) 宽禁带半导体电力电子器件具有更高的击穿电压。这是因为 SiC 器件的击穿电场高。

(3) 宽禁带半导体电力电子器件的工作频率更高。SiC 和 GaN 的饱和电子漂移速率更快，是 Si 的 2 倍。因而宽禁带半导体电力电子器件的开关速度更快，开关损耗更低，在中大功率应用场合有望实现 Si 功率器件难以达到的更高开关频率（$\geqslant$20kHz），尤其是 GaN 器件的开关频率可达兆赫兹数量级。

(4) 宽禁带半导体电力电子器件具有更低的结壳热阻。SiC 的热导率是 Si 的 3 倍以上，因而由它制成的电力电子器件的散热性更好，器件的温度上升更慢。

(5) 宽禁带半导体电力电子器件能够在更高的温度下工作。SiC 的禁带宽度是 Si 的 2 倍以上，SiC 电力电子器件的极限工作温度有望达到 600℃ 以上，远高于 Si 器件的 115℃，从而使器件的冷却系统大为简化。

目前国际上各大半导体器件制造厂商，包括美国的 Cree、Genesic、Semisouth、Microsemi、PowerEx、IR，欧洲的 Infineon、IXYS、TranSiC，日本的 Rohm、Mitsbushi、Fuji、Renesas 等公司都相继推出了自己的 SiC 功率器件，其中包括 SiC 肖特基二极管、SiC MOSFET、SiC JFET、SiC BJT、SiC IGBT、SiC GTO。目前高压 SiC IGBT 器件的实验室水平已达到 27.5kV 耐压水平。图 3-22 为 Cree 公司的 9kV 耐压 SiC GTO 的截面图。

与 SiC 器件类似，GaN 电力电子器件是半导体器件的另一研究热点。美国、日本和欧洲等国家和地区都非常重视 GaN 电力电子器件技术的研究与开发。

宽禁带半导体材料 GaN 具有禁带宽度大、饱和电子漂移速度高、临界击穿电场大和化学性质稳定等特点，因此基于 GaN 材料制造的电力电子器件具有通态电阻小、开关速度快、高耐压及耐高温性能好等特点。与 SiC 材料不同，GaN 除了可以利用

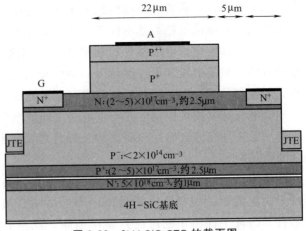

图 3-22　9kV SiC GTO 的截面图

GaN 材料制作器件外，还可以利用 GaN 所特有的结构制作高性能器件。GaN 可以生长在 Si、SiC 及蓝宝石上，由于在价格低、工艺成熟且直径大的 Si 衬底上生长，GaN 具有低成本、高性能的优点，因此受到广大研究人员和电力电子厂商的青睐。

国内对 SiC 和 GaN 功率器件的研究起步较晚，主要由一些科研院所及高校在国家相关科技计划的支持下开展相关研究。他们在宽禁带功率器件工作特性、宽禁带功率器件电力电子系统设计等方面已经开展了相关工作。

尽管与 Si 功率器件相比，宽禁带半导体电力电子器件具有诸多优势，但目前仍存在一些限制其广泛应用的不利因素，主要有以下几项。

(1) 产量低，成本高。由于 SiC 存在微管缺陷，难以生产尺寸较大的 SiC 晶圆，因而 SiC 晶圆的成本较高。相应地，SiC 电力电子器件的价格也远高于 Si 功率器件。

(2) 器件类型和规格有限。目前，成功实现商业化的 SiC 功率器件包括 SBD、BJT、JFET 和 MOSFET，且这些器件的功率处理能力较小，型号较少。而广泛应用于大功率场合的 IGBT 和 GTO 等器件尚处于实验室开发和测试阶段。

(3) 缺乏高温封装技术。尽管采用 SiC 材料制造的管芯能够承受很高的工作温度，但目前的封装技术主要针对 Si 功率器件，大多低于 175℃。封装外壳的工作温度限制了 SiC 功率器件高温性能的发挥。

第二节　电力半导体器件的驱动电路及保护

一、电力半导体器件的驱动电路

电力半导体器件的驱动电路是电力电子电路与控制电路之间的接口，是电力电子装置的重要环节，对整个装置的性能有很大的影响。性能良好的驱动电路，可使电力电子器件工作在较理想的工作状态，缩短开关时间，减小开关损耗，对于整个装置的运行效率、可靠性和安全性都有重要意义。另外，电力电子器件或整个装置的一些保护设备也往往就近

设在驱动电路中,或者通过驱动电路来实现,这使得驱动电路的设计更为重要。

简单地说,驱动电路的基本任务,就是将信息电子电路传来的信号按照其控制目标的要求,转换为加在电力电子器件控制端和公共端之间,可以使其开通或关断的信号。对于半控型器件,只需提供开通控制信号;对于全控型器件,则既要提供开通控制信号,又要提供关断控制信号,以保证器件按要求可靠导通或关断。

驱动电路还要提供控制电路与主电路之间的电气隔离环节,一般采用光隔离或磁隔离。光隔离一般采用光耦合器;磁隔离的元器件通常是脉冲变压器,当脉冲较宽时,应采取措施避免铁芯饱和。

按照驱动电路加在电力电子器件控制端和公共端之间信号的性质,可以将电力电子器件分为电流驱动型和电压驱动型两类。晶闸管虽然属于电流驱动型器件,但它是半控型器件,因此下面将单独讨论其驱动电路,晶闸管的驱动电路常称为触发电路。对于典型的全控型器件如 GTO、BJT、P-MOSFET 和 IGBT,则将按电流驱动型和电压驱动型分别讨论。

值得说明的是,驱动电路的具体形式可为分立元器件构成的驱动电路,但目前的趋势是采用专用集成驱动电路,包括双列直插式集成电路,以及将光耦隔离电路也集成在内的混合集成电路,而为达到参数最佳配合,首选所用器件生产厂家专门为其器件开发的集成驱动电路。

(一)晶闸管的触发电路

晶闸管触发电路的作用是产生符合要求的门极触发脉冲,保证晶闸管在需要的时刻由阻断转为导通。晶闸管触发电路往往包括对其触发时刻进行控制的相位控制电路。触发电路一般由同步电路、移相控制、脉冲形成和脉冲功率放大 4 部分组成。

为了保证晶闸管的可靠触发,晶闸管对触发电路有一定要求,概括起来有如下几点。

(1)触发脉冲的宽度应保证晶闸管可靠导通,对感性和反电动势负载的变流器应采用宽脉冲或脉冲列触发,对变流器的启动、双星形带平衡电抗器电路的触发脉冲应宽于 30°,三相全控桥式电路应采用宽于 60°或采用相隔 60°的双窄脉冲。

(2)触发脉冲应有足够的幅度,对户外寒冷场合,脉冲电流的幅度应增大为器件最大触发电流的 3~5 倍,脉冲前沿的陡度也需增加,一般需达 1~2A/μs。

(3)所提供的触发脉冲应不超过晶闸管门极的电压、电流和功率定额,且在门极伏安特性的可靠触发区域之内。

(4)应有良好的抗干扰性能、温度稳定性及与主电路的电气隔离。

晶闸管理想的触发脉冲电流波形如图 3-23 所示。

图 3-24 所示为常见的晶闸管触发电路。它由 VT_1、VT_2 构成的脉冲放大环节和脉冲变压器(TM)及附属电路构成的脉冲输出环节两部分组成。当 VT_1、VT_2 导通时,通过脉冲变压器向晶闸管的门极和阴极之间输出触发脉冲。VD_1 和 R_3 是为了 VT_1、VT_2 由导通变为截止时脉冲变压器(TM)释放其储存的能量而设的。为了获得触发脉冲波形中的强脉冲部分,还需适当附加其他电路环节。

(二)全控型器件的驱动电路

1. 电流驱动型器件的驱动电路

GTO 和 BJT 是电流驱动型器件。GTO 的开通控制与普通晶闸管类似,但对触发前沿

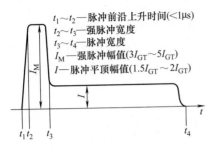

图 3-23 晶闸管理想的触发脉冲电流波形

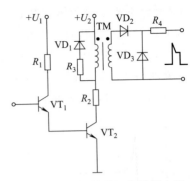

图 3-24 常见的晶闸管触发电路

的幅值和陡度的要求高,且一般需要在整个导通期间施加正门极电流。使 GTO 关断需施加负门极电流,对其幅值和陡度的要求更高,幅值需达阳极电流的 1/3 左右,陡度需达 50A/μs,强负脉冲宽度约 30μs,负脉冲总宽约 10μs,关断后还应在门阴极施加约 5V 的负偏压,以提高抗干扰能力。推荐的 GTO 门极电压电流波形如图 3-25 所示。

GTO 一般用于大容量电路的场合,其驱动电路通常包括开通驱动电路、关断驱动电路和门极反偏电路三部分,可分为脉冲变压器耦合式和直接耦合式两种类型。直接耦合式驱动电路可避免电路内部的相互干扰和寄生振荡,可得到较陡的脉冲前沿,因此目前应用较广,但其功耗大,效率较低。图 3-26 所示为典型的直接耦合式 GTO 驱动电路。该电路的电源由高频电源经二极管整流后提供,二极管 VD_1 和电容 C_1 提供 5V 电压;VD_2、VD_3、C_2、C_3 构成倍压整流电路,提供 15V 电压;VD_4 和电容 C_4 提供 -15V 电压。场效应晶体管 VF_1 开通时,输出正强脉冲;VF_2 开通时,输出正脉冲平顶部分;VF_2 关断而 VF_3 开通时输出负脉冲;VF_3 关断后电阻 R_3 和 R_4 提供门极负偏压。

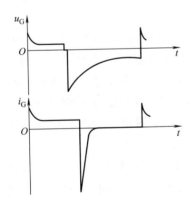

图 3-25 推荐的 GTO 门极电压电流波形

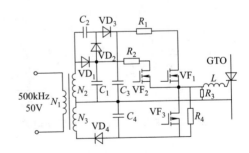

图 3-26 典型的直接耦合式 GTO 驱动电路

使 GTR 开通的基极驱动电流应使其处于准饱和导通状态,使之不进入放大区和深饱和区。关断 GTR 时,施加一定的负基极电流有利于减小关断时间和关断损耗,关断后同样应在基射极之间施加一定幅值(6V 左右)的负偏压。GTR 驱动电流的前沿上升时间应小于 1μs,以保证它能快速开通和关断。理想的 GTR 基极驱动电流波形如图 3-27 所示。

图 3-28 所示为 GTR 的一种驱动电路,包括电气隔离和晶体管放大电路两部分。其中二极管 VD_2 和电位补偿二极管 VD_3 构成所谓的贝克钳位电路,也就是一种抗饱和电路,可

使 GTR 导通时处于临界饱和状态。当负载较轻时，如果 VT_5 的发射极电流全部注入 VT，会使 VT 过饱和，关断时退饱和时间延长。有了贝克钳位电路之后，当 VT 过饱和使得集电极电位低于基极电位时，VD_2 就会自动导通，使多余的驱动电流流入集电极，维持 $U_{bc} \approx 0$。这样，就使得 VT 导通时始终处于临界饱和。图 3-28 中，C_2 为加速开通过程的电容。开通时，R_5 被 C_2 短路，这样可以实现驱动电流的过冲，并增加前沿的陡度，加快开通。

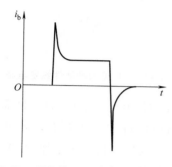

图 3-27　理想的 GTR 基极驱动电流波形

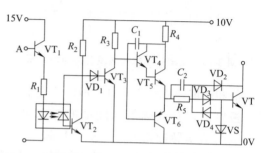

图 3-28　GTR 的一种驱动电路

驱动 GTR 的集成驱动电路中，THOMSON 公司的 UAA4002 和三菱公司的 M57215BL 较为常见。

2. 电压驱动型器件的驱动电路

P-MOSFET 和 IGBT 是电压驱动型器件。P-MOSFET 的栅源极之间和 IGBT 的栅射极之间都有数千皮法的极间电容，为快速建立驱动电压，要求驱动电路具有较小的输出电阻。使 P-MOSFET 开通的栅源极间驱动电压一般取 10～15V，使 IGBT 开通的栅射极间驱动电压一般取 15～20V。同样，关断时施加一定幅值的负驱动电压（一般取 -15～-5V）有利于减小关断时间和关断损耗。在栅极串入一只低值电阻（数十欧）可以减小寄生振荡，该电阻阻值应随被驱动器件电流额定值的增大而减小。

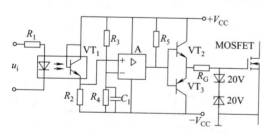

图 3-29　P-MOSFET 的一种驱动电路

图 3-29 所示为 P-MOSFET 的一种驱动电路，它也包括电气隔离和晶体管放大电路两部分。当无输入信号时，高速放大器 A 输出负电平，VT_3 导通输出负驱动电压。当有输入信号时，A 输出正电平，VT_2 导通输出正驱动电压。

IGBT 的驱动多采用专用的混合集成驱动器。常用的有三菱公司的 M579 系列（如 M57962L 和 M57959L）和富士公司的 EXB 系列（如 EXB840、EXB841、EXB850 和 EXB851）。同一系列不同型号的引脚和接线基本相同，只是适用被驱动器件的容量和开关频率以及输入电流幅值等参数有所不同。图 3-30 所示为 M57962L 型 IGBT 驱动器的原理和接线图。这些混合驱动器内部都具有退饱和检测和保护环节，当发生过电流时能快速响应但慢速关断 IGBT，并向外部电路给出故障信号。M57962L 输出的正驱动电压均为 15V 左右，负驱动电压为 -10V。

至今，国外许多生产厂家已经生产出各类电力电子器件的各种驱动器，尽管其具体电路的基本原理相差不大，但品种繁多，而且还在不断推出新的品种。

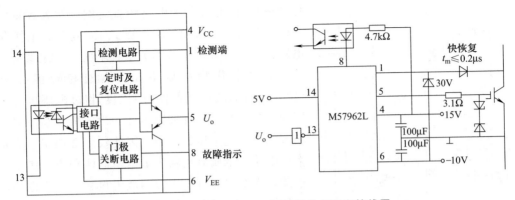

图 3-30 M57962L 型 IGBT 驱动器的原理和接线图

二、电力电子器件的保护

在电力电子变换系统中,除了选择合适的电力电子器件及其驱动电路外,采用合适的过电压保护、过电流保护、du/dt 保护和 di/dt 保护也是非常必要的。

(一) 过电压的产生及过电压保护

电力电子装置可能出现的过电压主要包括外因过电压和内因过电压。外因过电压主要来自雷击和系统中的操作过程(如分闸、合闸等),而内因过电压主要来自电力电子装置内部器件的开关过程。

1. 换相过电压

晶闸管或与全控型器件反并联的二极管在换相结束后不能立刻恢复阻断,因而有较大的反向电流流过,当恢复了阻断能力时,该反向电流急剧减小,会由线路电感在器件两端感应出过电压。

2. 关断过电压

指全控型器件关断时,正向电流迅速降低而由线路电感在器件两端感应出的过电压。

图 3-31 所示为晶闸管变流装置过电压保护措施及其配置位置,各电力电子装置可视具体情况只采用其中的几种。其中主电路和整流式阻容保护为抑制内因过电压的措施,其功能已属缓冲电路的范畴。在抑制外因过电压的措施中,采用 RC 过电压抑制电路最为常见,其典型连接方式如图 3-32 所示。

RC 过电压抑制电路可接于供电变压器的两侧(供电网一侧称网侧,电力电子电路一侧

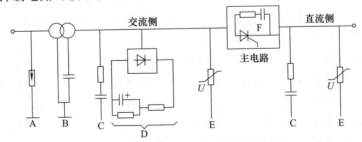

图 3-31 晶闸管变流装置过电压保护主要措施及其配置位置

A—避雷器;B—接地电容;C—阻容保护;D—整流式阻容保护;
E—压敏电阻保护;F—器件侧阻容保护

称阀侧），或电力电子电路的直流侧。对大容量的电力电子装置，可采用反向阻断式 RC 电路。有关保护电路的参数计算可参考相关工程手册。采用雪崩二极管、金属氧化物压敏电阻、硒堆和转折二极管（BOD）等非线性元器件限制或吸收过电压也是较常用的措施。虽然硒堆较阻容体积大，成本高，但它有较大的吸收过电压的能力，因此较广泛地用于容量较大的电路。金属氧化物压敏电阻的体积小，伏安特性很陡，它对浪涌过电压抑制能力很强，反应也快，是一种比较好的过电压保护元器件，可以取代硒堆。

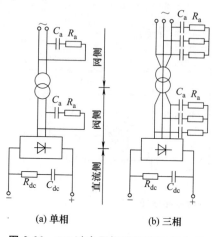

图 3-32　RC 过电压抑制电路连接方式

（二）过电流保护

电力电子电路运行不正常或者发生故障时，可能会发生过电流。过电流分过载和短路两种情况。图 3-33 所示为过电流保护措施及其配置位置，其中采用的快速熔断器、直流快速断路器和过电流继电器是较为常用的措施。一般电力电子装置均同时采用几种过电流保护措施，以提高保护的可靠性和合理性。在选择保护措施时应注意相互协调。通常，电子电路作为第一保护措施，快速熔断器仅作为短路时的部分区段的保护，直流快速断路器整定在电子电路动作之后实现保护，过电流继电器整定在过载时动作。

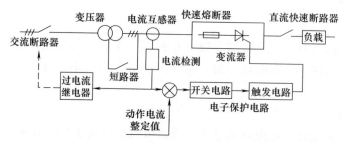

图 3-33　过电流保护措施及其配置位置

采用快速熔断器（简称快熔）是电力电子装置中最有效、应用最广的一种过电流保护措施。在选择快速熔断器时应考虑如下问题。

（1）电压等级根据熔断后快熔实际承受的电压确定。

（2）电流容量按其在主电路中的接入方式和主电路联结形式确定。快速熔断器一般与电力半导体器件串联，在小容量装置中也可串接于阀侧交流母线或直流母线中。

（3）快速熔断器的 I^2t 值应小于被保护器件的允许 I^2t 值。

（4）为保证熔体在正常过载情况下不熔化，应考虑其时间-电流特性。

快速熔断器对器件的保护方式可分为全保护和短路保护两种。全保护是指不论过载还是短路均由快熔进行保护，此方式只适用于小功率装置或器件使用裕度较大的场合。短路保护方式是指快熔只在短路电流较大的区域起保护作用，此方式需与其他过电流保护措施相配合使用。快熔电流容量的具体选择方法可参考相关的工程手册。

对重要的且易发生短路的晶闸管设备，或者工作频率较高、难以快熔保护的全控型器件，需采用电子电路进行过电流保护。除了对电机启动的冲击电流等变化较慢的过电流可以利用控制系统本身调节器对电流的限制作用之外，还需指定专门的过电流保护电子电路，检测到过电流之后直接调节触发或驱动电路，或者关断被保护器件。此外，常在全控型器件的驱动电路中设置过电流保护环节，它对器件过电流的响应是最快的。

（三）缓冲电路

缓冲电路又称为吸收电路，其作用是抑制电力电子器件的内因过电压、du/dt，或者过电流、di/dt，减小器件的开关损耗。缓冲电路可分为关断缓冲电路和开通缓冲电路。关断缓冲电路又称为 du/dt 抑制电路，用于吸收器件的关断过电压和换相过电压，抑制 du/dt，减小器件的关断损耗。开通缓冲电路又称为 di/dt 抑制电路，用于抑制器件开通时的电流过冲和 di/dt，减小器件的开通损耗。可将关断缓冲电路和开通缓冲电路结合在一起，形成复合缓冲电路。还可以用另外的分类方法：缓冲电路中储能元器件的能量如果消耗在其吸收电阻上，则称其为耗能式缓冲电路；如果缓冲电路能将其储能元器件的能量回馈给负载或电源，则称其为馈能式缓冲电路或无损吸收电路。

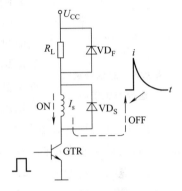

图 3-34　一种开通缓冲电路

缓冲电路通常专指关断缓冲电路，而将开通缓冲电路称为 di/dt 抑制电路，图 3-34 所示为一种开通缓冲电路。

三、电力电子器件的串联和并联使用

对于较大型的电力电子装置，当单个电力电子器件的电压或电流定额不能满足要求时，往往需要将电力电子器件串联或并联起来工作，或者将电力电子装置串联或并联起来工作。本节先以晶闸管为例简要介绍电力电子器件串、并联应用时应注意的问题和处理措施，然后概要介绍应用较多的 P-MOSFET 并联以及 IGBT 并联的一些特点。

（一）晶闸管的串联

当晶闸管额定电压小于实际要求时，可以用两个以上同型号器件相串联。理想的串联希望各器件承受的电压相等，但实际上因器件特性之间的差异，一般都会存在电压分配不均匀的问题。

串联的器件流过的漏电流总是相同的，但由于静态伏安特性的分散性，各器件所承受的电压是不等的。两个晶闸管串联时，在同一漏电流下所承受的正向电压是不同的。若外加电压继续升高，则承受电压高的器件将首先达到转折电压而导通，使另一个器件承担全部电压也导通，两个器件都失去控制作用。同理，反向时，因伏安特性不同而承受不同电压，可能使其中一个器件先反向击穿，另一个随之击穿。这种由于器件静态特性不同而造成的不均压问题称为静态不均压问题。

为达到静态均压，首先应选用参数和特性尽量一致的器件，此外，还可以采用电阻均压，如图 3-35 所示的 R_P 就是用来均压的电阻。R_P 的阻值应比任何一个器件阻断时的正、反向电阻小得多，这样才能使每个晶闸管分担的电压决定于均压电阻的分压。

类似地，由于器件动态参数和特性的差异造成的不均压问题称为动态不均压问题。为达到动态均压，同样首先应选择动态参数和特性尽量一致的器件，另外，还可以用 RC 并

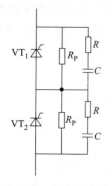

图 3-35 晶闸管串联运行均压措施

联支路作为动态均压,如图 3-35 所示,也可采用变压器二次绕组分组的方法。对于晶闸管来讲,采用门极强脉冲触发可以显著地减小器件开通时间上的差异。

(二)晶闸管的并联

大功率晶闸管装置中,常用多个器件并联来承担较大的电流。当晶闸管并联时,会分别因静态和动态特性参数的差异而导致出现电流分配不均匀的问题。均流不佳,有的器件电流不足,有的器件电流过载,这就会阻碍提高整个装置的输出,甚至造成器件和装置的损坏。为了避免电流不均的现象发生,需采取均流措施。均流的首要措施是挑选特性参数尽量一致的器件,此外,还可以采用以下的均流措施。

(1) 串电阻均流,如图 3-36(a)所示。这个方法虽然比较简单,但是在电阻上要耗损功率,而且对于动态电阻均流不起作用,故只适用于小功率的场合。

(2) 串电抗器均流,如图 3-36(b)所示。它对于稳态与动态都有均流作用。

(3) 变压器分组均流,如图 3-36(c)所示。利用变压器二次绕组的阻抗相等来获得均流。这个方法也同时具有稳态与动态均流效果,适用于有变压器供电的情况。

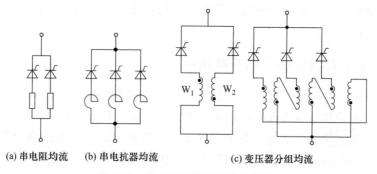

(a) 串电阻均流   (b) 串电抗器均流   (c) 变压器分组均流

图 3-36 晶闸管并联运行均流措施

同样,采用门极强脉冲触发也有助于动态均流。

当需要同时串联和并联晶闸管时,通常采用先串联后并联的方法。

(三)P-MOSFET 和 IGBT 并联运行的特点

P-MOSFET 的通态电阻 R_{on} 具有正的温度系数(温度升高时,通态电阻加大),并联使用时具有电流自动均衡的能力,因而并联使用比较容易。但也要注意选用与通态电阻 R_{on}、开启电压 U_T、跨导 G_{fs} 和输入电容 C_{iss} 尽量相近的器件,电路走线和布局应尽量做到对称。为了更好地动态均流,有时可在源极电路中串入小电感,起到均流电抗器的作用。

IGBT 在 50% 的额定电流以下时,其等效通态电阻(或通态压降)具有负的温度系数,但在电流较大时其电阻则具有正的温度系数,因而 IGBT 在并联使用时也具有电流的自动均衡能力,与 P-MOSFET 类似,易于并联使用。当然,实际并联时,在器件参数选择、电路布局和走线等方面也应尽量一致。

最后还必须指出,开关器件并联工作时,为了使开通、关断动态过程中能均压、均流,开关器件的开通/关断的驱动电压、电流波形应尽量一致或匹配。

第三节 整流电路

许多电驱动系统的功率输入来自于恒电压、恒频率电源，而其输出必须向电动机提供变压及变频功率。一般来说，这样的系统按两个阶段来转换功率：输入交流首先被整流为直流，然后将直流转换为所期望的交流输出波形。下面先讨论整流电路，然后在第四节讨论逆变器（逆变器将直流转换为交流）。

一、单相半波可控整流电路

单相半波可控整流电路实际应用较少，但它电路简单，调整容易，且便于理解可控整流的原理，所以从它开始进行分析。

（一）具有电阻性负载的单相半波可控整流电路

单相半波可控整流电路的主电路，如图 3-37（a）所示。设图中变压器二次电压为 u_2，负载 R_L 为电阻性负载，则其工作原理分析如下。

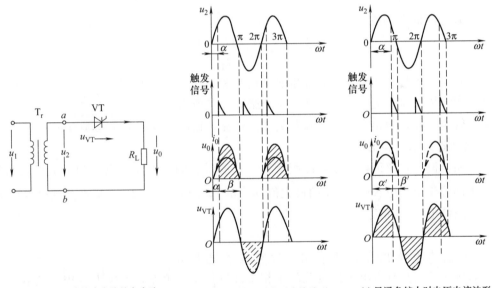

(a) 单相半波可控整流电路的主电路　(b) 导通角较小时电压电流波形　(c) 导通角较大时电压电流波形

图 3-37　带电阻负载的单相半波可控整流电路及其工作波形

1. 工作原理

若晶闸管的门极上未加正向触发电压，那么根据晶闸管的导通条件，不论正弦交流电压 u_2 是正半周还是负半周，晶闸管都不会导通。这时，负载端电压 $U_0=0$、负载电流 $I_0=0$，因而电源的全部电压都由晶闸管承受，即 $U_T=U_2$。

当 u_2 由零进入正半周，设 a 点电位高于 b 点电位，晶闸管承受正向电压，如果在 $\omega t=\alpha$ 时，如图 3-37（b）所示，在门极加上适当的触发脉冲电压，晶闸管将立即导通。电路中电流流向为 $a \rightarrow VT \rightarrow R_L \rightarrow b$。晶闸管导通后，其管压降约为 1V，若忽略此管压降，则电源

电压全部加在负载 R_L 上,即 $U_0=U_2$,这样负载电流 $i_0=u_0/R_L$。此后,尽管触发电压随即消失,晶闸管仍然继续导通,直到电源电压 u_2 从正半周转入负半周过零的时候,晶闸管才自行关断。

当 u_2 在负半周时,因为晶闸管承受的是反向电压,所以即使门极上加触发电压,晶闸管也不会导通。这时,负载电压、电流都为零,晶闸管承受 u_2 的全部电压。在以后各个周期,均重复上述过程。

从整流电路的工作波形图看,u_0、i_0 均是一个不完整的半波整流波形(阴影部分)。在晶闸管承受正向电压的半周内,加上触发脉冲电压,使晶闸管开始导通的相位角 α 称为触发延迟角,而晶闸管从开始导通到关断所经历的电角度 α 称为导通角,故 $\theta=\pi-\alpha$。显然,α 的大小是由加上触发脉冲的时刻来控制的。改变 α 的大小称为移相。α 的变化范围称为移相范围。因此,改变 α 就可以方便地获得可调节的整流电压和电流。比较图 3-37(b)与图 3-37(c),可知触发延迟角 α 越小,则输出电压、电流的平均值越大。

2. 负载电压和电流

单相半波可控整流电路的负载电压和电流的平均值,可以用触发延迟角 α 为变量的函数来表示。由图 3-37 可知,负载电压 u_0 是正弦半波电压的一部分,一个周期的平均值为

$$U_0=\frac{1}{2\pi}\int_{\alpha}^{\pi}\sqrt{2}U_2\sin\omega t\,\mathrm{d}(\alpha t)=\frac{\sqrt{2}}{2\pi}U_2(1+\cos\alpha)=0.45\times\frac{1+\cos\alpha}{2}U_2 \qquad (3-2)$$

而负载电流的平均值

$$I_0=\frac{U_0}{R_L}=0.45\times\frac{U_2}{R_L}\times\frac{1+\cos\alpha}{2}$$

在单相半波可控整流电路中,触发脉冲的移相范围为 $0°\sim180°$。当 $\alpha=0°$、$\theta=180°$ 时,晶闸管在正半周内全导通,输出电压平均值最高,其值为 $U_0=0.45U_2$;当 $\alpha=180°$、$\theta=0°$ 时,晶闸管全关断,输出电压、电流都为零。可见,输出电压的可控范围为 $0\sim0.45U_2$。

3. 晶闸管的电压和电流

在单相半波可控整流电路中,晶闸管在工作时承受的最大反向电压和可能承受的最大正向电压都等于交流电源电压 u_2 的最大值($\sqrt{2}u_2$),即 $U_M=\sqrt{2}U_2$。通过晶闸管的电流 i_T 和流经负载的电流 i_0 相等,即

$$I_T=I_0$$

(二)具有电感性负载的单相半波可控整流电路

上面所介绍的是具有电阻性负载的单相半波可控整流电路,实际上有很多负载是电感性负载,如直流电动机的绕组、电磁离合器的线圈、电磁铁等,它们既含有电阻又含有电感,且电感量较大。

图 3-38(a)所示为具有电感性负载的单相半波可控整流电路。为了便于分析,图中把电感性负载等效为由电感 L 和电阻串联的电路。

由于电磁感应作用,当通过电感 L 的电流发生变化时,在电感中产生阻碍电流变化的感应电动势,将使电流的变化总是滞后于外加电压的变化。因此,可控整流电路带有电感性负载时,其工作情况与电阻性负载不同。现对照图 3-38(b)所示的电压和电流波形,分析该电路的工作情况。

当变压器二次电压 u_2 为正半周时,晶闸管在门极未加触发脉冲之前,处于正向阻断状

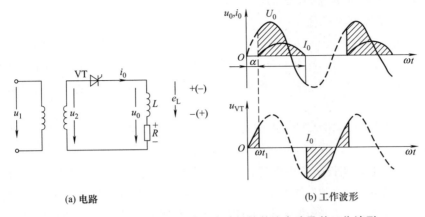

(a) 电路   (b) 工作波形

图 3-38 带电感性负载的单相半波可控整流电路及其工作波形

态，这时，负载电压 $u_0=0$，晶闸管承受正向电压，$u_{VT}=u_2$。在 $\alpha=\omega t$ 时刻，门极加上触发脉冲电压，晶闸管即刻导通，其管压降迅速下降到接近于零，而负载的端电压则立即从零突变到接近于 u_2，即 $u_0=u_2$。这时，流过负载的电流又将如何变化呢？由于电感中的反电动势 e_L 的阻碍作用（这时，e_L 的极性为上"—"下"+"），负载电路 i_0 不可能突变，而只能逐渐变大，所以在 u_0 达到最大值后又逐渐减小时，i_0 却继续增大，但增大速度变缓。当 i_0 开始变小时，电感中的感应电动势将随着 i_0 的下降而变换其极性（这时，e_L 的极性为上"+"下"—"），它的方向与电流方向一致，阻碍 i_0 的减小。因此，在 u_2 经过零值变为负值的一段时间内，由于电感中的自感电动势 e_L 仍为正值，且大于 u_2，所以晶闸管继续承受正向电压 $(e_L-u_2)>0$ 而维持导通，只要电流 I_0 不小于维持电流 I_H，晶闸管就不会关断。因此，在这段时间内，负载的端电压 u_0 仍等于 u_2（忽略管压降），却为负值。当电流下降到维持电流 I_H 以下时，晶闸管自行关断，并且开始承受反向电压，负载的端电压 u_0 才等于零。

综上可见，单相半波可控整流电路具有电感性负载时，晶闸管的导通角 θ 将大于 $\pi-\alpha$。在 α 一定的条件下，若负载的电感越大，则导通角也越大，晶闸管延迟关断的时间就长。这样，在一个周期中，负载端的负电压所占比重便越大，输出电压的平均值也就越小。因此，可控整流电路具有电感性很强的负载时，必须采取适当措施以避免负载上出现负电压。

为了便于解决上述问题，可以在电感性负载的两端并联一个二极管，其阴极与晶闸管的阴极相对，如图 3-39 所示。这样在变压器二次电压 u_2 由正经过零变负时，二极管随即导通，一方面 u_2 通过二极管给晶闸管加上反向电压，促使晶闸管及时关断；另一方面，这个二极管又为负载上由自感电动势所维持的电流提供了一条继续流通的路径。因此，通常把这个二极管称为续流二极管。在续流期间，负

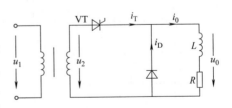

图 3-39 接有续流二极管的感性负载可控整流电路

载的端电压等于二极管的正向电压，其值近似等于零，因此避免了在负载两端出现负电压。

单相半波可控整流电路结构简单，器件少，调整容易，但输出电压小且脉动程度很大，变压器利用率低，因此，除了对电压波形要求不高的小功率整流设备外，已较少采用。

(三) 单相桥式可控整流电路

1. 单相桥式半控整流电路

在单相桥式全控整流电路中，每一个导电回路有两个晶闸管，即用两个晶闸管同时导通以控制导电的回路。实际上为了对每个导电回路进行控制，只需一个晶闸管就可以了，另一个晶闸管可以用二极管代替，从而简化整个电路。图 3-40（a）所示为单相桥式半控整流电路（先不考虑 VD_R）。

半控电路与全控电路在电阻负载时的工作情况相同，这里无需讨论。以下针对电感负载进行讨论。

与全控桥时相似，假设负载中电感很大，且电路已工作于稳态。在 u_2 正半周，触发延迟角 α 处给晶闸管 VT_1 加触发脉冲，u_2 经 VT_1 和 VD_4 向负载供电。u_2 过零变负时，因电感作用使电流连续，VT_1 继续导通。但因 a 点电位低于 b 点电位，使得电流从 VD_4 转移至 VD_2，VD_4 关断，电流不再经变压器二次绕组，而是由 VT_1 和 VD_2 续流。此阶段，忽略器件的通态压降，则 $u_d=0$，不像全控桥电路那样出现 u_d 为负的情况。

在 u_2 负半周触发延迟角 α 时刻触发 VT_3，VT_3 导通，则向 VT_1 加反压使之关断，u_2 经 VT_3 和 VD_2 向负载供电。u_2 过零变正时，VD_4 导通，VD_2 关断，VT_3 和 VD_4 续流，u_d 又为零。此后重复以上过程。

该电路实用中需加设续流二极管 VD_R，以避免可能发生的失控现象。实际运行中，若无续流二极管，则当 α 突然增大至 180°或触发脉冲丢失时，由于电感储能不经变压器二次绕组释放，只是消耗在负载电阻上，会发生一个晶闸管持续导通而两个二极管轮流导通的情况，这使 u_d 成为正弦半波，即半周期 u_d 为正弦，另外半周期 u_d 为零，其平均值保持恒定，相当于单相半波不可控整流电路时的波形，称为失控。例如，当 VT_1 导通时切断触发电路，则当 u_2 变负时，由于电感的作用，负载电流 VT_1 和 VD_2 续流；当 u_2 又为正时，因 VT_1 是导通的，u_2 又经 VT_1 和 VD_4 向负载供电，出现失控现象。

有续流二极管 VD_R 时，续流过程由 VD_R 完成，在续流阶段晶闸管关断，这就避免了某一个晶闸管持续导通从而导致失控现象。同时，续流期间导电回路中只有一个管压降，少了一次管压降，有利于降低损耗。有续流二极管时电路中各部分的波形如图 3-40（b）所示。

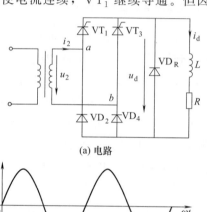

(a) 电路

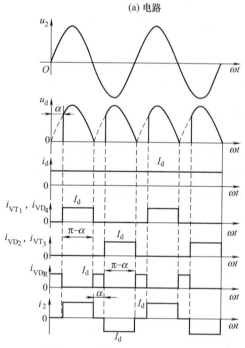

(b) 有续流二极管，阻感负载时的工作波形

图 3-40　单相桥式半控整流电路及工作波形

单相桥式半控整流电路的另一种接法如图3-41所示,相当于把单相全控桥式整流电路中的VT_3和VT_4换为二极管VD_3和VD_4,这样可以省去续流二极管VD_R,续流由VD_3和VD_4来实现。这种接法的两个晶闸管阴极电位不同,二者的触发电路需要隔离。

2. 单相桥式全控整流电路

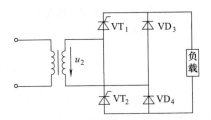

图3-41 单相桥式半控整流电路的另一种接法

在单相桥式全控整流电路中,晶闸管VT_1和VT_4组成一对桥臂,VT_2和VT_3组成另一对桥臂。在u_2正半周(即a点电位高于b点电位),若4个晶闸管均不导通,负载电流i_d为零,u_d也为零,VT_1、VT_4串联承受电压u_2,设VT_1和VT_4的漏电阻相等,则各承受u_2的一半。若在触发延迟角α处给VT_1和VT_4加触发脉冲,VT_1和VT_4即导通,电流从电源a端经VT_1、R、VT_4流回电源b端。当u_2过零时,流经晶闸管的电流也降到零,VT_1和VT_4关断。

在u_2负半周,仍在触发延迟角α处触发晶闸管VT_2、VT_3(VT_2和VT_3的$\alpha=0$位于$\omega t=\pi$处),VT_2和VT_3导通,电流从电源b端流出,经VT_3、R、VT_2流回电源a端。到u_2过零时,电流又降为零,VT_2和VT_3关断。此后又是VT_1和VT_4导通,如此循环地工作下去,整流电压u_d和晶闸管VT_1、VT_4两端电压波形分别如图3-42(b)、(c)所示。

晶闸管承受的最大正向电压和反向电压分别为$\frac{\sqrt{2}}{2}U_2$和$\sqrt{2}U_2$。

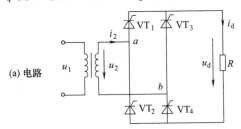

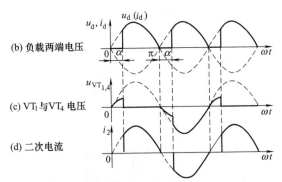

图3-42 单相桥式全控整流电路带电阻负载时的电路及波形

由于在交流电源的正负半周都有整流输出电流流过负载,故该电路为全波整流。在u_2一个周期内,整流电压波形脉动2次,脉动次数多于半波整流电路,该电路属于双脉波整流电路。变压器二次绕组中,正负两个半周电流方向相反且波形对称,平均值为零,即直流分量为零,如图3-42(d)所示,不存在变压器直流磁化问题,变压器绕组的利用率也高。

整流电压平均值为

$$U_d=\frac{1}{\pi}\int_\alpha^\pi \sqrt{2}U_2\sin\omega t\,d(\omega t)=\frac{2\sqrt{2}U_2}{\pi}\times\frac{1+\cos\alpha}{2}=0.9U_2\times\frac{1+\cos\alpha}{2} \quad (3-3)$$

当$\alpha=0°$时,$U_d=U_{d0}=0.9U_2$;当$\alpha=180°$时,$U_d=0$。可见,α角的移相范围为$0°\sim180°$。

向负载输出的直流电流平均值为

$$I_d=\frac{U_d}{R}=\frac{2\sqrt{2}U_2}{\pi R}\times\frac{1+\cos\alpha}{2}=0.9\times\frac{U_2(1+\cos\alpha)}{2R} \quad (3-4)$$

晶闸管 VT_1、VT_4 和 VT_2、VT_3 轮流导电,流过晶闸管的电流平均值只有输出直流电流的一半,即

$$I_{dVT} = \frac{I_d}{2} = 0.45 \times \frac{U_2(1+\cos\alpha)}{2R} \tag{3-5}$$

为选择晶闸管、变压器容量、导线截面积等定额,需考虑发热问题,为此需计算电流有效值。流过晶闸管的电流有效值为

$$I_{VT} = \sqrt{\frac{1}{2\pi}\int_{\alpha}^{\pi}\left(\frac{\sqrt{2}U_2}{R}\sin\omega t\right)^2 d(\omega t)} = \frac{U_2}{\sqrt{2}R}\sqrt{\frac{1}{2\pi}\sin 2\alpha + \frac{\pi-\alpha}{\pi}} \tag{3-6}$$

变压器二次电流有效值 I_2 与输出直流电流有效值 I 相等,为

$$I = I_2 = \sqrt{\frac{1}{\pi}\int_{\alpha}^{\pi}\left(\frac{\sqrt{2}U_2}{R}\sin\omega t\right)^2 d(\omega t)} = \frac{U_2}{R}\sqrt{\frac{1}{2\pi}\sin 2\alpha + \frac{\pi-\alpha}{\pi}} \tag{3-7}$$

由式(3-6)和式(3-7)可知

$$I_{VT} = \frac{1}{\sqrt{2}}I$$

不考虑变压器的损耗时,要求变压器的容量为

$$S = U_2 I_2$$

3. 带阻感负载的单相桥式全控整流电路

电路如图 3-43(a)所示。为便于讨论,假设电路已工作于稳态。

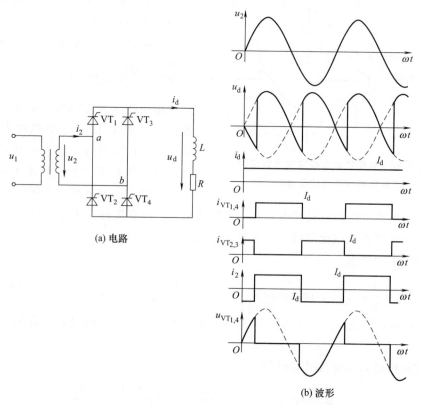

图 3-43 单相桥式全控整流电路带阻感负载时的电路及波形

(1) 工作原理 在 u_2 正半周期，触发延迟角 α 处给晶闸管 VT_1 和 VT_4 加触发脉冲使其开通，$u_d=u_2$，负载中有电感存在使负载电流不能突变，电感对负载电流起平波作用。假设负载电感很大，负载电流 i_d 连续且波形近似为一水平线，其波形如图 3-43 （b）所示。u_2 过零变负时，由于电感的作用晶闸管 VT_1 和 VT_4 中仍流过电流 i_d 并不关断。至 $\omega t=\pi+\alpha$ 时刻，给 VT_2 和 VT_3 加触发脉冲，因 VT_2 和 VT_3 本已承受正电压，故两管导通。VT_2 和 VT_3 导通后，u_2 通过 VT_2 和 VT_3 分别向 VT_1 和 VT_4 施加反压使 VT_1 和 VT_4 关断，流过 VT_1 和 VT_4 的电流迅速转移到 VT_2 和 VT_3 上，此过程称为换相，亦称换流。至下一周期重复上述过程，如此循环下去。

(2) 负载电压和电流 u_d 波形如图 3-43（b）所示，其平均值为

$$U_d=\frac{1}{\pi}\int_\alpha^{\alpha+\pi}\sqrt{2}U_2\sin\omega t\,d(\omega t)=\frac{2\sqrt{2}}{\pi}U_2\cos\alpha=0.9U_2\cos\alpha \tag{3-8}$$

当 α=0°时，$U_{d0}=0.9U_2$；当 α=90°时，$U_d=0$。α 角的移相范围为 0°～90°。

单相桥式全控整流电路带阻感负载时，晶闸管 VT_1、VT_4 两端的电压波形如图 3-43 （b）所示，晶闸管承受的最大正反向电压均为 $\sqrt{2}U_2$。

晶闸管导通角 θ 与 α 无关，均为 180°，其电流波形如图 3-43（b）所示，平均值和有效值分别为

$$I_{dVT}=\frac{1}{2}I_d$$

$$I_{VT}=\frac{1}{\sqrt{2}}I_d=0.707I_d$$

变压器二次电流 i_2 的波形为正负各 180°的矩形波，其相位由 α 决定，有效值 $I_2=I_d$。

4. 带反电动势负载时的单相桥式全控整流电路

当负载为蓄电池、直流电动机的电枢（忽略其中的电感）等时，负载可看成一个直流电压源，对于整流电路，它们就是反电动势负载。单相桥式全控整流电路接反电动势-电阻负载时的电路如图 3-44（a）所示，下面着重分析反电动势-电阻负载时的情况。

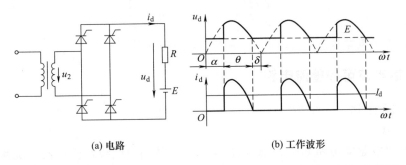

(a) 电路　　　　　　　(b) 工作波形

图 3-44 单相桥式全控整流电路接反电动势-电阻负载时的电路及工作波形

当忽略主电路各部分的电感时，只有在 u_2 瞬时值的绝对值大于反电动势即 $|u_2|>E$ 时，才使得晶闸管承受正电压，有导通的可能。晶闸管导通之后，$u_2=u_d$，$i_d=(u_d-E)/R$，直至 $|u_2|=E$，i_d 即降至零使得晶闸管关断，此后 $u_d=E$。与电阻负载时相比，晶闸管提前了电角度 δ 停止导电，u_d 和 i_d 的波形如图 3-44（b）所示，δ 称为停止导电角。

$$\delta = \arcsin \frac{E}{\sqrt{2}U_2}$$

在 α 角相同时，整流输出电压比电阻负载时大。

如图 3-44（b）所示，i_d 波形在一周期内有部分时间为 0 的情况，称为电流断续。与此对应，若 i_d 波形不出现为零的情况，则称为电流连续。当 $\alpha < \delta$ 时，触发脉冲到来时，晶闸管承受负电压，不可能导通。为了使晶闸管可靠导通，要求触发脉冲有足够的宽度，保证当 $\omega t = \delta$ 时刻晶闸管开始承受正电压时，触发脉冲仍然存在。这样，相当于触发延迟角被推迟为 δ，即 $\alpha = \delta$。

当负载为直流电动机时，如果出现电流断续则电动机的机械特性将很软。从图 3-44（b）可看出，导通角 θ 越小，则电流波形的底部就越窄。电流平均值是与电流波形的面积成比例的，因而为了增大电流平均值，必须增大电流峰值，这要求较多地降低反电动势。因此，当电流继续时，随着 I_d 的增大，转速 n（与反电动势成比例）降落较大，机械特性较软，相当于整流电源的内阻增大。较大的电流峰值在电动机换向时容易产生火花。同时，对于相等的电流平均值，若电流波形底部越窄，则其有效值越大，要求电源的容量也大。

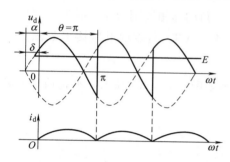

图 3-45　单相桥式全控整流电路带反电动势负载串平波电抗器，电流连续临界情况

为了克服以上缺点，一般在主电路中直流输出侧串联一个平波电抗器，用来减少电流的脉动和延长晶闸管导通的时间。有了电感，当 $u_2 < E$ 时甚至 u_2 值变负时，晶闸管仍可导通。只要电感量足够大就能使电流连续，晶闸管每次导通 180°，这时整流电压 u_d 的波形和负载电流 i_d 的波形与电感负载电流连续时的波形相同，u_d 的计算公式亦一样。针对电动机在低速轻载运行时电流连续的临界情况，给出 u_d 和 i_d 波形如图 3-45 所示。

为保证电流连续所需的电感量 L 可由下式求出

$$L = \frac{2\sqrt{2}U_2}{\pi \omega I_{dmin}} = 2.87 \times 10^{-3} \frac{U_2}{I_{dmin}}$$

式中，ω 为工频角速度，rad/s；L 为主电路总电感量，H。

二、三相半波可控整流电路

（一）电阻负载

1. 工作原理

三相半波可控整流电路如图 3-46（a）所示。为得到中性线，变压器二次侧必须接成星形，而一次侧接成三角形，避免 3 次谐波电流流入电网。三个晶闸管分别接入 a、b、c 三相电源，它们的阴极连接在一起，称为共阴极接法，这种接法触发电路有公共端，连线方便。

假设将电路中的晶闸管换作二极管，并用 VD 表示，该电路就成为三相半波不可控整流电路，下面分析其工作情况。此时，三个二极管对应的相电压中哪一个的值最大，则该相所对应的二极管导通，并使另两相的二极管承受反向电压关断，输出整流电压即为该相的相电压，其波形如图 3-46（d）所示。在一个周期中，器件工作情况如下：在 $\omega t_1 \sim \omega t_2$ 期间，a 相电压最高，VD_1 导通，$u_d = u_a$；在 $\omega t_2 \sim \omega t_3$ 期间，b 相电压最高，VD_2 导通，$u_d = u_b$；在 $\omega t_3 \sim \omega t_4$ 期间，c 相电压最高，VD_3 导通，$u_d = u_c$。此后，在下一个周期相当于 ωt_1 的位置即 ωt_4 时刻，VD_1 又导通，重复前一周期的工作情况。如此，一个周期中 VD_1、VD_2、VD_3 轮流导通，每管各导通 120°。u_d 波形为三个相电压在正半周期的包络线。

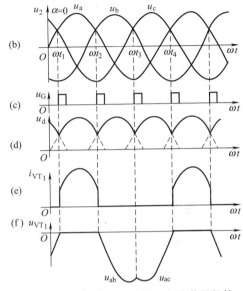

在相电压的交点 ωt_1、ωt_2、ωt_3 处，均出现了二极管换相，即电流由一个二极管向另一个二极管转移，称这些交点为自然换相点。对三相半波可控整流电路而言，自然换相点是各相晶闸管能触发导通的最早时刻，将其作为计算各晶闸管触发延迟角 α 的起点，即 $\alpha = 0°$。要改变触发延迟角，只能是在此基础上增大，即沿时间坐标轴向右移。若在自然换相点处触发相应的晶闸管导通，则电路的工作情况与以上分析的二极管整流工作情况一

图 3-46　三相半波可控整流电路共阴极接法电阻负载时的电路及 $\alpha = 0°$ 时的波形

样。由单相可控整流电路可知，各种单相可控整流电路的自然换相点是变压器二次电压 u_2 的过零点。

当 $\alpha = 0°$ 时，变压器二次侧 a 相绕组和晶闸管 VT_1 的电流波形如图 3-46（e）所示，另两相电流波形形状相同，相位依次滞后 120°，可见变压器二次绕组电流有直流分量。

图 3-46（f）是 VT_1 两端的电压波形，由 3 段组成：第 1 段，VT_1 导通期间，为一管压降，可近似为 $u_{VT1} = 0$；第 2 段，在 VT_1 关断后，VT_2 导通期间，$u_{VT1} = u_a - u_b = u_{ab}$，为一段线电压；第 3 段，在 VT_3 导通期间，$u_{VT1} = u_a - u_c = u_{ac}$，为另一段线电压，即晶闸管电压由一段管压降和两段线电压组成。由图可见，当 $\alpha = 0°$ 时，晶闸管承受的两段线电压均为负值，随着 α 增大，晶闸管承受的电压中正的部分逐渐增多。其他两管上的电压波形形状相同，相位依次差 120°。

增大 α 值，将脉冲后移，整流电路的工作情况相应地发生变化。

图 3-47（a）是 $\alpha = 30°$ 时的波形。从输出电压、电流的波形可看出，这时负载电流处于连续和断续的临界状态，各相相位依次差 120°。

如果 $\alpha > 30°$，如 $\alpha = 60°$ 时，整流电压的波形如图 3-47（b）所示，当导通一相的相电压过零变负时，该相晶闸管关断。此时下一相晶闸管虽承受正电压，但它的触发脉冲还未到，不会导通，因此输出电压、电流均为零，直到触发脉冲出现为止。在这种情况下，负载电流断续，各晶闸管导通角为 90°，小于 120°。

若 α 继续增大，整流电压将越来越小，当 $\alpha = 150°$ 时，整流输出电压为零。故电阻负载时，α 的移相范围为 0°～150°。

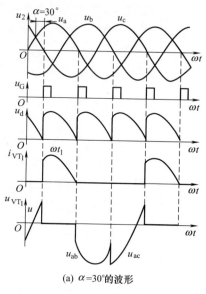
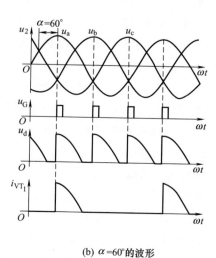

(a) $\alpha=30°$ 的波形　　　　　　(b) $\alpha=60°$ 的波形

图 3-47　三相半波可控整流电路，电阻负载

2. 负载电压

整流电压平均值的计算分以下两种情况。

(1) 当 $\alpha \leqslant 30°$ 时，负载电流断续，有

$$U_d = \frac{1}{\frac{2\pi}{3}} \int_{\frac{\pi}{6}+\alpha}^{\frac{5\pi}{6}+\alpha} \sqrt{2} U_2 \sin\omega t \, d(\omega t) = \frac{3\sqrt{6}}{2\pi} U_2 \cos\alpha = 1.17 U_2 \cos\alpha$$

当 $\alpha = 0°$ 时，U_d 最大，有

$$U_d = U_{d0} = 1.17 U_2$$

(2) 当 $\alpha > 30°$ 时，负载电流断续，晶闸管导通角减小，此时有

$$U_d = \frac{1}{\frac{2\pi}{3}} \int_{\frac{\pi}{6}+\alpha}^{\pi} \sqrt{2} U_2 \sin\omega t \, d(\omega t) = \frac{3\sqrt{2}}{2\pi} U_2 \left[1+\cos\left(\frac{\pi}{6}+\alpha\right)\right] = 0.675 U_2 \left[1+\cos\left(\frac{\pi}{6}+\alpha\right)\right]$$

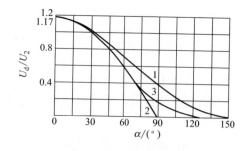

图 3-48　三相半波可控整流
电路 U_d/U_2 与 α 的关系

1—电阻负载；2—电感负载；3—电阻电感负载

U_d/U_2 随 α 变化的规律如图 3-48 中的曲线 1 所示。

负载电流平均值为

$$I_d = \frac{U_d}{R}$$

晶闸管承受的最大反向电压，由图 3-46（e）不难看出为变压器二次线电压峰值，即

$$U_{RM} = \sqrt{2} \times \sqrt{3} U_2 = \sqrt{6} U_2 = 2.45 U_2$$

由于晶闸管阴极与零线间的电压即为整流输出电压 u_d，其最小值为零，而晶闸管阳极与阴极间的最大正向电压等于变压器二次相电压的峰值，即

$$U_{FM} = \sqrt{2} U_2$$

(二) 感性负载

如果负载为感性负载,且 L 值很大,则如图 3-49 所示,整流电流 i_d 的波形基本是平直的,流过晶闸管的电流接近矩形波。

当 $\alpha \leqslant 30°$ 时,整流电压波形与电阻负载时相同,因为在两种负载情况下,负载电流均连续。

当 $\alpha > 30°$ 时,如 $\alpha = 60°$ 时,其波形如图 3-49 所示。当 u_2 过零时,由于电感的存在,阻止电流下降,因而 VT_1 继续导通,直到下一相晶闸管 VT_2 的触发脉冲到来,才发生换流,由 VT_2 导通向负载供电,同时向 VT_1 施加反向电压使其关断。在这种情况下,u_d 波形中出现负的部分,若 α 增大,u_d 波形中负的部分将增多,至 $\alpha = 90°$ 时,u_d 波形中正负面积相等,u_d 的平均值为零。可见感性负载时 α 的移相范围为 $0° \sim 90°$。

由于负载电流连续,可求出 U_d,即

$$U_d = 1.17 U_2 \cos\alpha$$

U_d/U_2 呈余弦关系,如图 3-48 中的曲线 2 所示。如果负载中的电感量不是很大,则当 $\alpha > 30°$ 后,与电感量足够大的情况相比较,u_d 中负的部分将会减少,整流电压平均值 U_d 略为增加,U_d/U_2 与 α 的关系将介于图 3-48 中的曲线 1 和 2 之间,曲线 3 给出了这种情况下的一个例子。

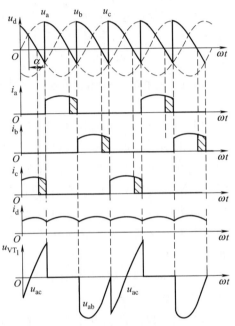

图 3-49 三相半波可控整流电路,感性负载时的电路及 $\alpha = 60°$ 时的波形

变压器二次电流即晶闸管电流的有效值为

$$I_2 = I_{VT} = \frac{1}{\sqrt{3}} I_d = 0.577 I_d$$

由此可求出晶闸管的额定电流为

$$I_{VT(AT)} = \frac{I_{VT}}{1.57} I_d = 0.368 I_d$$

晶闸管两端的电压波形如图 3-49 所示,由于负载电流连续,因此晶闸管最大正反向电压峰值均为变压器二次线电压峰值,即

$$U_{FM} = U_{RM} = 2.45 U_2$$

图 3-49 中所给 i_d 波形有一定的脉动,与分析单相整流电路阻感负载时的 i_d 波形有所不同,这是电路工作的实际情况,因为负载中电感量不可能也不必非常大,往往只要能保证负载电流连续即可,这样 i_d 实际上是有波动的,不是完全平直的水平线。通常,为简化分析及定量计算,可以将 i_d 近似为一条水平线,这样的近似对分析和计算的准确性并不产生很大的影响。

三相半波可控整流电路的主要缺点在于其变压器二次电流中含有直流分量,为此其应用较少。

三、三相桥式全控整流电路

在各种整流电路中，目前应用最为广泛的是三相桥式全控整流电路，其原理如图 3-50 所示，习惯将其中阴极连接在一起的 3 个晶闸管（VT_1、VT_3、VT_5）称为共阴极组；阳极连接在一起的 3 个晶闸管（VT_4、VT_6、VT_2）称为共阳极组。此外，习惯上希望晶闸管按从 1 至 6 的顺序导通，为此将晶闸管按图示的顺序编号，即共阴极组中与 a、b、c 三相电源相接的 3 个晶闸管分别为 VT_1、VT_3、VT_5，共阳极组中与 a、b、c 三相电源相接的 3 个晶闸管分别为 VT_4、VT_6、VT_2。从后面的分析可知，按此编号，晶闸管的导通顺序为 VT_1-VT_2-VT_3-VT_4-VT_5-VT_6。以下分析带电阻负载时的工作情况。

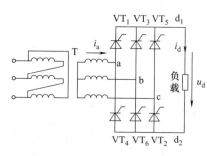

图 3-50 三相桥式全控整流电路

可以采用与分析三相半波可控整流电路时类似的方法，假设将电路中的晶闸管换作二极管，这种情况也就相当于晶闸管触发延迟角 $\alpha=0°$ 时的情况。此时，对于共阴极组的 3 个晶闸管，阳极所接交流电压值最高的一个导通。而对于共阳极组的 3 个晶闸管，则是阴极所接交流电压值最低（或者说负得最多）的一个导通。这样，任意时刻共阳极组和共阴极组中各有 1 个晶闸管处于导通状态，施加于负载上的电压为某一线电压。此时电路工作波形如图 3-51 所示。

当 $\alpha=0°$ 时，各晶闸管均在自然换相点处换相。由图中变压器二次绕组相电压与线电压波形的对应关系看出，各自然换相点既是相电压的交点，同时也是线电压的交点。在分析 u_d 的波形时，既可从相电压波形分析，也可以从线电压波形分析。

从相电压波形看，以变压器二次侧的中点 n 为参考点，共阴极组晶闸管导通时，整流输出电压 u_{d1} 为相电压在正半周的包络线；共阳极组导通时，整流输出电压 u_{d2} 为相电压在负半周的包络线，总的整流输出电压 $u_d=u_{d1}-u_{d2}$，是两条包络线间的差值，将其对应到线电压波形上，即为线电压在正半周的包络线。

直接从线电压波形看，由于共阴极组中处于通态的晶闸管对应的是最大（正得最多）的相电压，而共阳极组中处于通态的晶闸管对应的是最小（负得最多）的相电压，输出整流电压 u_d 为这两个相电压相减，是线电压中最大的一个，因此输出整流电压 u_d 波形为线电压在正半周的包络线。

为了说明各晶闸管工作的情况，将波形中的一个周期等分为 6 段，每段为 60°，每一段中导通的晶闸管及输出整流电压的情况见表 3-1。由该表可知，6 个晶闸管的导通顺序为 VT_1-VT_2-VT_3-VT_4-VT_5-VT_6。

表 3-1 三相桥式全控整流电路触发延迟角 $\alpha=0°$ 时晶闸管工作情况

时 段	I	II	III	IV	V	VI
共阴极组中导通的晶闸管	VT_1	VT_1	VT_3	VT_3	VT_5	VT_5
共阳极组中导通的晶闸管	VT_6	VT_2	VT_2	VT_4	VT_4	VT_6
整流输出电压 u_d	$u_a-u_b=u_{ab}$	$u_a-u_c=u_{ac}$	$u_b-u_c=u_{bc}$	$u_b-u_a=u_{ba}$	$u_c-u_a=u_{ca}$	$u_c-u_b=u_{cb}$

从触发延迟角 $\alpha=0°$ 时的情况可以总结出三相桥式全控整流电路的一些特点。

(1) 每个时刻均需 2 个晶闸管同时导通，形成向负载供电的回路，其中 1 个晶闸管是共阴极组的，1 个是共阳极组的，且不能为 1 相的晶闸管。

(2) 对触发脉冲要求：6 个晶闸管的脉冲按 VT_1-VT_2-VT_3-VT_4-VT_5-VT_6 的顺序，相位依次差 $60°$；共阴极组 VT_1、VT_3、VT_5 的脉冲依次差 $120°$，共阳极组 VT_4、VT_6、VT_2 的脉冲也依次差 $120°$；同一相的上下两个桥臂，即 VT_1 与 VT_4、VT_3 与 VT_6、VT_5 与 VT_2，脉冲相差 $180°$。

(3) 整流输出电压 u_d 一个周期脉动 6 次，每次脉动的波形都一样，故该电路为 6 脉波整流电路。

(4) 在整流电路合闸启动过程中或电流断续时，为确保电路的正常工作，需保证同时导通的两个晶闸管均有触发脉冲。为此，可采用两种方法：一是使脉冲宽度大于 $60°$（一般取 $80°\sim100°$），称为宽脉冲触发；另一种方法是，在触发某个晶闸管的同时，给序号前的一个晶闸管补发脉冲，即用两个窄脉冲代替宽脉冲，两个窄脉冲的前沿相差 $60°$，脉宽一般为 $20°\sim30°$，称为双脉冲触发。双脉冲电路较复杂，但要求的触发电路输出功率小。宽脉冲触发电路虽可少输出一半脉冲，但为了不使脉冲变压器饱和，需将铁芯体积做得较大，绕组匝数较多，导致漏感增大，脉冲前沿不够陡，对晶闸管串联使用不利。虽可用去磁绕组改善这种情况，但又会使触发电路复杂化。因此，常用的是双脉冲触发。

(5) 当 $\alpha=0°$ 时晶闸管承受的电压波形如图 3-51（a）所示。图中仅给出 VT_1 的电压波形。将此波形与三相半波中的 VT_1 电压波形比较，可见两者是相同的，晶闸管承受最大正向、反向电压的关系也与三相半波时一样。

图 3-51（a）中还给出了晶闸管 VT_1 流过电流 i_{VT1} 的波形，由此波形可以看出，晶闸管一个周期中有 $120°$ 处于通态，$240°$ 处于断态，由于负载为电阻，故晶闸管处于通态时的电流波形与相应时段的 u_d 波形相同。

当触发延迟角 α 改变时，电路的工作情况将发生变化。图 3-51（b）给出了 $\alpha=30°$ 时的波形。从 ωt_1 角开始把一个周期等分为 6 段，每段为 $60°$ 与 $\alpha=0°$ 时的情况相比，一个周期中 u_d 波形仍由 6 段线电压构成，每一段导通晶闸管的编号等仍符合表 3-1 的规律。区别在于，晶闸管起始导通时刻推迟了 $30°$，组成 u_d 的每一段线电压又因此推迟 $30°$，u_d 平均值降低，晶闸管电压波形也相应发生了变化。图中同时给出了变压器二次侧 a 相电流 i_a 的波形。该波形的特点是，在 VT_1 处于通态的 $120°$ 期间，i_a 为正，i_a 波形的形状与同时段的 u_d 波形相同。在 VT_4 处于通态的 $120°$ 期间，i_a 波形的形状也与同时段的 u_d 波形相同，但为负值。

图 3-51（c）给出了 $\alpha=60°$ 时的波形，电路工作情况仍可对照表 3-1 分析。u_d 波形中每段线电压的波形继续向后移，u_d 平均值继续降低。当 $\alpha=60°$ 时 u_d 出现了为零的点。

由以上分析可见，当 $\alpha\leqslant60°$ 时，u_d 波形均连续，对于电阻负载，i_d 波形与 u_d 波形的形状是一样的，也连续。

当 $\alpha>60°$ 时，如 $\alpha=90°$ 时，电阻负载情况下的工作波形如图 3-51（d）所示。此时 u_d 波形每 $60°$ 中有 $30°$ 为零，这是因为电阻负载时 i_d 波形与 u_d 波形一致，一旦 u_d 降至零，i_d 也降至零，流过晶闸管的电流即降至零，晶闸管关断，输出整流电压 u_d 为零，因此 u_d 波形不能出现负值。图 3-51（d）中还给出了晶闸管电流和变压器二次电流的波形。

如果继续增大至 $120°$，则整流输出电压 u_d 波形将全为零，其平均值也为零，可见带电阻负载时三相桥式全控整流电路 α 的移相范围是 $0°\sim120°$。

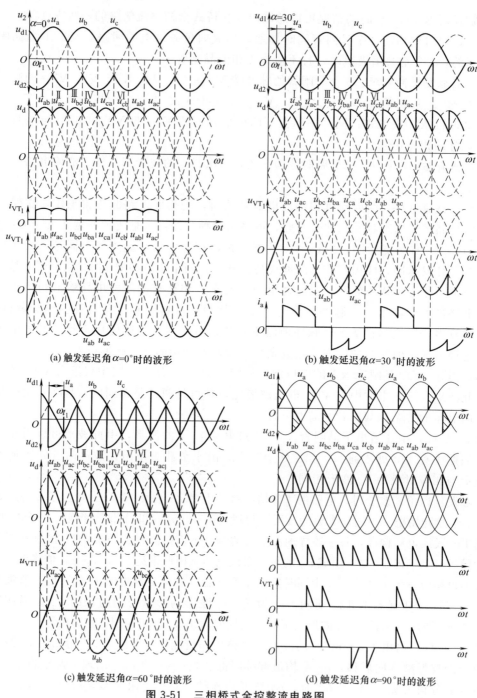

图 3-51 三相桥式全控整流电路图

第四节 逆变电路

在生产实践中，存在着与整流过程相反的要求，即要求把直流电转变成交流电，这种对应于整流的逆向过程，定义为逆变。例如，电动汽车下坡行驶时，使驱动电机制动运行，车辆的位能转变为电能，反送到交流电网中去。把直流电逆变成交流电的电路称为逆变电路。当交流侧和电网连接时，这种逆变电路称为有源逆变电路。有源逆变电路常用于直流可逆调速系统、交流绕线转子异步电动机串级调速以及高压直流输电等方面。对于可控整流电路而言，只要满足一定的条件，就可以工作于有源逆变状态。此时，电路形式并未发生变化，只是电路工作条件转变。这种既工作在整流状态又工作在逆变状态的整流电路称为变流电路。

如果交流电路的交流侧不与电网连接，而直接接到负载，即把直流电逆变为某一频率或可调频的交流电供给负载，称为无源逆变。

一、直流发电机-电动机系统电能的流转

图 3-52 所示的直流发电机-电动机系统中，M 为电动机，G 为发电机，励磁回路未画出。控制发电机电动势的大小和极性，可实现电动机四象限的运转状态。

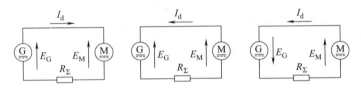

(a) 两点式同极性 $E_G > E_M$　(b) 两点式同极性 $E_M > E_G$　(c) 两点式反极性，形成短路

图 3-52　直流发电机-电动机之间电能的流转

在图 3-52 (a) 中，M 作电动运转，$E_G > E_M$，电流 I_d 从 G 流向 M，I_d 的值为

$$I_d = \frac{E_M - E_G}{R_\Sigma}$$

式中，R_Σ 为主回路的电阻。由于 I_d 和 E_G 同方向，与 E_M 反方向，故 G 输出电功率 $E_G I_d$，M 吸收电功率 $E_M I_d$，电能由 G 流向 M，转变为 M 轴上输出的机械能，R_Σ 上是热耗。

图 3-52 (b) 所示为回馈制动状态，M 发电运转，此时，$E_M > E_G$，电流反向，从 M 流向 G，其电流值为

$$I_d = \frac{U_d - E_M}{R_\Sigma}$$

此时 I_d 和 E_M 同方向，与 E_G 反方向，故 M 输出电功率，G 则吸收电功率，R_Σ 上总是热耗，M 轴上输入的机械能转变为电能反送给 G。

再看图 3-52 (c)，这时两电动势顺向串联，向电阻 R_Σ 供电，G 和 M 均输出功率，由于 R_Σ 一般都很小，实际上形成短路，在工作中必须严防这类事故发生。

可见两个电动势同极性相接时，电流总是从电动势高的流向电动势低的，由于回路电阻很小，即使很小的电动势差值也能产生大的电流，使两个电动势之间交换很大的功率，这对分析有源逆变电路是十分有用的。

二、逆变产生的条件

以单相全波电路代替上述发电机，给电动机供电，分析此时电路内电能的流向。设电

动机 M 作为电动机运行，全波电路应工作在整流状态，α 的范围为 $0 \sim \pi/2$，直流侧输出 U_d 为正值，并且 $U_d > E_M$，如图 3-53（a）所示，才能输出 I_d，其值为

$$I_d = \frac{U_d - E_M}{R_\Sigma}$$

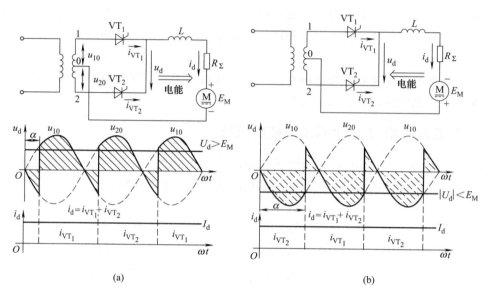

图 3-53　单相全波电路的整流与逆变

一般情况下 R_Σ 值很小，因此电路经常工作在 $U_d \approx E_M$ 的条件下，交流电网输出电功率，电动机则输入电功率。

在图 3-53（b）中，电动机 M 作为发电回馈制动运行，由于晶闸管器件的单向导电性，电路内 I_d 的方向依然不变，欲改变电能的输送方向，只能改变 E_M 的极性。为了防止两电动势顺向串联，U_d 的极性也必须反过来，即 U_d 应为负值，且 $E_M > |U_d|$，才能把电能从直流侧送到交流侧，实现逆变。这时 I_d 为

$$I_d = \frac{E_M - U_d}{R_\Sigma}$$

电路内电能的流向与整流时相反，电动机输出电功率，电网吸收电功率。电动机轴上输入的机械功率越大，则逆变的功率也越大。为了防止过电流，同样应满足 $E_M \approx U_d$。E_M 的大小取决于电动机转速的高低，而 U_d 可通过改变 α 来进行调节。由于逆变状态时 U_d 为负值，故 α 在逆变状态的范围应在 $\pi/2 \sim \pi$ 之间。

在逆变工作状态下，虽然晶闸管的阳极电位大部分处于交流电压为负的半周期，但由于有外接直流电动势 E_M 的存在，使晶闸管仍能承受正向电压而导通。

从上述分析中，可归纳出产生逆变的条件如下。

（1）要有直流电动势，其极性须和晶闸管的导通方向一致，其值应大于变流电路直流侧的平均电压。

（2）要求晶闸管的触发延迟角 $\alpha > \pi/2$，使 U_d 为负值。

两者必须同时具备才能实现有源逆变。

必须指出，半控桥或有续流二极管的电路，因其整流电压 u_d 不能出现负值，也不允许

直流侧出现负极性的电动势，故不能实现有源逆变。欲实现有源逆变，只能采用全控电路。

三、逆变失败与最小逆变角的限制

逆变运行时，一旦发生换相失败，外接的直流电源就会通过晶闸管电路形成短路，或者使变流器的输出平均电压和直流电动势变成顺向串联。由于逆变电路的内阻很小，这样形成很大的短路电流，这种情况称为逆变失败，或称为逆变颠覆。

1. 逆变失败的原因

造成逆变失败的原因很多，主要有下列几种情况。

（1）触发电路工作不可靠，不能适时、准确地给各晶闸管分配脉冲，如脉冲丢失、脉冲延时等，致使晶闸管不能正常换相，使交流电源电压和直流电动势顺向串联，形成短路。

（2）晶闸管发生故障，在应该阻断期间，器件失去阻断能力，或在应该导通期间，器件不能导通，从而造成逆变失败。

（3）在逆变工作时，交流电源发生断相或突然消失，由于直流电动势 E_M 的存在，晶闸管仍可导通，此时变流器的交流侧由于失去了同直流电动势极性相反的交流电压，因此直流电动势将通过晶闸管使电路短路。

（4）换相的裕量角不足，引起换相失败，应考虑变压器漏抗引起重叠角对逆变电路换相的影响，如图 3-54 所示。

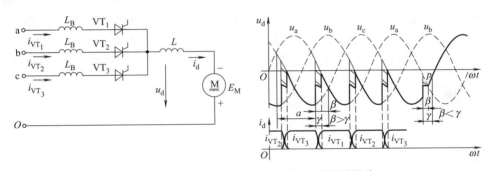

图 3-54　交流侧电抗对逆变电路换相过程的影响

由于换相有一过程，且换相期间的输出电压是相邻两电压的平均值，故逆变电压 U_d 要比不考虑漏抗时的更低（负的幅值更大）。存在重叠角会给逆变工作带来不利的后果，如以 VT_3 和 VT_1 的换相过程来分析，当逆变电路工作在 $\beta>\gamma$ 时，经过换相过程后，a 相电压 u_a 仍高于 c 相电压 u_c。所以换相结束时，能使 VT_3 承受反向电压而关断。如果换相的裕量角不足，即当 $\beta<\gamma$ 时，从图 3-54 的波形中可清楚地看到，换相尚未结束，电路的工作状态到达自然换相点 P 点之后，u_c 将高于 u_a，晶闸管 VT_1 承受反压而重新关断，使得应该关断的 VT_3 不能关断却继续导通，且 c 相电压随着时间的推迟越来越高，电动势顺向串联导致逆变失败。

综上所述，为了防止逆变失败，不仅逆变角 β 不能等于零，而且不能太小，必须限制在某一允许的最小角度内。

2. 确定最小逆变角 β_{min} 的依据

逆变时允许采用的最小逆变角 β 应等于

$$\beta_{min} = \delta + \gamma + \theta'$$

式中，δ 为晶闸管的关断时间 t_q 折合的电角度；γ 为换相重叠角；θ' 为安全裕量角。

晶闸管的关断时间 t_q，大的可达 $200\sim300\mu s$，折算到电角度 δ 为 $4°\sim5°$。至于重叠角 γ，它随直流平均电流和换相电抗的增加而增大。为对重叠角的范围有所了解，下面举例说明。

某装置整流电压为 220V，整流电流为 800A，整流变压器容量为 240kV·A，短路电压比为 5% 的三相线路，其 γ 的值为 $15°\sim20°$。设计变流器时，重叠角可查阅有关手册，也可计算，即

$$\cos\alpha - \cos(\alpha+\gamma) = \frac{I_d X_B}{\sqrt{2}U_2 \sin\frac{\pi}{m}} \tag{3-9}$$

式中，m 为相数。

根据逆变工作时 $\alpha=\pi-\beta$，并设 $\beta=\gamma$，则式（3-9）可改写成

$$\cos\gamma = 1 - \frac{I_d X_B}{\sqrt{2}U_2 \sin\frac{\pi}{m}}$$

重叠角 γ 与 I_d 和 X_B 有关，当电路参数确定后，重叠角就有定值。

安全裕量角 θ' 是十分需要的。当变流器工作在逆变状态时，由于种种原因，会影响逆变角，如不考虑裕量，势必有可能破坏 $\beta\geqslant\beta_{\min}$ 的关系，导致逆变失败。在三相桥式逆变电路中，触发器输出的 6 个脉冲，它们的相位角间隔不可能完全相等，有的比期望值偏前，有的偏后，这种脉冲的不对称程度一般可达 5°，若不设安全裕量角，偏后的那些脉冲相当于 β 变小，就可能小于 $\beta_{\min}$，导致逆变失败。根据一般中小型可逆直流拖动的运行经验，θ' 值约取 10°。这样最小 β 一般取 30°～35°。设计逆变电路时，必须保证 $\beta\geqslant\beta_{\min}$，因此常在触发电路中附加一个保护环节，保证触发脉冲不进入小于 $\beta_{\min}$ 的区域内。

第五节

母线支撑电容器

支撑电容器是直交牵引逆变器、交直交牵引变流器（以下简称牵引变流器）中不可或缺的重要部件之一，其主要作用是稳定中间直流电压，提供瞬时能量交换，与电源及负载交换无功功率，对于 IGBT（IPM）牵引变流器，支撑电容器通过低感母排与 IGBT（IPM）并联，还可省掉元器件两端的过电压吸收电路，使电路更加简洁。

从储能效果出发，即稳定中间直流电压的能力方面来看，支撑电容器电容值取得越大越好，然而从成本与体积方面考虑，则希望电容值能取得尽可能小些，此外，支撑电容器盲目增大，将引起直流回路短路时能量释放巨大，增加故障时的破坏力，降低设备的安全性。因此，为使系统达到最优的性价比，支撑电容器电容值的选择成了变流器设计中的一个重要环节。此外，对于应用了四象限脉冲整流的交直交变流器，直流输出存在一个两倍电网频率的谐波（简称二次谐波）。该谐波可用一个由电抗与电容串联组成的二次谐振电路来滤除，如 CRH 动车组等牵引变流器；在电压波动范围允许的条件下也可不加该回路，不加该回路时可通过增加支撑电容器电容值的方法来抑制纹波电压幅值（还可通过优化逆变

器的控制策略来减少中间电压纹波对逆变器输出的影响),如 CRH 动车组的牵引变流器,因此研究二次谐振电路对支撑电容器选型的影响是非常有意义的,该方向主要研究牵引变流器中支撑电容器的参数选择理论依据及方法,其基本原理也可为其他变流器中支撑电容器的参数选择提供参考。

一、支撑电容器的类型及特点

可以用作支撑电容器的电容器主要有电解电容器和薄膜电容器,两者各有特点,各有优势。

(一) 电解电容器

电解电容器是电容的一种,金属箔为正极(铝或钽),与正极紧贴金属的氧化膜(氧化铝或五氧化二钽)是电介质,负极由导电材料、电解质(电解质可以是液体或固体)和其他材料共同组成,因电解质是负极的主要部分,电解电容器因此而得名,同时电解电容器正负不可接错。

1. 内部主体结构

通常铝电解电容器的基本结构是箔式卷绕型的结构,如图 3-55 所示。

结构材料的特点如下。

(1) 正极铝箔/正极导针。先将高纯光铝箔在特定的腐蚀液中进行电化学腐蚀处理,以扩大其表面积,接着在特定的赋能溶液中加上相当于额定电压 140%~200% 的电压进行化成处理,使铝箔的表面形成电化学介质(Al_2O_3),这种介质是非常薄而且致密的氧化膜,约 $20\sim30$Å/V(1Å$=10^{-10}$m),并且具有很高的工作电场强度(600kV/mm)。正极导针采取化成措施,其目的是将正极上积蓄的正电荷引出外部电路。

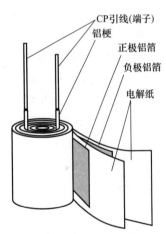

图 3-55 电解电容器卷绕结构

(2) 负极铝箔/负极导针。与正极铝箔一样施行表面腐蚀处理,一般产品不进行化成处理。因此表面只有自然氧化膜,耐压为 $0.2\sim1$V。负极导针是将负极上积蓄的负电荷引出外部电路。

(3) 电解液/电解纸。电解液是离子型导电液体,腐蚀后形成介质的箔浸在电解液中,电解液起到负极的作用并且具有修补氧化膜的作用。因此,"负极铝箔"只是起到电解液与外部端子连接的电极作用。

为了保持电解液的均匀性及持久性,防止正极和负极的机械接触造成短路,多使用电解纸。

(4) 外壳/胶塞(或胶盖)。为了保持电容器芯组的密封性,用铝外壳和胶塞(或胶盖)封装。

目前,胶塞材料分为三元乙丙胶(用于插件品)与丁基胶(用于片式品)。

(5) 热缩套管(插件产品专用)。为了外壳绝缘,便于印标志,现多使用两种材料,其一为 PVC 材料,其二为 PET 材料。

(6) 底座板(片式产品专用)。构成 V-CHIP 产品的必要部件,将特制电容器组装在底座板上构成表面贴装元器件。

2. 电解电容器的分类

按阀门金属种类分类，可分为铝电解电容器、钽电解电容器和钽铌合金电解电容器。

按电解质状态分类，可分为液体（湿式）电解电容器和固体电解电容器。

按阳极呈现的状态分类，可分为箔式卷绕型电解电容器和烧结型电解电容器。

按正负极引出方式分类，可分为引线型、牛角型、焊片型、螺栓型和表面贴状型（V-CHIP）。

按特性分类，可分为通用型、宽温型、长寿命型、双极型、低漏电流型、低阻抗型（LOWESR）、高频特低阻抗型、耐高纹波型和缩体型。

按高度分类，可分为5mm高度产品（微型）、7mm高度产品（超小型）和11mm高度以上的产品。

按用途分类，可分为通常用途电容器、节能灯整流器用电容器、闪光灯用电容器、电机启动用电容器、音频网络用电容器、校正用电容器、高保真音响用电容器、空调器用电容器、变频器用电容器、功率因数校正线路用电容器、逆变器用电容器和充电器/充磁器用电容器等。

3. 铝电解电容器的特点

（1）结构特点　两个电极有正、负极性之分。它的介质是利用电化学技术在金属铝的表面形成一层极薄的氧化膜（Al_2O_3），不同于薄膜电容铝，电解电容器的阴极是电解液（它附着在铝箔表面），它是铝电解电容器的血液，没有它电容器就没有容量。

（2）电气性能的特点

比率容量大：意味着在同容量的情况下它的体积小。

耐压高：Al_2O_3介质膜能承受极高的工作电场强度。一般$E_{Al}=600kV/mm$，$E_{纸介}=200\sim300kV/mm$，$E_{陶瓷}=20\sim30kV/mm$。

有自愈作用：铝电解电容器内部含有电解液，它能提供氧离子（O^{2-}），在通电状态下能自动修补Al_2O_3膜中的疵点和缺陷，提高了电容器的绝缘电阻和耐压，降低了漏电流。

（3）缺点　Al_2O_3膜的厚度有一定的限制，也决定了其耐压最高为500V左右；有单相导电性，使用过程中务必看清正负极，不能接反；绝缘质量差，主要表现在漏电流方面，寿命有一定限制，因为电容器长时间使用后电解液会受电容器的密封程度影响而干枯。

4. 关于铝电解电容器的选用

电路设计师在电路设计时正确选择铝电解电容器是确保线路正常工作的必要条件。如何利用价值工程理论选择好铝电解电容器，做到既经济又可靠，需要综合考虑多方面因素。

（1）线路工作的环境温度考虑　这时要考虑电容器承受负载的大小、周围是否有发热源、满载时电容器的温升有多高、机芯通风散热状况等。环境温度通常是85℃，温度高时可以考虑选用105℃或125℃电容器。这要结合整机使用寿命要求和电容器在各种实际使用温度下的寿命来考虑选用。

（2）电容器在电路上承受的纹波电流考虑　电容器在电路中起滤波、旁路、耦合作用，使用过程中电容器的电压状态是在直流电压上叠加有交流脉冲电压（纹波电压），在这种情况下流过电容器两端的交流电称为脉冲电流，即纹波电流。当工作温度小于额定温度时，额定纹波电流可以加大，但过大的纹波电流会大大缩短电容器的耐久性。当纹波电流超过额定值时,它所引起的内部发热每升高5℃,电容器的寿命将减少50%。因此当要求电容器具有长寿命性能时,控制与降低纹波电流尤其重要。但在实际设计过程中,电解电容器的纹波电流由于受变频器输入/输出各物理量变化以及控制方式等的影响,很难直接计算得到,一般多根据实际经验估算大小,如每微法电容器要求20mA纹波电流之类的经验值,或者通过计算机仿真来估算。

下式可以用来初步推算电容的纹波电流

$$I_{c,rms}^2 = \left\{I_{o,rms}\sqrt{2m\left[\frac{\sqrt{3}}{4\pi}+\cos^2\phi\left(\frac{\sqrt{3}}{\pi}-\frac{9}{16}m\right)\right]}\right\}^2 + \left[aC\sqrt{2}U\sqrt{f_R\left(\frac{1}{t_c}+\frac{1}{t_{dc}}\right)}\right]^2$$

式中,$I_{o,rms}$为流经电容器的有效电流值;m为调制比;ϕ为逆变器输出电压与电流的相角差;a为直流母线电压的脉动率,$a=\frac{\Delta U}{U_{max}}\times 100\%$;$f_R$为整流输出脉动频率;$t_c$和$t_{dc}$分别为母线电容的充、放电时间。

由此可见直流母线电容电流的纹波与变频器输入电压和频率、输出电流、负载功率因数、PWM调制比、电容量、允许直流电压脉动率等因素密切相关。

(3) 寿命考虑 铝电解电容器的寿命是有限的,所谓元器件寿命是指元器件在规定条件下工作到某一时刻时其性能超过规定的允许值,此时刻称为寿命时间。

加速寿命推算方法:10℃两倍法则,也就是说温度每增加10℃,电容器寿命将缩短一半,此法则的前提是温度在35℃至最高使用温度的范围内。

推算公式为

$$L_2 = L_1 A^{T_1-T_2/10}$$

式中,L_1为T_1时寿命小时数;L_2为T_2时寿命小时数;T_1为最高使用温度叠加纹波电流发热引起的温升之和,℃;T_2为推算寿命的环境温度加纹波电流发热引起的温升之和,℃;A为加速系数,$A\approx 2$(35℃至最高环境温度范围内适用)。

(4) 电容器工作电压的考虑 电容器必须在标称工作电压下使用,超压使用会使电容器的寿命缩短。这里有两方面的考虑,首先是发热因素,其次是内部打火击穿。

(5) 脉冲电压频率的考虑 通常频率一般在40kHz以下,高频一般是100kHz左右,目前出现一些特高频场合使用,如200kHz。在高频情况下使用时必须选用耐高频的电容器,如高频低阻抗电容器,要选最低谐振频率高的电容器。

如果脉冲电压过高则会导致电容器阴极容量衰减,同时电容器的容量也衰减,还会使阴极打火导致击穿。

(6) 电容器尺寸方面的考虑 在空间允许的情况下尽可能选体积大一些的电容器(它可以做得耐压高一点,阻抗小些,同时散热面积也大)对电容器寿命有好处;在直径受限制的情况下尽可能选高度大一些(高度大的电容器内部箔片长度将缩短,损耗角变小),这样电容器高频特性好。

(7) 特殊要求 线路工作环境和内在有特殊要求时可与电容器设计师沟通,以开发满足特殊要求的特规电容器。

(二) 薄膜电容器

薄膜电容器是以金属箔当电极,将它和聚丙烯、聚苯乙烯或聚碳酸酯等塑料薄膜从两端重叠后,卷绕成圆筒状结构的电容器。而依塑料薄膜的种类又被分别称为聚丙烯电容

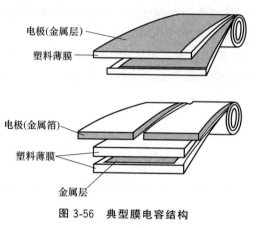

图 3-56 典型膜电容结构

（又称 PP 电容）、聚苯乙烯电容（又称 PS 电容）和聚碳酸酯电容。图 3-56 所示为一种比较典型的膜电容结构。

1. 薄膜电容器的分类比较

薄膜电容器由介质、电极、电极过渡、引出线、封装和印章标志等部分组成。

按介质分类，可分为聚酯膜和聚丙烯膜等。

按结构分类，可分为卷绕式、叠片式和内串式。

按电极分类，可分为金属箔、金属化（铝金属化、铝锌金属化）和膜箔复合结构。

按电极引出方式分类，可分为径向和轴向。

按封装方式分类，可分为盒式和浸渍型。

按用途分类，可分为通用（直流）、脉冲、抑制电源电磁干扰和精密等。

2. 选择薄膜电容器时需考虑的因素

（1）电压　薄膜电容器的选用取决于施加的最高电压，并受施加的电压波形、电流波形、频率、环境温度（电容器表面温度）和电容量等因数的影响。使用前应先检查电容器两端的电压波形、电流波形和频率（在高频场合，允许电压随着电容器类型的不同而改变，详细资料请参阅说明书）是否在额定值内，特别要注意偶发性的脉冲电压。当环境温度大于额定温度、小于上限温度时，电压应降额使用，降额幅度为：聚酯电容，1.25％×额定电压/摄氏温度；聚丙烯电容，（2.0％~2.5％）×额定电压/摄氏温度。

（2）工作电流　通过电容器的脉冲（或交流）电流等于电容量 C 与电压上升速率的乘积，即 $I=C\mathrm{d}u/\mathrm{d}t$。由于电容器存在损耗，在高频或高脉冲条件下使用时，通过电容器的脉冲（或交流）电流会使电容器自身发热而有温升，将会有热击穿（冒烟、起火）的危险。因此，电容器安全使用条件不仅受额定电压（或类别电压）的限制，而且受额定电流的限制。额定电流被认为是由击穿模式决定的脉冲电流（即由 $\mathrm{d}u/\mathrm{d}t$ 指标所限制的）和连续电流（以峰-峰值或有效值表示）组成。当使用时，必须确信这两个电流都在允许范围之内。

（3）阻燃性　除 PPS 材料外，目前使用的有机薄膜电介质不是阻燃材料，尽管在薄膜电容器外封装中使用了耐火性阻燃材料——阻燃环氧树脂或阻燃塑壳（UL94V-0 级），但外部的持续高温或火焰仍可使电容器芯子变形而使外封装破裂，导致电容器芯子熔化或燃烧。

（4）抑制电源电磁干扰用电容器　当在电源线路中使用电容器来消除噪声时，不仅仅只有正常电压，还会有异常脉冲电压（如闪电）发生，这可能会导致电容器冒烟或者起火。所以，跨线电容器的安全标准在不同国家有严格规定。应使用经过安全认证的 MKP62、MKP61、CBB62 型电容器，不推荐将直流电容器用作跨线电容器。

（5）电容器充放电　由于电容器充放电电流取决于电容量和电压上升速率的乘积，即使是低电压充放电，也可能产生大的瞬间充放电电流，这可能会导致电容器性能的损害，比如短路或开路。当进行充放电时,应串联一个 20~1000Ω/V 或更高的限流电阻,将充放电电流限制在规定的范围内。当多个薄膜电容器并联进行耐电压测试或寿命测试时,应为每个电容器串联一个 20~1000Ω/V 或更高的限流电阻。

3. 薄膜电容器的发展趋势

薄膜电容器按用途可分为通用(直流)、交流与脉冲、抑制电源电磁干扰、精密和交流(电机启动、电力等)五大类。

塑料薄膜作为电容器的介质,被正式使用已有 40 年以上的历史了。最初用于电子设备的聚酯薄膜、聚碳酸酯薄膜、聚苯乙烯薄膜是以代替纸介的形式进入实用化的。目前常用的薄膜有聚酯膜和聚丙烯膜两种。

在新型薄膜材料方面,聚萘乙酯(Poly Ethylene Naphthalate,PEN)和聚苯酰硫(Poly Phenylene Sulfide,PPS)等耐高温的介质材料主要是针对表面安装薄膜电容器而开发的,但随着生产规模的扩大和成本的降低,PEN 和 PPS 材料有可能也用于有引线的产品中。

提高介电常数 ε,可以提高电容器的容积比,但 ε 值高且力学性能、电气性能、价格等都能达到平衡的薄膜还不存在,因此对提高介电常数的研究没有多大进展。

在降低电极厚度 t 方面,从箔式结构电容器的 5~7μm,减薄到金属化电容器的 0.03~0.05μm。在减薄介质厚度 d 方面,对于低电压系列电容器,减小 d 可明显提高容积比。虽然 PET 已做到 0.9μm(商品化)和 0.6μm(试验室)的水平,但制约介质厚度减薄的瓶颈集中在金属化膜的蒸镀及电容器的制造工艺方面,目前较为经济、实用的薄膜厚度为 1.2μm。对于中高电压系列的电容器,可通过提高薄膜介质本身的介电强度(单位厚度可承受的击穿电压),选用较薄介质厚度来提高容积比。

(1)通用类薄膜的电容器发展趋势 薄膜电容器是最古老的电子元器件之一,它经历了有感式、无感式、金属化、叠片式、表面安装等几个发展历程。

通用类薄膜电容器在小型化方面是最为活跃的一类,除了使用较薄的介质材料外,叠片式结构的开发对提高容积比也有贡献,此外,薄膜电容器的表面安装化也是一个发展方向。

叠片式薄膜电容器由于其体积小、抗脉冲能力强(du/dt 值高)等优点,正在取代卷绕式薄膜电容器,而逐步成为薄膜电容器的主流产品。

表面安装薄膜电容器采用高温聚酯(Polyester 或 Poly-Ethylene Terephthalate,PET)、PEN\PPS 等耐高温的介质材料,采用叠片式结构,已有商品出售。但由于材料价格及制造技术的开发费用较高等因素,与表面安装陶瓷电容器(MLCC)相比,目前只在高电压系列和大容量系列中有优势,可以同 MLCC 竞争。

(2)交流与脉冲类薄膜的电容器发展趋势 这类电容器是薄膜电容器的优势产品,除了部分高电压小容量陶瓷电容器外,这类电容器几乎全部采用薄膜电容器。这类电容器以聚丙烯膜电容器为主,部分高温场合采用叠片式聚酯膜电容器。

这类电容器的发展趋势是专用化,可根据用途进行专门设计。此外,高频率、高电压、大功率也是其发展趋势。

(3)抑制电源电磁干扰电容器的发展趋势 该类电容器分 X 类和 Y 类两种。X 类以薄膜电容器为主,这类电容器的发展趋势是:体积越做越小,电容量范围越做越宽。在小型化方面,采用安全金属化膜可以提高容积比,但成本较高,目前更倾向于提高薄膜的介电强度和改善工艺来减薄介质厚度。Y类以瓷介电容器为主,部分高性能的整机产品采用薄膜电容器。

(4) 精密类电容器的发展趋势　这类电容器以聚丙烯膜精密电容器为主,其中小容量采用箔式电极,大容量采用金属化电极,有塑壳封装和轴向等多种形式。该类电容器的发展趋势是提高电容器的性能,使电容器更精密、更稳定、更可靠。

(5) 交流电容器的发展趋势　交流电容器以聚丙烯膜电容器为主,该类电容器的发展趋势是提高电容器的可靠性和安全性。

总之,薄膜电容器的发展方向是"小型化、片式化、低成本、高电压、大功率、高精密、高可靠"。

(三) 电容器的性能对比

不同的电容器,由于其结构和材料的不同,在电机驱动控制器中作为支撑电容的应用特点也就各不相同。表3-2列举了其应用的优缺点。

表3-2　电容器应用的优缺点

材　质		优　点	缺　点
无机介质电容	云母电容	容量稳定,精度高,耐热,高频性能好,通常用作精密的标准电容,用于较高的高频电路	性能依赖于原料,价格昂贵,容量范围小
	Ⅰ类瓷(高频瓷)	易于片式化,高频性能好,用于高频及温度补偿电路	抗机械和热冲击差,容量范围小
	Ⅱ类瓷(低频瓷)	体积小,容量大,价格低,易于片式化,用于对tanδ值和容量稳定性要求不高的电路	抗机械和热冲击差,有压电效应,容量与温度、电压呈非线性关系
	Ⅲ类瓷(半导体瓷)	体积小,容量大,介质色散频率高,可用于微波电路中	容量随电压变化敏感,因此工作电压低
电解电容	铝电解	电容量大,价格便宜,广泛应用于低频旁路、耦合和电源滤波等场合	容量偏差大,稳定性差,损耗和漏电流大,耐温差,有极性,可靠性差,寿命短,有搁置效应
	钽电解	工作温度范围较宽,性能比铝电解有很大的改善,已实现表面安装,在较高性能要求的电路中可代替铝电解电容	工作电压范围窄,为6.3~160V,容量偏差大,价格较贵,有极性,有搁置效应
薄膜电容	聚酯膜电容器	容量范围宽,绝缘电阻高,工作电压范围极宽,工作温度范围宽;稳定性好,损耗小,抗脉冲能力强,可靠性高,已实现表面安装,可实现金属化,具有自愈特性,可代替陶瓷电容器,在高性能要求的电路中得到广泛应用	价格比陶瓷电容器高,体积比陶瓷电容器大
	聚丙烯膜电容器	容量范围宽,绝缘电阻高,工作电压范围极宽,工作温度范围宽;性能极为接近理想电容器;可实现金属化,具有自愈特性;特别适合用于高频、高压、高稳定、高脉冲以及交流场合	耐热性差,价格较高,体积大

二、支撑电容器的选用与设计

1. 支撑电容器的主要技术参数

支撑电容器的选型首先应确定电容器的种类,牵引变流器一般选择金属化薄膜电容器,因此仅按该方案进行考虑;然后根据具体的应用条件计算、仿真或凭经验确定电容器的各项主要技术参数；再根据技术参数去选购或定制合适的产品。

支撑电容器的主要技术参数包括直流额定电压 U_{DC}、额定电流 I_N（有效值，连续）、电容值、等效串联电感值、耐压、损耗角、工作温度，其定义与解释参见机车车辆设备电力电容器标准。

支撑电容器的工作电压为变流器直流电路的工作电压，因此设计选型时额定工作电压一般选直流回路的最高工作电压即可；耐压与工作温度可由牵引变流器系统应用条件确定；电感值与损耗角由电容器本身的结构决定，设计选型时只需确定该两项参数能满足使用要求即可。因此，对支撑电容器的选型而言，重点是确定支撑电容器的额定工作电流与电容值。

2. 支撑电容器的选取方法

（1）首先，从理论上计算在未考虑网侧阻抗情况下，允许直流母线电压波动范围内支撑电容器的容值大小。

（2）搭建系统主回路仿真模型，该模型应包括网侧变压器（以及进线电抗器或滤波器）及负载。

（3）用第（1）条计算出来的电容值作为初始值进行仿真，仿真过程可适当调整电容值大小，得到电压波动、容值和电容电流大小的系列表格。

（4）以此表格作为电容器选取的依据。在电压波动允许的范围内选取电容值，然后查电容器的数据手册得到该电容器允许的纹波电流要大于第（3）条所得表格中的值。

（5）根据电容器数据手册的参数，计算每个电容器的损耗为

$$P_C = \left(\frac{I_{max}}{\sqrt{2}\,n}\right)^2 ESR$$

式中，I_{max} 为由仿真模型所得到的电容器电流的最大值；ESR 为电容器等效串联电阻；n 为并联的电容器数量。

（6）根据损耗设计电容器的散热方案。

第四章 电动汽车电驱动系统结构原理

电动汽车的整个电驱动系统包括电机驱动系统与其机械传动机构两大部分。电机驱动系统的基本组成框图如图4-1所示。它主要由电机、功率转换器、控制器、各种检测传感器以及电源（蓄电池组）等组成。电机一般要求具有电动与发电两项功能，即有四象限运行特性，按其类型可选用直流、交流、永磁无刷或开关磁阻等几种电机。功率转换器按所选电机类型，有DC/DC功率变换器以及DC/AC功率变换器等形式，其作用按所选电机驱动电流要求，将蓄电池的直流电转换为相应电压等级的直流、交流或脉冲电源。各种检测传感器主要对电压、电流、速度、转矩以及温度等进行检测，其作用是提高和改善电机的调速特性。对永磁无刷电机或开关磁阻电机，还要求有电机转角位置检测功能。由于所选电机类型不同，其控制驱动方式也不同，具体将在后述各节针对电机类型再作详细介绍。控制器是按驾驶员操纵挡位杆、加速踏板和制动踏板等输入的前进、倒退、起步、加速、制动等信号，以及各种检测传感器反馈的信号，通过运算、逻辑判断、分析比较等适时向功率转换器发出相应的指令，使整个驱动系统有效运行。

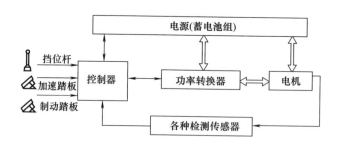

图4-1 电机驱动系统的基本组成框图

电机驱动系统通过高低压线束、冷却管路，与整车其他系统作电气和散热连接。在北汽新能源EV160/200驱动电机系统中，驱动电机的输出动作主要是靠控制单元给定命令执行，即控制器输出命令。控制器主要是将输入的直流电逆变成电压、频率可调的三相交流电，供给配套的三相交流永磁同步电机使用，如图4-2所示。

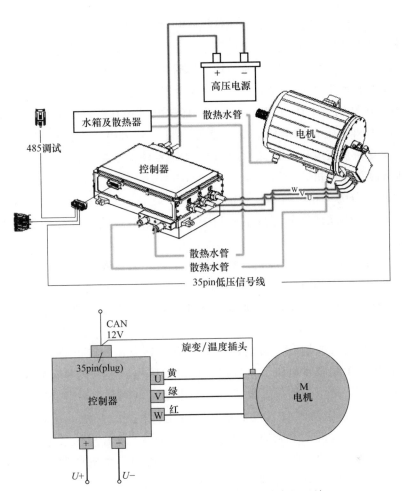

图 4-2　北汽新能源 EV160/200 驱动电机系统

第一节　驱动电机

一、电动汽车驱动电机简介

电动汽车的驱动电机是车辆行驶中的主要执行机构,是电动汽车的重要部件,其驱动特性是汽车行驶的主要性能指标。电动汽车中的燃料电池电动汽车、混合动力电动汽车和纯电动汽车都需要使用电机来驱动车轮行驶。选择合适的电机是提高各类电动汽车性价比的重要途径,因此研发或完善能同时满足车辆行驶过程中的各项性能要求,并具有坚固耐用、造价低、效能高等特点的电机驱动方式显得极其重要。这也是提高电动汽车性价比而使其尽快普及应用、做好节能减排工作的有效途径。

(一) 电机的基本类型及应用场景

1. 电机的基本类型

电机是一种将电能转化成机械能,再使机械能产生动能,用来驱动其他装置的电气设备，俗称马达，在电路中用字母"M"（旧标准用"D"）表示。

电机的分类标准不同，分类内容也各不相同。一般电机主要按电源种类、结构和工作原理、启动与运行方式、用途、转子的结构、运转速度等标准划分。

(1) 按工作电源种类划分　按工作电源种类划分，电机可分为直流电机和交流电机。

① 直流电机按结构及工作原理可分为无刷直流电机和有刷直流电机。有刷直流电机可分为电磁直流电机和永磁直流电机。电磁直流电机可分为串励直流电机、并励直流电机、他励直流电机和复励直流电机。永磁直流电机可分为稀土永磁直流电机、铁氧体永磁直流电机和铝镍钴永磁直流电机。

② 交流电机可分为单相电机和三相电机。

(2) 按结构和工作原理划分　按结构和工作原理划分，电机可分为直流电机、异步电机、同步电机。

① 同步电机可分为永磁同步电机、磁阻同步电机和磁滞同步电机。

② 异步电机可分为感应电机和交流换向器电机。感应电机可分为三相异步电机、单相异步电机和罩极异步电机等。交流换向器电机可分为单相串励电机、交直流两用电机和推斥电机。

(3) 按启动与运行方式划分　按启动与运行方式划分，电机可分为电容启动式单相异步电机、电容运转式单相异步电机、电容启动运转式单相异步电机和分相式单相异步电机。

(4) 按用途划分　按用途划分，电机可分为驱动用电机和控制用电机。

① 驱动用电机分为电动工具（包括钻孔、抛光、磨光、开槽、切割、扩孔等的工具）用电机、家电（包括洗衣机、电风扇、电冰箱、空调器、录音机、录像机、影碟机、吸尘器、照相机、电吹风、电动剃须刀等）用电机及其他通用小型机械设备（包括各种小型机床、小型机械、医疗器械、电子仪器等）用电机。

② 控制用电机可分为步进电机和伺服电机等。

(5) 按转子的结构划分　按转子的结构划分，电机可分为笼形感应电机（旧标准称为鼠笼形异步电机）和绕线转子感应电机（旧标准称为绕线形异步电机）。

(6) 按运转速度划分　按运转速度划分，电机可分为高速电机、低速电机、恒速电机、调速电机。低速电机又分为齿轮减速电机、电磁减速电机、力矩电机和爪极同步电机等。调速电机除可分为有级恒速电机、无级恒速电机、有级变速电机和无级变速电机外，还可分为电磁调速电机、直流调速电机、PWM变频调速电机和开关磁阻调速电机。

异步电机的转子转速总是略低于旋转磁场的同步转速。同步电机的转子转速与负载大小无关而始终保持为同步转速。

2. 驱动电机的应用场景

适合新能源汽车的驱动电机主要有永磁同步、交流异步和开关磁阻三大类。因其不同特点，各有应用场合。表 4-1 为三种不同驱动电机性能指标对比。

表 4-1　驱动电机性能指标对比

电机类型	永磁同步	交流异步	开关磁阻
最高效率	97%	95%	90%
10%负荷对应效率	92%	85%	86%

续表

电机类型	永磁同步	交流异步	开关磁阻
最高转速/(r/min)	10000	15000	15000
单位功率成本	1.5	1.2	1.0
可靠性	良	优	优
功率密度	好	一般	一般

永磁同步电机体积小、质量轻，功率密度大，可靠性高，调速精度高，响应速度快；但最大功率较低，且成本较高。由于永磁同步电机具有最高的功率密度，其工作效率最高可达97%，能够为车辆输出最大的动力及加速度，因此主要用在对能量体积比要求最高的新能源乘用车上。

交流异步电机价格低、运行可靠；但其功率密度低、控制复杂、调速范围小。价格优势使得其在新能源客车中使用较广泛。

开关磁阻电机价格低、电路简单可靠、调速范围宽；但振动、噪声大，控制系统复杂，且对直流电源会产生很大的脉冲电流，多用于大型客车。

表4-2为国外主要新能源汽车电机类型及供应商情况；表4-3为国内主要新能源汽车电机类型及供应商情况（乘用车）；表4-4为国内主要新能源汽车电机类型及供应商情况（商用车）。

表4-2 国外主要新能源汽车电机类型及供应商情况

车型	电机类型	电机供应商
宝马i3	永磁同步电机	采埃孚
宝马Mini-E	交流感应电机	AC Propulsion
日产Leaf	永磁同步电机	In-house
Tesla S	交流感应电机	福田电机
雪佛兰Spark	永磁电机	日立汽车系统
福特Focus Electric	永磁电机	Magna Powertrain
本田Fit EV	永磁电机	In-house
丰田Pruis	交流电机	In-house

表4-3 国内主要新能源汽车电机类型及供应商情况（乘用车）

车型	电机类型	电机供应商
北汽	永磁电机	精进电动
比亚迪	永磁电机	比亚迪
上汽	永磁电机	上海电驱动、上海大郡、林泉电机
东风	永磁电机	大地和、上海电驱动
奇瑞	永磁电机	上海电驱动、浙江尤奈特、芜湖杰瑞诺
江淮	永磁电机	尤奈特电机、巨一自动化、上海电驱动
长安	永磁电机	上海电驱动、宁波远洲、成都华川电装
吉利	永磁电机	吉利、江苏微特利

表 4-4　国内主要新能源汽车电机类型及供应商情况（商用车）

车　型	电机类型	电机供应商
宇通	异步电机	中车时代、大连天元
中通	异步电机	电驱动、大洋电机、精进电动
厦门金龙	异步电机、永磁同步	精进电动、大洋电机、大郡
厦门金旅	异步电机、永磁同步	大郡、福建尤迪电机、福工动力
苏州金龙	异步电机、永磁同步	精进电动
安凯	异步电机	中车时代、南洋电机
北汽福田	永磁同步	中车时代
青年客车	异步电机	美国伊顿、中车时代
上海申沃	异步电机、永磁同步	江门电机、上海大郡

驱动电机是新能源汽车的三大核心部件之一，相比传统工业电机，新能源汽车驱动电机有更高的技术要求。从综合性能来看，永磁同步电机最具优势，更能代表新能源汽车驱动电机的发展方向。由于中国稀土储量极大丰富，而且电机工艺已经接近世界先进水平，因此预计永磁电机将在较长时间内占据中国新能源汽车的电机市场。

（二）驱动电机性能指标及技术要求

1. 电机主要性能指标

电机是将电能转换成机械能或将机械能转换成电能的装置，它具有能做相对运动的部件，是一种依靠电磁感应而运行的电气装置。电机主要性能指标有额定功率、峰值功率、额定转速、最高工作转速、额定转矩、峰值转矩、堵转转矩、额定电压、额定电流、额定频率等。

（1）额定功率。额定功率是指电机额定运行条件下轴端输出的机械功率。电机的功率等级为 1kW、2.2kW、3.7kW、5.5kW、7.5kW、11kW、15kW、18.5kW、22kW、30kW、37kW、45kW、55kW、75kW、90kW、110kW、132kW、150kW、160kW、185kW、200kW 及以上。

（2）峰值功率。峰值功率是指在规定的时间内，电机运行的最大输出功率。

（3）额定转速。额定转速是指电机额定运行（额定电压、额定功率）条件下电机的最低转速。

（4）最高工作转速。最高工作转速是指在额定电压时，电机带载运行所能达到的最高转速，它影响电动汽车的最高设计速度。

（5）额定转矩。额定转矩是指电机在额定功率和额定转速下的输出转矩。

（6）峰值转矩。峰值转矩是指电机在规定的持续时间内允许输出的最大转矩。

（7）堵转转矩。堵转转矩是指转子在所有角位堵住时所产生的最小转矩。

（8）额定电压。额定电压是指电机正常工作的电压。电机电源的电压等级为 36V、48V、120V、144V、168V、192V、216V、240V、264V、288V、312V、336V、360V、384V、408V、540V、600V。

（9）额定电流。额定电流是指电机额定运行（额定电压、额定功率）条件下电枢绕组

（或定子绕组）的线电流。

（10）额定频率。额定频率是指电机额定运行条件下电枢（或定则）的频率。

当电机在额定运行条件下输出额定功率时，称为满载运行，这时电机的运行性能、经济性及可靠性等均处于优良状态。输出功率超过额定功率时称为过载运行，这时电机的负载电流大于额定电流，将会引起电机过热，从而减少电机的使用寿命，严重时甚至烧毁电机。电机的输出功率小于额定功率时称为轻载运行，轻载运行时电机的效率和功率因数等运行性能均较差，因此应尽量避免电机轻载运行。

2. 电动汽车对驱动电机的技术要求

驱动电机既可以作为电动机将电能转化为机械能驱动车辆行驶，而且可以作为发电机，利用其进行制动能量回收，将机械能转化为电能储存在储能装置中。

汽车行驶时需要频繁地启动、加速、减速、停车等，在低速行驶和爬坡时需要大转矩，在高速行驶时需要降低转矩和功率。为了满足汽车行驶动力性的需要，获得好的经济性和环境指标等，对电机提出了十分严格的要求。

（1）电压高。采用高电压可以减少电机和导线等装备的尺寸、降低逆变器的成本和提高能量转换效率等。

（2）高转速。电机的功率 P 与其转矩 M 和转速 n 成正比，即 $P \propto Mn$，因此，在 M 一定的情况下，提高 n 则可以提高 P；而在 P 一定的情况下，提高 n 则可降低电机的 M。采用小质量和小体积的电机是电动汽车发展的趋势之一。现代电动汽车的高转速电机的转速可以达到 $8000 \sim 12000 \text{r/min}$，由于体积和质量都小，有利于降低整车的整备质量。

（3）转矩密度、功率密度大，重量轻，体积小。转矩密度、功率密度分别是指最大转矩体积比和最大功率体积比。转矩密度、功率密度越大，HEV 电机驱动系统占用的空间越小。采用铝合金外壳等降低电机的质量，各种控制装置和冷却系统的材料等也应尽可能选用轻质材料。

（4）具有较大的启动转矩和较大范围的调速性能，以满足启动、加速、行驶、减速、制动等所需的功率与转矩。电动机应具有自动调速功能，以减轻驾驶员的操纵强度，提高驾驶的舒适性，并且能够达到与内燃机汽车同样的控制响应。

（5）需要有 $4 \sim 5$ 倍的过载，以满足短时加速行驶与最大爬坡度的要求。

（6）具有高的可控性、稳态精度、动态性能，以满足多部电机协调运行。

（7）机械效率高、损耗少。

（8）可兼做发电机使用。在车辆减速时，可进行制动能量回收，即再生制动，将一部分能量转化为电能储存在储能装置内。

（9）电气系统安全性和控制系统的安全性应达到有关的标准和规定。必须装备高压保护装置以保证安全。

（10）能够在恶劣条件下可靠工作。电机应具有高的可靠性、耐低温和高温性、耐潮湿。并且运行时噪声低，能够在恶劣的环境下长时间工作。

（11）结构简单，适合大批量生产，使用维修方便，价格便宜等。

（12）散热性好。

（三）电动汽车驱动电机的发展趋势

（1）混合动力车中电驱动所占比例变高。随着国家对环境问题的重视，汽车的节能减排能力便越加重要。在混合动力车中，电驱动所占比例越高，汽车节能性能越强。电驱动已不再是发动机的附属设备，而是汽车的重要动力来源。

（2）电机驱动系统的集成化和一体化。电动汽车电机和控制系统的集成化体现在电机与发动机、电机与变速箱以及电机与底盘系统的集成度越来越高。当前混合发动机集成的发展从结构的集成到控制和系统的集成，电机与变速箱基本成为一体，电气化在汽车中体现得越来越明显。在高性能电动汽车中，底盘系统、制动系统、电机传动系统已经实现一体化集成，并且各部分之间融合得非常好。

（3）电机的永磁化。由于永磁电机转矩、功率密度高，启动转矩大，设计永磁电机时，电机气隙长度是个比较关键的变量，通过选择优化，可以获得更好的电磁性能。在同样的设计要求下，永磁电机的材料用量可以大幅节省。永磁电机在轻载运行情况下仍能保持较高效率和功率因数。由于其转子无绕组，没有电阻损耗，电机效率也得以提高。近些年来随着计算机硬件和软件的飞速发展，永磁电机的理论分析、电磁设计、制造工艺、控制策略有显著进步，永磁电机设计制造也形成了一套完整的体系。

随着材料技术的迅猛发展，永磁材料在近些年也得到了极大的突破，尤其是稀土永磁材料具有十分优越的磁性能。经过行业多年的研究及电机制造技术探索，永磁电机的制造成本大幅降低，永磁电机已成为电动汽车驱动电机领域研究的热点。

（4）电机控制的集成化和数字化。随着车用电控制系统集成化程度不断加深，将电机控制器、低压DC/AC变换器以及发动机控制器、变速箱控制器、整车控制器等进行不同方式的集成正在成为发展趋势。同时，高速、高性能微处理器使得电驱动控制系统进入一个全数字化时代。在高速、高性能的数字控制芯片的基础上，高性能的控制算法、复杂的控制理论得以实现。同时，使用面向用户的可视化编程，通过代码转化和下载直接进入微处理器，将进一步提高编程效率和可调试性。

（5）电机功率和功率密度的提高。电机作为驱动系统中重要的动力来源，其运行性能直接影响到电动汽车在整个汽车行业中的竞争力。随着人们对电动汽车要求的逐渐提高，电动汽车的电机功率已经从几千瓦提高到了几十千瓦甚至更高。同时，随着生活水平的不断提高，人们对舒适度的要求也逐步提升，这就对电动汽车内部空间提出了更高的要求，电机变得越来越小巧，功率密度不断提高。

（6）电机运行转速和回馈制动效率的提高。回馈制动是混合动力机电一体化技术的特征之一。使用高效的回馈制动电机，同时使用特殊的调速系统和电能管理系统，使电机能适应多种不同工况，让电动汽车可以更加节能，延长行驶里程，从而使电动汽车对消费者更具吸引力。

二、直流电机

直流电机因为具有调速性能好、过载能力强、控制简单等优势，曾经在调速电机领域中独占鳌头，可以说在20世纪70年代以前，大部分对调速性能要求较高的场合使用的都是直流电机。直流电机也是电动车辆中应用最早且较广泛的电机。由于直流电机存在换向火花、电刷磨损以及电机本身结构复杂等问题，随着交流变频调速技术的发展，交流调速电机后来者居上。但目前直流电机仍在较多场合被使用，如城市中的无轨电车和电动叉车较多地采用直流驱动系统，特别是对于由蓄电池提供电源的车辆，可直接利用直流电。

（一）直流电机的结构组成

直流电机由定子（固定不动）与转子（旋转）两大部分组成，定子与转子之间有空隙，称为气隙。直流电机的整体结构如图 4-3 所示。

1. 定子

定子部分包括机座、主磁极、换向极、端盖、电刷等装置。

主磁极的结构如图 4-4 所示。在大多数直流电机中，主磁极是电磁铁，为了尽可能地减小涡流和磁滞损耗，主磁极铁芯用 1～1.2mm 厚的低碳钢板叠压而成。整个磁极用螺钉固定在机座上。主磁极的作用是在定子和转子之间的气隙中建立磁场，使电枢绕组在磁场的作用下产生感应电动势和电磁转矩。

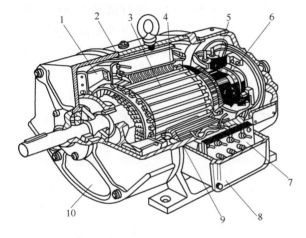

图 4-3 直流电机的整体结构

1—风扇；2—机座；3—电枢；4—主磁极；5—刷架；
6—换向器；7—接线板；8—出线盒；9—换向极；10—端盖

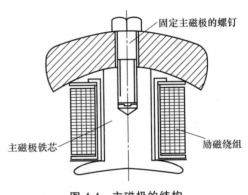

图 4-4 主磁极的结构

换向极又称附加极或间极，其作用是改善换向。换向极装在相邻两主磁极之间，由铁芯和绕组构成。

机座作为直流电机磁路系统中的一部分，被用来固定主磁极、换向极及端盖等装置，起机械支撑的作用。这要求机座有好的导磁性能和足够的机械强度与刚度。机座通常用铸钢或厚钢板焊接而成。

电刷的作用是连接转动的电枢绕组与静止的外电路，并与换向器相配合，起到整流或逆变器的作用。

2. 转子

转子也叫电枢，由绕组（线圈）、电枢铁芯、换向器、电枢轴等组成，它的作用是通电后在磁场中受力产生电磁转矩。

电枢铁芯是直流电机主磁路的一部分，用来嵌放电枢绕组。为了减少电枢旋转时电枢铁芯中因磁通变化而引起的磁滞及涡流损耗，电枢铁芯通常用 0.5mm 厚的两面涂有绝缘漆的硅钢片叠压而成。

电枢绕组由许多按一定规律连接的线圈组成。它是直流电机的主要电路部分，也是通过电流和感应电动势，从而实现机电能量转换的关键件部件。

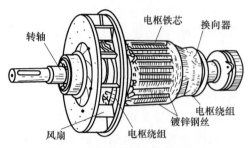

图 4-5　直流电机的电枢铁芯

如图 4-5 所示为直流电机的电枢铁芯。电枢铁芯由圆形硅钢片叠成圆柱体，构成电机的闭合磁路，并减小涡流损失。其圆柱表面开有纵向槽，用于嵌放电枢绕组。通电后位于磁场中的电枢线圈产生电磁力，作用在电枢上形成转矩。换向器的换向片与电枢绕组的首尾端连接，与电刷配合，将电流送入和引出电枢绕组。电枢轴用于输出电磁转矩。

换向器是直流电机的一种特殊装置，主要由许多换向片组成，每两个相邻的换向片中间是云母绝缘片。在换向器的表面用弹簧压着固定的电刷，使转动的电枢绕组得以同外电路连接。

电刷与电枢的换向器配合，实现电枢绕组的电流换向，将蓄电池的直流电变换成电枢内部的交变电流。

3. 气隙

气隙并不是结构部件，只是定子的磁极与转子的电枢之间自然形成的缝隙。但是气隙是主磁路的一部分，气隙中的磁场是电机进行机电能量转换的媒介。因此，气隙的大小对电机的运行性能有很大的影响。通常小容量直流电机的气隙为 1~3mm，大容量直流电机的气隙更大。

（二）直流电机的工作原理

直流电机的工作原理如图 4-6 所示。通电的导体在磁场中会受电磁力的作用，电磁力的方向遵循左手定则。两片换向片分别与环状线圈的两端连接，电刷一端与两片换向片相接触，另一端分别接蓄电池的正极和负极。在环状线圈中，电流的方向交替变化。用左手定则判断可知，环状线圈在电磁力矩作用下按顺时针方向连续转动，这样在电源连续对电机供电时，其线圈就不停地按同一方向转动。

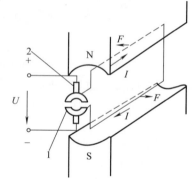

图 4-6　直流电机的工作原理
1—换向片；2—电刷

（三）直流电机的控制

一般而言，直流电机的转速控制可以通过两种方法实现，即电枢控制和励磁控制。电枢调速方式属于恒转矩调速，励磁调速方式属于恒功率调速。当直流电机电枢电压减小时，电枢电流和电机转矩就会降低，由此引起电机转速降低。反之，当电枢电压增加时，电机转矩就会增加，由此会引起电机转速增加。由于电枢的最大允许电流不变，且磁场是固定的，电枢电压的控制可在任何转速下保持最大转矩不变。然而，由于电枢电压不能超过其额定值，这种控制方法只适于直流电机的工作转速低于基速的场合。另外，当电枢电压值恒定，直流电机的励磁电压减弱时，电机的感应电动势就会降低。由于电枢电阻很小，电枢电流增大的程度比磁场减弱的程度要大，因此，电机转矩增加，电机转速也随之增大。由于电枢的最大允许电流是常数，所以当电枢电压保持不变时，无论转速多大，感应电动势都是恒定的。因此，电机所允许的最大功率恒定，允许的最大转矩随电机转速的变化而逆向变化。所以，为使电动汽车的直流电机有较宽的转速控制范围，电枢控制必须和励磁控制相结合。当电机转速在零与基速之间时，励磁电流保持在额定值，采用电枢控制。当电机转速超过基速时，电枢电压保持在额定值，采用励磁控制。

电动汽车使用直流电机时的电机控制器一般以斩波方式工作，也称为直流斩波器，主要由功率开关模块和中央控制器构成。斩波器是直流电源和负载电机之间的一个周期性通断的开关控制装置，它的作用是改变供给电机的电压，实际上，它作为一个电压调节系统而工作。由于采用斩去输入电压而变成在时间上断续的脉冲输出，这类调节器因此而得名。

直流斩波器的输出电压有三种调节方式，即脉宽调制（PWM）方式、频率调制方式和限流控制方式。第一种方法，斩波器的频率保持不变，只改变脉冲的宽度；第二种方法，脉冲宽度保持不变，斩波频率是可变的；第三种方法，脉冲宽度和频率都是可变的，使负载电流控制在某个特定的最大值和最小值之间。

电动汽车直流电机驱动通常采用 PWM 控制方式，通过斩波器控制电路控制 IGBT（IGBT，绝缘栅双极晶体管，图 4-7 中的 VT_1）的门极实现 VT_1 的通断，调节 VT_1 通断占空比 δ（占空比是指在一个脉冲循环内，通电时间相对于总时间所占的比例），直流电机电枢电压依赖于占空比 δ 的变化。此外，通过斩波器控制电路控制 IGBT（图 4-7 中的 VT_2）的门极实现 VT_2 的通断来实现电机电枢电压泵升来给动力电池（图 4-7 中 U_s）充电，完成电机的再生制动过程。

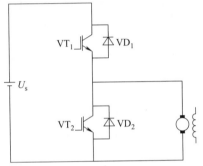

图 4-7　用于电动汽车驱动的直流斩波器

电动汽车的加速踏板位移、制动踏板位移和转向盘转角映射到驱动电机及其控制系统的是转矩（或转速）控制信号，电机及其控制系统采取转矩和转速闭环控制，通过调节占空比 δ 来控制电机电枢电压，以实现电机电磁转矩和电机转速的调节，系统一般采用比例-积分-微分（PID）调节控制。

三、交流感应电机

交流电机可分为同步电机和异步电机两类。如果电机转子的转速 n 与定子旋转磁场的转速 n_1 相等，则转子与定子旋转磁场在空间同步地旋转，这种电机就被称为同步电机。如果 n 不等于 n_1，则转子与定子旋转磁场在空间旋转时不同步，则称为异步电机。三相异步电机有笼形异步感应电机和绕线式异步感应电机两种。由于绕线式异步感应电机成本高、需要维护、缺乏坚固性，因而没有笼形异步感应电机应用广泛，特别是在电动汽车的电力驱动中。

（一）感应电机的结构组成

三相异步电机的种类很多，但各类三相异步电机的基本结构是相同的。三相异步电机主要由定子和转子两大基本部分组成。定子和转子之间有气隙，为了减小励磁电流，提高功率因数，气隙应做得尽可能小。按转子结构不同，异步电机分为笼形异步电机和绕线转子异步电机两种，这两种电机的定子结构完全一样，仅转子结构不同。如图 4-8 所示为封闭式三相笼形异步电机结构。

1. 定子

异步电机定子由定子铁芯、定子绕组和机座等组成。定子铁芯是电机磁路的一部分，

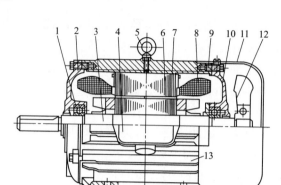

图 4-8 封闭式三相笼形异步电机结构

1—轴承；2—前端盖；3—转轴；4—接线盒；
5—吊环；6—定子铁芯；7—转子；8—定子绕组；
9—机座；10—后端盖；11—风罩；12—风扇；13—散热片

由厚为 0.35～0.5mm、表面涂有绝缘漆的硅钢片冲槽叠装而成。采用硅钢片的目的是为了减少铁损，片间绝缘可减少铁芯的涡流损耗。定子铁芯的内圆上开有均匀分布的定子槽，用来嵌放定子绕组。定子绕组是电机的电路部分，三相电机有三组空间互相间隔120°的三相绕组，每相绕组由若干线圈连接组成，按一定规律嵌入定子铁芯线槽内。三相绕组的首、尾共有六个出线端，若将首尾相连引出三个接线端为三角形连接方式；若将三个尾端并接在一起，由首端同样引出三个接线端为星形连接方式。电机的接线盒可由三根线引出，但一般引出六根线，因而可由用户根据需要连接成星形或三角形。机座的作用主要是固定定子铁芯和支撑转子轴，要求有足够的强度和良好的通风散热条件，它的外壳表面通常铸有散热片，以扩大散热面积，其他还包括前后端盖、轴承盖、风罩、接线盒和吊环等。

2. 转子

异步电机转子主要由转子铁芯、转子绕组和转轴组成。转子铁芯也是磁路的一部分，同样由厚为 0.35～0.5mm、表面涂有绝缘漆的硅钢片冲槽叠装而成，铁芯与转轴必须可靠地固定，以便传递机械功率。转子绕组分为绕线形和笼形两种。转子绕组常连接成星形，将其三条引出线分别接到装在同一轴上的三个集电环上，并由压在其上的三个电刷将电路引出，即可在转子电路中串入外接可变电阻器，以改变转子的阻抗来调节电机的运行状态和特性。笼形转子绕组由槽内的导条和端环构成多相对称闭合绕组，有铸铝式转子和铜排式转子两种结构。铸铝式转子把导条、端环和风扇一起铸出，结构简单、制造方便，常用于中、小型电机。铜排式转子把所有的铜条与端环焊接在一起，形成短路绕组。如果把笼形转子的铁芯去掉单看绕组部分，其形似鼠笼，因此称为笼形转子，如图 4-9 所示。

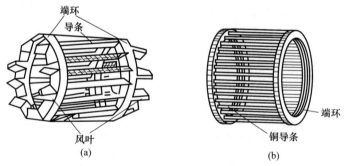

图 4-9 去掉铁芯后的笼形转子

3. 其他部分

其他部分包括轴承、风扇等。风扇是用来通风冷却电机的。三相异步电机的定子与转子之间的气隙，一般仅为 0.2～1.5mm。气隙不能太大，气隙大时产生的气隙转矩小，会使电机运行时的功率因数降低；但也不能太小，气隙太小时会引起装配困难，如果内有异物或转轴有径向移动时容易卡堵，运行不可靠，高次谐波磁场增强，引起附加损耗，使启动性能变差。

4. 三相异步电机的铭牌数据

每台异步电机的机座上都有一块铭牌，铭牌上标明生产厂家为用户规定的该台电机正常运行时的各种额定数据，主要如下。

(1) 额定功率 P_e。指电机额定运行时轴端输出的机械功率，单位为 W 或 kW。

(2) 额定电压 U_e。指电机额定运行时定子绕组应接入的电源线电压，单位为 V。

(3) 额定电流 I_e。指电机在额定电压下，输出额定功率时，定子绕组的线电流，单位为 A。

(4) 额定频率 f_e。按规定，标准工业用电的频率（工频）为 50Hz。

(5) 额定转速 n_e。指电机在额定电压、额定功率及额定频率下的转速，单位为 r/min。

除此之外，铭牌上还标有定子绕组相数、连接方法、绝缘等级、功率因数、效率、温升和重量等。对绕线转子异步电机还标有转子额定电压（在定子绕组上加额定电压，转子开路时集电环之间的线电压）和转子额定电流。

(二) 感应电机的工作原理

交流感应电机是根据电磁感应原理制成的，当 U 形磁铁以转速 n 逆时针旋转时，线圈中的导线将切割磁力线，从而产生感应电动势 E，且有

$$E = Blu$$

式中　B——磁感应强度；

　　　l——导体长度；

　　　u——线圈的切割速度。

感应电动势方向满足右手定则，如图 4-10 中箭头所示，因为线圈是闭合的导体，所以产生感应电流，电流方向如箭头所示。带电的导体在磁场中将受电磁场的 F 作用，且有 $F = Bil$，方向满足左手定则，方向如图 4-10 所示。在电磁力 F 的作用下，线圈也将逆时针方向旋转，与磁场旋转方向相同，转速为 n，且 $n < n_1$。

交流感应电机的旋转磁场是由通入定子绕组的三相对称交流电产生的，流入三相定子绕组的电流方程为

$$i_A = I_m \sin\omega t$$
$$i_B = I_m \sin(\omega t - 120°)$$
$$i_C = I_m \sin(\omega t + 120°)$$

三相对称交流电波形如图 4-11 所示。

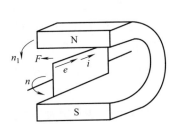

图 4-10　交流感应电机工作原理

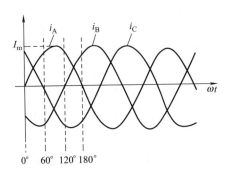

图 4-11　三相对称交流电波形

当 $\omega t=0$ 时，AX 线圈中没有电流通入，BY 线圈中的电流是从 B 端流出，Y 端流入；CZ 线圈中的电流是从 Z 端流出，C 端流入。根据右手螺旋法则，合成磁场的位置即 N 极和 S 极的位置，如图 4-12（a）所示。同理，$\cos\omega t=60°$、$120°$、$180°$ 合成磁场的位置分别如图 4-12（b）、图 4-12（c）和图 4-12（d）所示。

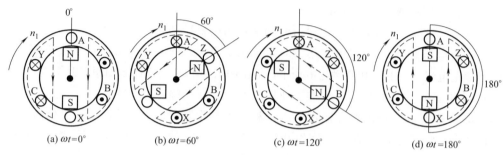

图 4-12　不同时刻三相合成旋转磁场的位置

在定子绕组上加上三相交流电源后产生顺时针方向旋转的磁场，这个磁场使定子铁芯中产生磁通，转子绕组由于切割这个磁场而感应出电动势，在闭合的转子绕组中将有感应电流流动。当改变相序时，电机转向将相反，这个旋转磁场的转速也叫做同步转速（n_s），其值为

$$n_s=\frac{60f_s}{P_n}$$

式中　f_s——通入定子电流的频率，Hz；

P_n——电机的极对数，个。

在交流感应电机中有一个非常重要的物理量叫转差率，其定义为旋转磁场的同步转速（n_s）与转子转速（n）之差，用 s 表示，其值为

$$s=\frac{n_s-n}{n_s}\times100\%$$

转子转速可表示为

$$n=(1-s)n_s$$

（三）交流感应电机的控制

交流感应电机控制系统的主要作用是为电机提供变压、变频电源，同时其电压和频率能够按照一定的控制策略进行调节，以使驱动系统具有良好的转矩-转速特性。

1. 功率变换器

电动汽车的动力蓄电池提供的是直流电源，而三相异步感应电机不能直接使用直流电源，因此必须有功率变换器将直流电源变换为频率和幅值都可以调节的交流电，来实现对感应电机的控制。电动汽车的感应电机使用的几乎都是专用的三相电压型 PWM（Pulse Width Modulation，脉宽调制）变换器。由于硬开关变换器的拓扑结构几乎是固定不变的，所以变换器的设计通常取决于功率器件的选择和 PWM 的变换方案。选择功率器件的标准是：

① 由于变换过程中会产生浪涌电压，所以要求其额定电压至少是蓄电池额定电压的两倍；

② 要求额定电流足够大，不需要再并联功率器件；

③ 为抑制谐波和噪声，要求开关速度足够高。

选择 PWM 变换方案时，要求其输出基波的幅值和频率能平稳变化；输出谐波失真最小；开关算法要求用尽可能少的硬件和软件实时执行；在蓄电池电压波动大的情况下，比如-35%~25%，控制器不能失去控制。有许多可用的 PWM 方案，如正弦波 PWM、均衡 PWM、优化 PWM、三角波 PWM、随机 PWM、等效面积 PWM、滞环 PWM 和空间矢量 PWM 等。其中电流控制滞环 PWM 和空间矢量 PWM 在电动汽车感应电机驱动中得到了广泛应用。电压控制型等面积 PWM 方案是专门为以电池为动力的电动汽车感应电机驱动设计的。

2. 转速控制方式

由于感应电机的直轴和交轴的磁耦合作用，导致它动态模型的高度非线性，使得感应电机的控制比直流电机要复杂得多。

感应电机转速控制的基本方程为

$$N = N_s(1-s) = \frac{60f}{p}(1-s)$$

式中，N 是电机转速；N_s 是同步旋转磁场转速；s 是转差率；p 是磁极对数；f 是电源频率。通过改变 s、p 和 f 可以控制电机转速，因此可以将感应电机的基本调速方式相应分为调压调速、变极调速和变频调速三种。

改变感应电机输入电源电压进行调速的方式称为调压调速，是一种变转差率调速；变换感应电机绕组极对数，从而改变同步转速进行调速的方式称为变极调速，其转速阶跃变化；改变感应电机输入电源频率，从而改变同步转速的调速方式称为变频调速，其转速可以均匀变化。一般采用控制多种变量的方法。高级的控制策略和复杂控制算法如自适应控制、变结构控制和最优控制等已经得以使用，以获得快速响应、高效率和宽转速范围。

为了实现感应电机的理想控制，许多新的控制方法被应用到电动汽车的感应电机驱动中来。

四、永磁电机

永磁电机的分类方法很多，根据输入电机接线端波形的不同可分为永磁直流电机和永磁交流电机。

由于永磁交流电机没有电刷、换向器或集电环，因此也称为永磁无刷电机。根据输入电机接线端的交流波形，永磁无刷电机可分为永磁同步电机（Permanent Magent Synchronous Motor，PMSW）和永磁无刷直流电机（Brushless DC Motor，BLDCM）。输入永磁同步电机的是交流正弦波或近似正弦波，采用连续转子位置反馈信号来控制换向；而永磁无刷直流电机输入的是交流方波，采用离散转子位置反馈信号控制换向。由于方波磁场与方波电流之间相互作用而产生的转矩比正弦波大，所以，永磁无刷直流电机的功率密度大，但是由功率器件的换向电流引起的转矩脉动也大，而正弦波产生的转矩基本是恒转矩或平稳转矩，这与绕线转子同步电机相同。

现有的永磁电机可分为永磁直流电机、永磁同步电机、永磁无刷直流电机和永磁混合式电机四类。其中，后三类没有传统直流电机的电刷和换向器，故统称为永磁无刷电机。

在电动汽车中，永磁同步电机应用广泛，例如北汽新能源系列汽车、比亚迪 E6 等。

（一）永磁同步电机的结构

永磁同步电机多为 4 极形式，绕组按 3 相 4 极布置，通电产生 4 极旋转磁场。永磁同步电机是用永磁体取代绕线式同步电机转子中的励磁绕组，从而省去了励磁线圈、集电环和电刷。永磁电机转子分为凸装式、嵌入式和内埋式 3 种基本结构，前两种形式又称为外装结构。

凸装式转子永磁体的分类如图 4-13 所示，图 4-13（a）具有圆套筒型整体磁钢，每极磁钢的宽度与极距相等，可提供接近梯形的磁场分布，在小直径转子的电机中，可以采用这种径向异极的永磁环，但在大容量电机中，必须利用若干个分离的永磁体。如果永磁体厚度一致，宽度又小于一个极距，则整个磁场分布接近为梯形。

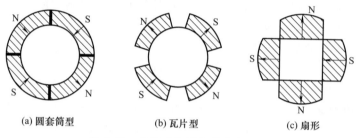

图 4-13　凸装式转子永磁体的分类

在图 4-14 中，不将永磁体凸装在转子表面上，而是嵌于转子表面下，永磁体的宽度小于一个极距，这种结构称为嵌入式。对于凸装式和嵌入式转子，一般是用环氧树脂将永磁体直接粘在转轴上，这两种结构可使转子直径小，惯量小，电感也较小，有利于改善电机的动态性能。

内埋式永磁转子的结构如图 4-15 所示，它是将永磁体埋装在转子铁芯内部，每个永磁体都被铁芯包着，称为内埋式永磁同步机。这种结构机械强度高，磁路气隙小，与外装式转子相比，更适用于弱磁。

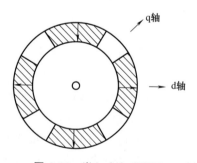

图 4-14　嵌入式永磁转子

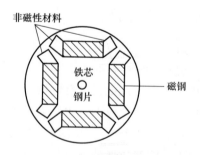

图 4-15　内埋式永磁转子

北汽 EV200 永磁同步电机的结构如图 4-16 所示。

（二）永磁同步电机的工作原理

永磁同步电机是用永磁体取代绕线式同步电机转子中的励磁绕组，从而省去了励磁线圈、集电环和电刷，定子中通入三相对称交流电。永磁同步电机工作原理模型如图 4-17 所示，由于电机定子三相绕组接入三相对称交流电而产生旋转磁场，用旋转磁极 S、N 来模

第四章
电动汽车电驱动系统结构原理

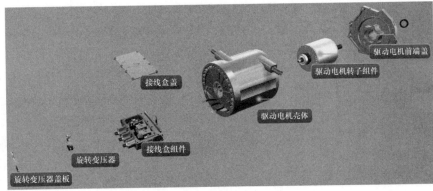
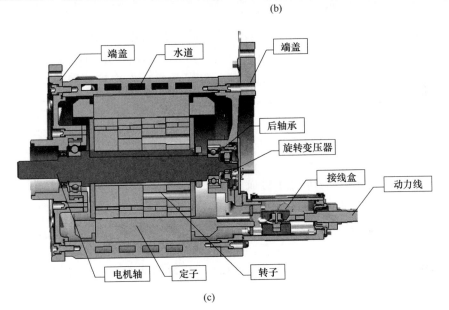
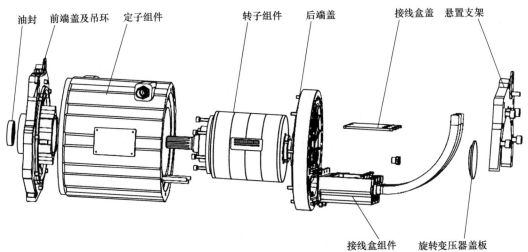

图 4-16 北汽 EV200 永磁同步电机的结构

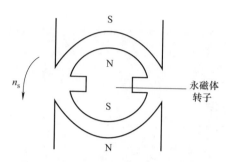

图 4-17 永磁同步电机工作原理模型

拟。根据磁极异性相吸、同性相斥的原理，不论定子旋转磁极与永磁转子起始时相对位置如何，定子的旋转磁极总会由于磁拉力拖着转子同步旋转。

五、开关磁阻电机

随着现代大功率半导体开关器件和现代控制技术的发展，才使开关磁阻电机（Switched Reluctance Motor，SRM）驱动技术以高效率、高可靠性和一种新型的机电一体化、具有软启动特性的调速传动技术面貌出现，目前在电动汽车驱动领域也有较多应用。

（一）开关磁阻电机的工作原理

开关磁阻电机结构简单，为定子、转子均由普通硅钢片叠压而成的双凸极结构，转子中没有绕组，定子装有简单的集中绕组，一般径向相对的两个绕组串联成一相。开关磁阻电机可以设计成多种不同相数结构，且定子、转子的极数有多种不同的搭配，如二相 6/4 结构、四相 8/6 结构等。开关磁阻电机气隙磁场有三类形式：径向磁场、轴向磁场和混合磁场。

开关磁阻电机是根据磁场力原理工作的，图 4-18 所示的四相 8/6 开关磁阻电机是由有绕组的 8 极定子和无绕组的 6 极转子构成。当沿径向相对的 2 个定子极通以直流电时，形成一个磁场。该磁场使对应的一对转子磁极受力旋转，与定子磁极中心线重合，开关磁阻电机的运行原理遵循"磁阻最小原理"——磁通总要沿着磁阻最小的路径闭合，而具有一定形状的铁芯在移动到最小磁阻位置时，必使自己的主轴线与磁场的轴线重合。当定子 D-D′ 极励磁时，所产生的磁力使转子旋转到转子轴线 1-1′ 与定子极轴线 D-D′ 重合的位置，并使 D 相励磁组的电感最大。若依次给 D-A-B-C 相绕组通电，转子会按励磁顺序以逆时针方向连续旋转；反之，若依次给 B-A-D-C

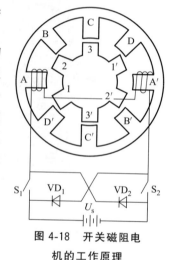

图 4-18 开关磁阻电机的工作原理

相通电，则电机即会沿顺时针方向转动。通过控制加到开关磁阻电机绕组中电流脉冲的幅值、宽度及其与转子的相对位置，即可控制开关磁阻电机转矩的大小与方向。

（二）开关磁阻电机的结构

开关磁阻电机（Switched Reluctance Drive，SRD）主要由 SR 电机、功率变换器、控制器和检测器四部分所组成，如图 4-19 所示。

SR 电机是 SRD 系统中实现机电能量转换的部件。如图 4-20 所示为典型 SR 电机的结构原理。

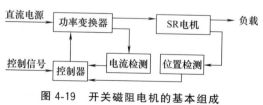

图 4-19 开关磁阻电机的基本组成

定子、转子均由普通硅钢片叠压而成，转子既无绕组也无永磁体，定子各极上绕有集中绕组，径向相对的两个绕组可以串联或并联在一起成为一相绕组。

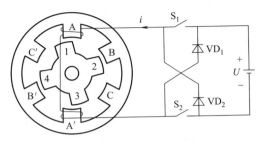

图 4-20 典型 SR 电机的结构原理

SR 电机可以设计成单相、两相、三相、四相或更多相结构；按电机的结构要求也可制成径向式、轴向式或盘式电机，即定子、转子间的气隙可以是径向气隙、轴向气隙或轴向、径向混合气隙结构，并且还有外定子内转子和内定子外转子（即如轮毂式电机）结构。

电机的相数与定子、转子的凸极数又有多种不同的搭配方式。相数增多，有利于减小转矩波动，但导致结构复杂、功率开关元件增多、成本增高。目前应用较多的是三相 6/4 极、三相 12/8 极和四相 8/6 极结构。

功率变换器是 SRD 系统能量传输的关键部分，是影响系统性能与其成本的主要因素。它起着控制电机绕组与直流电源接通和关断的作用，由于 SR 电机绕组电流通常是单向的，这使得功率变换器主电路不仅结构简单，而且相绕组与功率开关管为串联，即可避免电源短路的危险。

功率变换器的结构形式与 SR 电机相数、电机功率以及驱动要求等有关。控制器综合传感器检测的电机转子位置、速度和电流等反馈信息以及外部输入的控制指令，实现对 SR 电机运行状态的控制，是 SRD 系统的指挥中枢。控制器一般由单片机及外围接口电路等组成，与控制性能要求关系很大。

位置传感器向控制器提供转子的位置信号，使控制器能正确地决定绕组的导通和关断时刻。采用的位置检测器与永磁无刷电机所用的相似，只不过其检测角度需与电机转子的凸极数及其极距角相对应。所检测的转角通过对时间 t 的微分即可兼作电机转速反馈信息用。

采用无位置传感器的位置检测方法是 SRD 的发展方向，它利用电机绕组电感随转子位置变化的规律，通过测量非导通绕组电感来推断转子的位置，这对降低系统成本、提高系统可靠性有着重要的意义。

（三）开关磁阻电机的特点

1. 开关磁阻电机的优点

（1）结构简单，成本低。开关磁阻电机的结构比通常认为的简单。其突出优点是转子上没有任何形式的绕组，因此不会有笼形感应电机制造过程中鼠笼铸造不合适及使用中的断条等问题。其转子机械强度极高，可以用于超高速运转。在定子方面，它有几个集中绕组，因此制造简便，绝缘容易。

（2）功率电路简单可靠。因为电机转矩方向与绕组电流方向无关，即只需单方向绕组电流，故功率电路可以做到每相一个功率开关，并且每个功率开关元件均直接与电机绕组相串联，从根本上避免了直通短路现象。因此开关磁阻电机调速系统中功率电路的保护电路可以简化，既降低了成本，又提高了工作可靠性。

（3）各相可以独立工作，可靠性高。从电机的电磁结构上看，各相绕组和磁路相互独立,各自在一定轴角范围内产生电磁转矩,而不像在一般电机中必须在各相绕组和磁路共同作用下产生一个旋转磁场,电机才能正常运转。从控制器结构上看,各相电路各自给一相绕组供电,一般也是相互独立工作。由此可知,当电机一相绕组或控制器一相电路发生故障时,只需停止该相工作,电机除总输出功率能力有所减小外,并无其他问题。因此该系统可靠性极高,可以适用于宇航、电动汽车等使用。

(4) 启动电流小,转矩大。低启动电流控制器从电源侧吸收较少的电流,在电机侧得到较大的启动转矩是磁阻电机的一大特点。因此开关磁阻电机很适合电动车辆等需要重载启动和较长时间低速重载运行的机械。

(5) 适用于频繁启、停及正、反向转换运行。开关磁阻电机具有低启动电流、高启动转矩的特点,使其在启动过程中电流冲击小,电机和控制器发热较连续额定运行时还小,开关磁阻电机的优点是可控参数多,调速性能好。控制开关磁阻电机的主要运行参数有相开通角、相关断角、相电流幅值及相绕组电压等。因而可控参数多,控制灵活方便。根据对电机的运行要求和电机的情况,可采用不同控制方法和参数值,使其运行于最佳状态。还可使其实现各种不同的功能和特定的特性曲线。如使电机具有完全相同的四象限运行(即正转、反转、电动、制动)能力,并具有高启动转矩和串励电机的负载能力曲线。

(6) 损耗小,效率高。因为开关磁阻电机的转子不存在绕组铜损,加上可控参数多,灵活方便,故易于在宽转速范围和不同负载下实现高效优化控制。其效率在很宽范围内都在87%以下。

(7) 易于回收利用。定子和转子材料使用磁铁,都是常见硅钢片,因而材料容易得到且回收利用容易。

(8) 高温运转性能好。由于运转时转子不发热,冷却控制比较容易,因此可以在高温下运转。

2. 开关磁阻电机的缺点

(1) 转矩有脉动现象。开关磁阻电机的磁场是跳跃性旋转的,使得开关磁阻电机输出的转速与转矩产生脉动现象。

(2) 振动与噪声。开关磁阻电机的转速与转矩有脉动现象,加上单边磁拉力的作用,因此一般开关磁阻电机产生的振动与噪声比其他类型的电机大。

(3) 控制系统复杂。开关磁阻电机必须安装位置检测器和电流检测器等总成,所以引线比其他电机要多,控制和接线变得更复杂。

(4) 脉冲电流对供电电源有影响。开关磁阻电机的相电流是脉冲电流,这就会对为它供电的直流电源产生很大的脉冲电流。

近年来,电动汽车电机驱动系统主要是开发系列化的交流异步电机驱动系统、永磁无刷电机驱动系统和开关磁阻电机驱动系统。与原来的直流有刷电机驱动系统相比,以上驱动系统具有明显优势,其突出优点是体积小、重量轻、调速范围广、可靠性高。目前,美国的汽车公司大多采用高速、高效的交流异步电机驱动系统;日本的汽车公司基本上采用永磁同步电机驱动系统;我国电动轿车多采用永磁同步电机驱动系统,公交车多采用交流电机。

六、轮毂电机

轮毂电机技术又称为车轮内装式电机技术，是一种将电机、传动系统和制动系统融为一体的轮毂装置技术，是现阶段先进电动汽车技术研究的热点之一。

轮毂电机的电机类型主要分为永磁、感应、开关磁阻式3种。

（一）轮毂电机结构形式

轮毂电机驱动系统通常由电机、减速机构、制动器与散热系统等组成。轮毂电机驱动系统根据电机的转子形式主要分成外转子型和内转子型两种结构形式。图4-21所示为两种形式轮毂电机的结构。通常，外转子型采用低速外转子电机，电机的最高转速为1000～1500r/min，无任何减速装置，电机的外转子与车轮的轮辋固定或者集成在一起，车轮的转速与电机相同。内转子型则采用高速内转子电机，同时装备固定传动比的减速器。为了获得较高的功率密度，电机的转速通常高达10000r/min。减速结构通常采用传动比为10∶1左右的行星齿轮减速装置，车轮的转速为1000r/min左右。

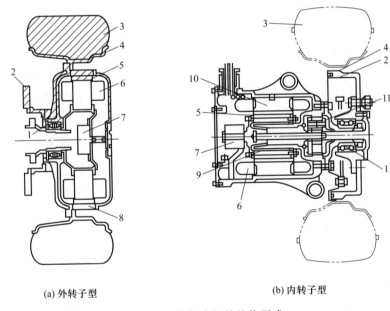

(a) 外转子型　　　　　　(b) 内转子型

图 4-21　轮毂电机的结构形式

1—轴承；2—制动鼓；3—轮胎；4—轮辐；5—永磁体；6—定子绕组；
7—位置传感器；8—外转子；9—内转子；10—外定子；11—行星齿轮

高速内转子的轮毂电机的优点是具有较高的比功率，质量轻、体积小、效率高、噪声小、成本低；缺点是必须采用减速装置，使效率降低，非簧载质量增大，电机的最高转速受线圈损耗、摩擦损耗以及变速机构的承受能力等因素的限制。低速外转子电机的优点是结构简单、轴向尺寸小、比功率高，能在很宽的速度范围内控制转矩，且响应速度快，外转子直接和车轮相连，没有减速机构，因此效率高；缺点是如要获得较大的转矩，必须增大发动机体积和质量，因而成本高，加速时效率低，噪声大。这两种结构在目前的电动车中都有应用，但是随着紧凑的行星齿轮变速机构的出现，高速内转子式驱动系统在功率密度方面比低速外转子式更具竞争力。

轮毂电机系统中的制动器可以根据结构采用鼓式或者盘式制动器。由于电机电制动容量的存在，往往可以使制动器的设计容量适当减小。大多数的轮毂电机系统采用风冷方式进行冷却，也可采用水冷和油冷的方式对电机、制动器等的发热部件进行散热降温，但结构比较复杂。

（二）轮毂电机驱动方式

轮毂电机的驱动方式可以分为直接驱动和减速驱动两种基本形式。

直接驱动方式如图 4-22 所示，采用低速外转子电机，轮毂电机与车轮组成一个完整部件总成，电机布置在车轮内部，直接驱动车轮带动汽车行驶。其主要优点是电机体积小、质量轻、成本低、系统传动效率高、结构紧凑，既有利于整车结构布置和车身设计，也便于改型设计。这种驱动方式直接将外转子安装在车轮的轮辋上驱动车轮转动。由于电动汽车在起步时需要较大的转矩，所以安装在直接驱动型电动轮中的电机必须能在低速时提供大转矩；承载大转矩时需要大电流，易损坏电池和永磁体；电机效率峰值区域很小，负载电流超过一定值后效率急剧下降。为了使汽车能够有较好的动力性，电机还必须具有很宽的转矩和转速调节范围。由于电机工作产生一定的冲击和振动，要求车轮轮辋和车轮支撑必须坚固、可靠；同时，由于非簧载质量大，要保证汽车的舒适性，要求对悬架系统进行优化设计。此方式适用于平路或负载小的场合。

减速驱动方式如图 4-23 所示，采用高速内转子电机，适合现代高性能电动汽车的运行要求。这种电动轮采用高速内转子电机，其目的是为了获得较高的功率。减速机构布置在电机和车轮之间，起减速和增矩的作用，保证电动汽车在低速时能够获得足够大的转矩。电机输出轴通过减速机构与车轮驱动轴连接，使电机轴承不直接承受车轮与路面的载荷作用，改善了轴承的工作条件；采用固定速比行星齿轮减速器，使系统具有较大的调速范围和输出转矩，消除了车轮尺寸对电机输出转矩和功率的影响。但轮毂电机内齿轮的工作噪声比较大，并且润滑方面存在很多问题；其非簧载质量也比直接驱动式电动轮电驱动系统的大，对电机及系统内部的结构方案设计要求更高。

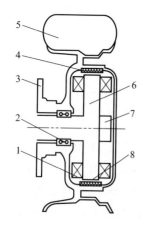

图 4-22 轮毂电机直接驱动方式

1—绕组；2—轴承；3—制动盘；
4—转子磁钢；5—轮胎；6—定子
铁芯；7—轴承；8—气隙

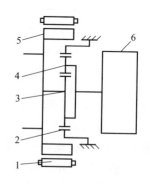

图 4-23 轮毂电机减速驱动方式

1—定子；2—齿圈；
3—太阳轮；4—行星轮；
5—转子；6—车轮

第二节 逆变器与变频器

一、逆变器

逆变器（Inverter，又称变流器、反流器，或称反用换流器、电压转换器）是一种利用高频电桥电路将直流电转换成交流电的电子器件，其功能与整流器相反。它可将12V或24V的直流电转换成230V、50Hz交流电，或其他类型的交流电。它由逆变桥、控制逻辑和滤波电路组成，如图4-24所示。

(1) 方波的产生。逆变器采用CD4069构成方波信号发生器（图4-25）。电路中的R_1是补偿电阻，用于改善电源电压变化引起的振荡频率不稳。电路的振荡是通过电容C_1充放电完成的，其振荡频率$f=1/(2.2RC)$。

图4-24 逆变器

(2) 场效应管驱动电路。方波信号发生器输出的振荡信号电压为0～5V，为充分驱动电源开关电路，用场效应管驱动电路将振荡信号电压放大至0～12V，如图4-26所示。

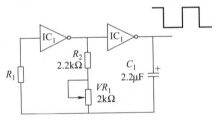

图4-25 方波产生电路

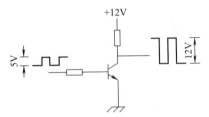

图4-26 场效应管驱动电路

电路将一个增强型P沟道MOS场效应管和一个增强型N沟道MOS场效应管组合在一起使用。当输入端为底电平时，P沟道MOS场效应管导通，输出端与电源正极接通。当输入端为高电平时，N沟道MOS场效应管导通，输出端与电源负极接通。在该电路中，P沟道MOS场效应管和N沟道场效应管总是在相反的状态下工作，其相位输入端和输出端相反。通过这种工作方式，可以获得较大的电流输出。同时，由于漏电流的影响，使得栅极电压小于1V时，MOS场效应管即被关断。不同场效应管关断电压略有不同，因此，使得该电路不会因两管同时导通而造成电源短路，如图4-27所示。

逆变器的工作原理同前所述，这种低电压、大电流、频率为50Hz的交变信号通过变压器的低压绕组时，会在变压器的高压侧感应出高压交流电压，完成直流到交流的转换，如图4-28所示。

采用交流电机（交流异步感应电机和永磁同步电机）的新能源汽车，必须将电池或电容存储的直流电转换为交流电才能驱动电机旋转。丰田普锐斯的驱动电机逆变器和电压转

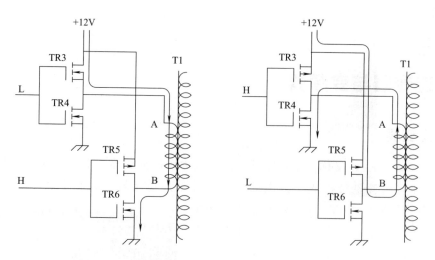

图 4-27 场效应管电源开关电路

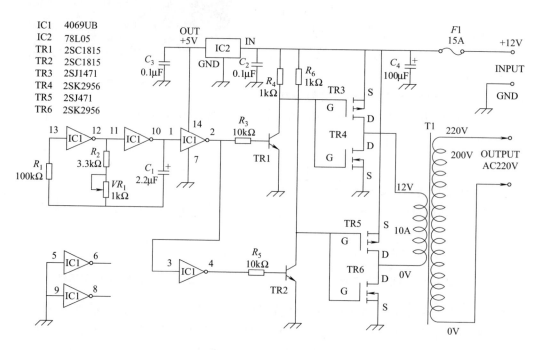

图 4-28 逆变器工作原理

换器集成在一起,如图 4-29 所示。

二、变频器

变频器(Variable-Frequency Drive,VFD)是应用变频技术与微电子技术,通过改变电机工作电源频率方式来控制交流电机的电力控制设备。变频器主要由整流(交流变直留)、滤波、逆变(直流变交流)、制动单元、驱动单元、检测单元和微处理单元等组成,如图 4-30 所示。

变频器靠内部 IGBT 的开断来调整输出电源的电压和频率,根据电机的实际需要提供

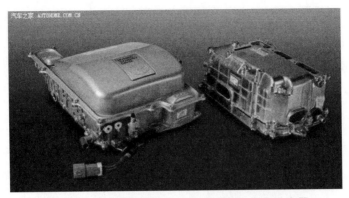

图 4-29 丰田普锐斯混合动力汽车驱动电机逆变器

图 4-30 变频器

电源电压,达到节能、调速的目的,如图 4-31 所示。

变频器在工作时将 500V 的交流电压转换为 201V 的直流电压,并向 EV 蓄电池充电,如图 4-32 所示。通过转换器将 201V 直流电压转换成低压 12V 直流电压,向 12V 辅助蓄电池充电,如图 4-33 所示。

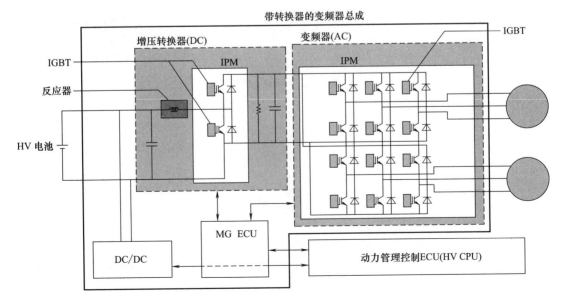

图 4-31 变频器工作原理

电动汽车电驱动系统原理与检修

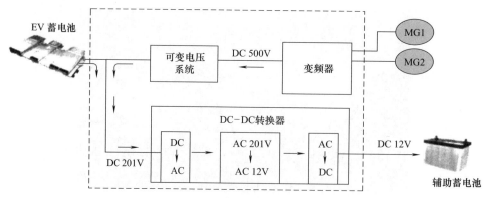

图 4-32 变频器电压转换

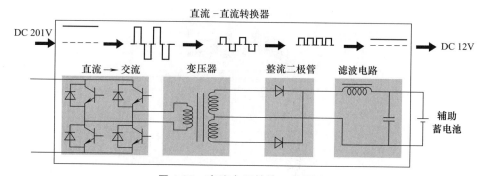

图 4-33 直流电压转换工作原理

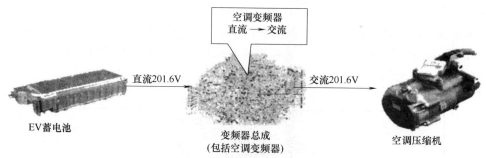

图 4-34 驱动空调压缩机工作

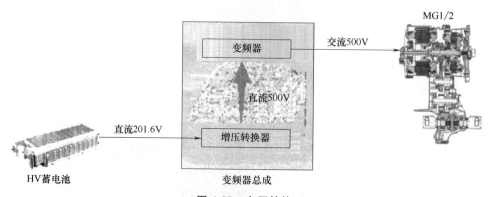

图 4-35 电压转换

控制空调压缩机工作时，通过变频器中的空调变频器将 EV 蓄电池 201.6V 的直流电压变为 201.6V 的交流电压，以驱动空调压缩机工作，如图 4-34 所示。

需要电机驱动车辆时，转换器将 201.6V 直流电转换成 500V 直流电压，变频器再将 500V 直流电压转换为 500V 交流电压，以驱动电机工作，如图 4-35 所示。

第三节 控制系统

电动汽车控制系统主要包括整车控制器、电机控制器、电源管理系统、制动能量回馈系统和高压电自动断开控制器等。各控制器通过 CAN 总线实现实时通信。动力总成依据控制策略和其他控制器及传感器输入的参数，向高压电自动断开控制器和电机控制器输入控制参数。高压电自动断开控制器实时监测车辆的绝缘状态，在出现绝缘故障或蓄电池故障时，依据动力总成的控制策略，断开蓄电池组两端的继电器，保护人员和车辆的安全。电机控制器实现对电机的转速和转矩的控制。电池组电源管理系统集电池组的数据采集、状态估计、充放电保护及均衡控制于一体，是电动汽车的核心单元。

一、电动汽车整车控制器

整车控制器是电动汽车正常行驶的控制中枢，是整车控制系统的核心部件，是纯电动汽车的正常行驶、再生制动能量回收、故障诊断处理和车辆状态监视等功能的主要控制部件。

整车控制器包括硬件和软件两大组成部分，它的核心软件和程序一般由生产厂商研发，而汽车零部件供应商能够提供整车控制器硬件和底层驱动程序。现阶段国外对纯电动汽车整车控制器的研究主要集中在以轮毂电机驱动的纯电动汽车。对于只有一个电机的纯电动汽车通常不配备整车控制器，而是利用电机控制器进行整车控制。国外很多大企业都能够提供成熟的整车控制器方案，如博世、德尔福等。

1. 整车控制器组成与原理

纯电动汽车整车控制系统主要分为集中式控制和分布式控制两种方案。

集中式控制系统的基本思想是整车控制器独自完成对输入信号的采集，并根据控制策略对数据进行分析和处理，然后直接对各执行机构发出控制指令，驱动纯电动汽车的正常行驶。集中式控制系统的优点是处理集中、响应快和成本低；缺点是电路复杂，并且不易散热。

分布式控制系统的基本思想是整车控制器采集一些驾驶员信号同时通过 CAN 总线与电机控制器和电池管理系统通信，电机控制器和电池管理系统分别将各自采集的整车信号通过 CAN 总线传递给整车控制器。整车控制器根据整车信息，并结合控制策略对数据进行分析和处理，电机控制器和电池管理系统收到控制指令后，根据电机和电池当前的状态信息，控制电机运转和电池放电。分布式控制系统的优点是模块化和复杂度低；缺点是成本相对较高。

典型分布式整车控制系统如图 4-36 所示，整车控制系统的顶层是整车控制器，整车控

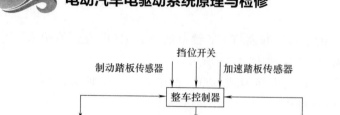

图 4-36 典型分布式整车控制系统

制器通过 CAN 总线接收电机控制器和电池管理系统的信息,并对电机控制器、电池管理系统和车载信息显示系统发送控制指令,电机控制器和电池管理系统分别负责驱动电机和动力电池组的监控与管理,车载信息显示系统用于显示车辆当前的状态信息等。

如图 4-37 所示为某公司开发的纯电动汽车整车控制器组成原理图。整车控制器的硬件电路包括微控制器、开关量调理、模拟量调理、继电器驱动、高速 CAN 总线接口、电源等模块。

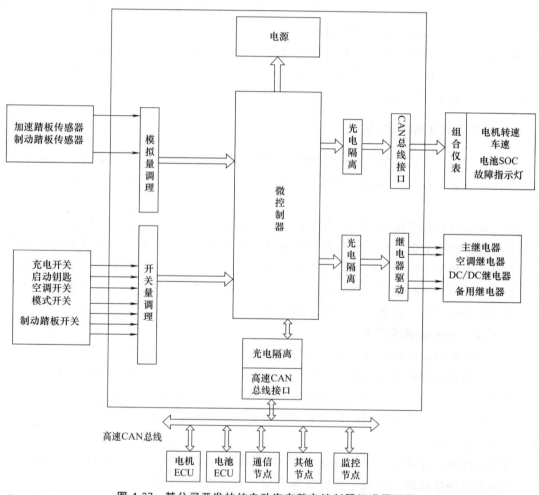

图 4-37 某公司开发的纯电动汽车整车控制器组成原理图

(1) 微控制器模块。微控制器模块是整车控制器的核心,综合考虑纯电动汽车整车控制器的功能及其运行的外界环境,微控制器模块应该具有高速的数据处理性能、丰富的硬件接口、低成本和可靠性高的特点。

(2) 开关量调理模块。开关量调理模块用于开关输入量的电平转换和整型,其一端与多个开关量传感器相连，另一端与微控制器相接。

（3）模拟量调理模块。模拟量调理模块用于采集加速踏板和制动踏板的模拟信号，并输送给微控制器。

（4）继电器驱动模块。继电器驱动模块用于驱动多个继电器，其一端通过光电隔离器与微控制器相连，另一端与多个继电器相接。

（5）高速CAN总线接口模块。高速CAN总线接口模块用于提供高速CAN总线接口，其一端通过光电隔离器与微控制器相连，另一端与系统高速CAN总线相接。

（6）电源模块。电源模块为微处理器和各输入、输出模块提供隔离电源，并对蓄电池电压进行监控，与微控制器相连。

整车控制器对电动汽车动力链的各个环节进行管理、协调和监控以提高整车能量利用效率，确保安全性和可靠性。整车控制器采集驾驶员驾驶信号，通过CAN总线获得驱动电机和动力电池系统的相关信息，进行分析和运算，通过CAN总线给出电机控制和电池管理指令实现整车驱动控制、能量优化控制和制动能量回收控制。整车控制器还具有综合仪表接口功能，可显示整车状态信息；具备完善的故障诊断和处理功能；具有整车网关及网络管理功能。

2. 整车控制器基本功能

整车控制器通过采集加速踏板信号、制动踏板信号和挡位开关信号等驾驶信息，同时接收CAN总线上电机控制器和电池管理系统发出的数据，并结合整车控制策略对这些信息进行分析和判断，提取驾驶员的驾驶意图和车辆运行状态信息，最后通过CAN总线发出指令来控制各部件控制器的工作，保证车辆的正常行驶。整车控制器应该具备以下基本功能。

（1）对汽车行驶控制的功能。电动汽车的驱动电机必须按照驾驶员意图输出驱动或制动转矩。当驾驶员踩下加速踏板或制动踏板时驱动电机要输出一定的驱动功率或再生制动功率。踏板开度越大，驱动电机的输出功率越大，因此，整车控制器要合理解释驾驶员操作；接收整车各子系统的反馈信息，为驾驶员提供决策反馈；对整车各子系统发送控制指令，以实现车辆的正常行驶。

（2）整车的网络化管理。整车控制器是电动汽车众多控制器中的一个，是CAN总线中的一个节点。在整车网络管理中，整车控制器是信息控制的中心，负责信息的组织与传输、网络状态的监控网络节点的管理以及网络故障的诊断与处理。

（3）对制动能量的回收。纯电动汽车区别于内燃机汽车的重要特征就是能够进行制动能量回收，这是通过将纯电动汽车的电机工作在再生制动状态来实现，整车控制器分析驾驶员制动意图、动力电池组状态和驱动电机状态等消息，并结合制动能量回收控制策略，在满足制动能量回收的条件下对电机控制器发送电机模式指令和转矩指令，使得驱动电机工作在发电模式，在不影响制动性能的前提下将电制动回收的能量储存在动力电池组中，从而实现制动能量回收

（4）整车能量管理和优化。在纯电动汽车中，动力电池除了给驱动电机供电以外，还要给电动附件供电，因此，为了获得最大的续驶里程，整车控制器将负责整车的能量管理，以提高能量的利用率。在电池的SOC值比较低的时候，整车控制器将对某些电动附件发出指令，限制电动附件的输出功率，来增加续驶里程。

（5）对车辆状态的监测和显示。整车控制器通过直接采集信号和接收CAN总线上的数

据的方式获得车辆运行的实时数据,包括速度、电机的工作模式、转矩、转速、电池的剩余电量、总电压、单体电压、电池温度和故障等信息,然后通过CAN总线将这些实时信息发送到车载信息显示系统进行显示。此外整车控制器定时检测CAN总线上各模块的通信,如果发现总线上某一节点不能够正常通信,则在车载信息显示系统上显示该故障信息,并对相应的紧急情况采取合理的措施进行处理,防止极端状况的发生,使得驾驶员能够直接、准确地获取车辆当前的运行状态信息。

(6) 故障诊断与处理。连续监测整车电控系统,进行故障诊断,故障指示灯指示出故障类别和部分故障码。根据故障内容,及时进行相应安全保护处理。对于不太严重的故障,能做到低速驶到附近维修站进行检修。

(7) 外接充电管理。实现充电的连接,监控充电过程,报告充电状态,充电结束。

(8) 诊断设备的在线诊断和下线检测。负责与外部诊断设备的连接和诊断通信,实现UDS诊断服务,包括数据流读取,故障码的读取和清除,控制端口的调试。

如图4-38所示是纯电动汽车整车控制器实例,它通过采集行车及充电过程中的控制信号,判断驾驶员意图,通过CAN总线对整车电控设备进行管理和调度,并针对不同车型采用不同的控制策略,实现整车驱动控制、能量优化控制、制动能量回收控制和网络管理。整车控制器运用了微型计算机、智能功率驱动、CAN总线等技术,具有动态响应好、采样精度高、抗干扰能力强、可靠性好等特点。

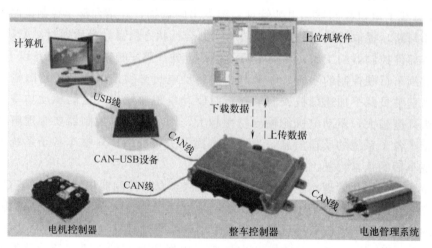

图4-38 纯电动汽车整车控制器实例

二、驱动电机控制器

根据GB/T 18488.1—2001《电动汽车用电机及其控制器技术条件》对电机控制器的定义,电机控制器就是控制主牵引电源与电机之间能量传输的装置,由外界控制信号接口电路、电机控制电路和驱动电路组成。EV160/200电机控制器及其位置如图4-39所示。

1. 电机控制器的结构组成

EV160/200的电机控制器结构如图4-40和图4-41所示。EV160/200电机控制器主要由接口电路、控制主板、IGBT模块(驱动)、超级(高压)电容、放电电阻、电流感应器、壳体水道等部分组成。

图 4-39 EV160/200 电机控制器及其位置

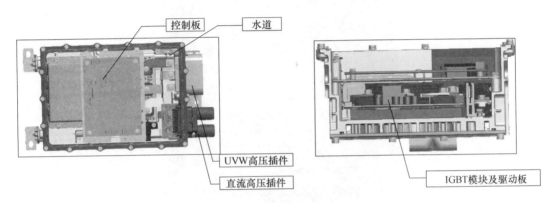

图 4-40 电机控制器内部结构

(1) 控制主板的功能

① 与整车控制器通信；

② 监测直流母线电流；

③ 控制 IGBT 模块；

④ 监控高压线束连接情况（2014 年前生产车辆无此功能）；

⑤ 反馈 IGBT 模块温度；

⑥ 旋变传感器励磁供电；

⑦ 旋变信号分析；

⑧ 信息反馈。

(2) IGBT 模块的功能

① 信号反馈给电机控制器控制主板；

② 监测直流母线电压；

③ 直流转换交流及变频；

④ 监测相电流的大小；

⑤ 监测 IGBT 模块温度；

⑥ 三相整流。

(3) 超级电容和放电电阻（图 4-42）的功能

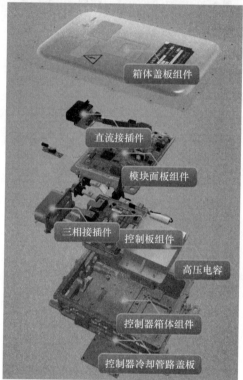

图 4-41　电机控制器外部零件

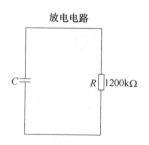

图 4-42　超级电容和放电电阻

1—超级电容；2—放电电阻

① 超级电容：接通高压电路时给电容充电，在电机运行时保持电压的稳定。

② 放电电阻：断开高压电路时，通过电阻给电容放电。

（4）传感器的功能　EV160/200 电机控制器使用以下传感器来提供驱动电机系统的工作信息。

① 电流传感器：用以检测电机工作的实际电流（包括母线电流、三相交流电流）。

② 电压传感器：用以检测供给电机控制器工作的实际电压（包括动力电池电压、12V 蓄电池电压）。

③ 温度传感器：用以检测电机控制系统的工作温度（包括 IGBT 模块温度、电机控制器板载温度）。

2. 电机控制器的控制原理

EV160/200 电机控制器作为整个制动系统的控制中心，它由逆变器和控制器两部分组成（见图 4-43）。逆变器接收电池输送过来的直流电电能，逆变成三相交流电给汽车电机提供电源。控制器接受电机转速等信号反馈到仪表，当发生制动或者加速行为时，控制器控制变频器频率的升降，从而达到加速或者减速的目的。

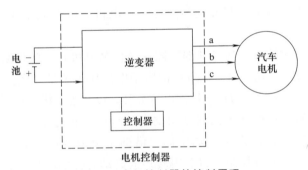

图 4-43　电机控制器的控制原理

如图 4-44 所示为无刷直流电机控制器，它除了具有调速功能外还具有能量回收功能，把制动时整车的动能通过电机发电产生电能回馈到电池，既可以最大限度地减少摩擦制动造成的能量损失，又可以提高电动汽车的续驶里程，降低运营成本，提高运营效率。

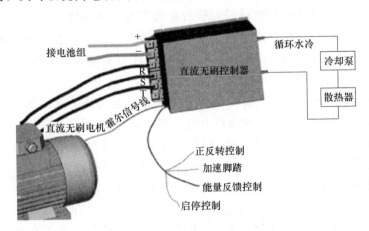

图 4-44　无刷直流电机控制器

无刷直流电机控制器具有以下特点。

① 电路具有完善的保护功能，具有过热保护、限流保护、异常保护和欠压保护功能。可避免调速器内部元件工作在过热环境中，能显著延长元件工作寿命；限流保护功能除了能在电机堵转时保护调速器内部元件外还能防止电机过热；异常保护功能能在调速器或电机出现异常时迅速关断，避免故障进一步扩大；欠压保护功能可以避免蓄电池过度放电，显著延长蓄电池寿命，减少用户不必要的损失。

② 经过严格的密封性测试，保证了其优良的防水防潮性能。

③ 控制器具有符合国际通用标准的 CAN 总线功能，便于与整车控制系统联网使用，达到快捷智能化控制。

3. 电机控制器的控制方式

电机控制方式主要有电压控制方式、电流控制方式、频率控制方式、弱磁控制、矢量控制、直接转矩控制。

（1）电压控制方式　电压控制方式是通过改变电机端电压而实现转速控制的控制方式。

（2）电流控制方式　电流控制方式是通过改变电机绕组电流而实现转速控制的控制方式。

（3）频率控制方式　频率控制方式是通过改变电机的电源频率而实现转速控制的控制方式。

（4）弱磁控制　弱磁控制是通过减弱气隙磁场控制电机转速的控制方式。

（5）矢量控制　矢量控制是将交流电机的定子电流作为矢量经坐标变换分解成与直流电机的励磁电流和电枢电流相对应的独立控制电流分量，以实现电机转速/转矩控制的方式。

（6）直接转矩控制　直接转矩控制是用空间矢量的分析方法直接在定子坐标系下计算并控制交流电机的转矩，采用定子磁场定向，借助于离散的两点式调节产生 PWM 信号，直接对逆变器的开关状态进行控制，以获得转矩的高动态性能的控制方式。

随着电动汽车和控制技术的发展，现代控制和智能控制在电机控制中的应用已成为趋势。

三、电动汽车制动能量回收系统

制动能量回收是把汽车制动时的一部分动能转化为其他形式的能量储存起来，在减速或制动的同时达到回收制动能量的目的，然后在汽车起步或加速时又释放储存的能量。制动能量回收对于提高电动汽车的能量利用率具有重要意义。国外有关研究表明，在存在较频繁的制动与启动的城市工况运行条件下，有效地回收制动能量，电动汽车大约可降低 15% 的能量消耗，可使电动汽车的续驶里程延长 10%。

电动汽车制动能量回收系统主要由两部分组成，即电机再生制动部分和传统液压摩擦制动部分。所以，该制动系统可以视为机电复合制动系统。

电动汽车再生制动是利用电机的电动机/发电机可逆性原理来实现的。在电动汽车需要减速或者滑行时，可以利用驱动电机的控制电路实现电机的发电运行，使减速制动时的能量转换成对蓄电池充电的电流，从而得到再生利用。由于摩擦制动一般采用液压形式，所以所提到的机电复合制动系统也可以称为再生-液压混合制动系统。从保证制动安全和提高能量利用率的角度来考虑，再生-液压混合制动系统是最适合电动汽车的综合制动系统。

但是其无法使得车轮完全停止转动，制动效果受到电机、电池和速度等诸多条件的限制,在紧急制动和高强度制动条件下不能独立完成制动要求,因此,为了保证汽车的制动安全性能,在采用电机再生制动的同时,必须使用传统的液压摩擦制动作为辅助,从而达到既保证汽车的制动安全性,又回收可观的能量的目的。

电动汽车的制动系统为双回路液压制动系统+电动真空助力+电机再生制动。

制动过程中,制动控制器根据制动踏板的开度(实际为主缸压力),判断整车的制动强度,确定相应的摩擦制动和再生制动的分配关系。前后轴的摩擦制动分配关系由液压系统对前后轮的分配关系实现;制动控制器根据制动强度和电池的 SOC 值确定可以输出的制动转矩并对前后轴进行分配,然后通过电机控制器控制驱动电机进行再生制动。在整个制动的过程中,要保证电动汽车的制动稳定性和平稳性,并尽可能多地回收制动能量,延长电动汽车续驶里程。

四轮轮毂电机驱动的纯电动汽车制动能量回收系统的结构原理如图 4-45 所示。电动汽车的制动过程是在液压摩擦制动与电机再生制动协调作用下完成的。再生制动系统主要是由轮毂电机、电机控制器、逆变器、制动控制器和动力电池等主要部件组成。汽车进行制动时制动控制器根据不同的制动工况发出不同的指令,通过电机控制器控制轮毂电机,进行再生制动。

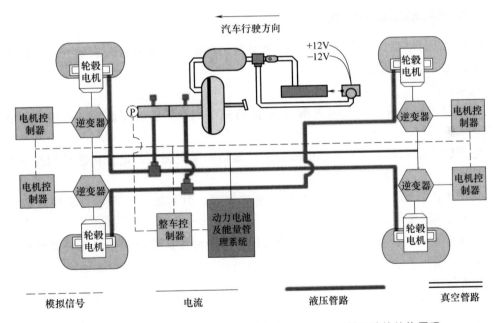

图 4-45 四轮轮毂电机驱动的纯电动汽车制动能量回收系统的结构原理

制动能量回收通过以下过程来实现。

① 在制动开始时,能量管理系统将动力电池 SOC 值发送给制动控制器,当 $SOC>0.8$ 时,取消能量回收;当 $0.7 \leqslant SOC \leqslant 0.8$ 时,制动能量回收受动力电池允许的最大充电电流制约;当 $SOC<0.7$ 时,制动能量回收不受动力电池允许的最大充电电流制约。

② 制动控制器接收由压力变送器传送的主缸压力信号,并计算出需求的电机再生制动强度上限。

③ 制动控制器根据轮毂电机转速,计算轮毂电机实际能够提供的制动强度。

④ 比较需求的电机再生制动强度上限和轮毂电机实际能够提供的制动强度，并将结果作为电信号发送给电机控制器。

⑤ 此时的轮毂电机工作在发电机状态下，可以提供电压恒定流向的电流，再通过逆变器限制电机产生的最高电压和对电压进行升压以便满足电流输出要求，充到动力电池组中。

⑥ 为了对动力电池进行保护，能量管理系统需要时刻检测电池温度，当温度过高则停止制动能量回收。

第四节 电驱动系统故障诊断

电动汽车电驱动系统与整车运行性能有很大关系。电驱动系统的任何故障都可能进一步扩大，导致上层系统状态变化。准确、可靠、快速地对驱动系统进行故障排除是提高电动汽车运行效能的有效途径。

一、电驱动系统故障分类

这里主要针对电动汽车感应电机的故障类型、现象及原因进行分析研究，并将电驱动系统故障按汽车故障类型分类。

1. 致命故障

① 电机定子绕组故障（线间短路），可能造成绕组烧毁、转矩波动，可用定子电流负序分量法诊断。

② 定子铁芯故障，表现为空载电流加大，振动和噪声加大；定子铁芯硅钢片熔化，烧毁绕组绝缘，可用振动特征频谱法诊断。

③ 转子本体故障，转子偏心产生不平衡磁拉力，引起振动。严重时最终导致电机损坏，可用电流频谱法诊断。

④ 轴承故障，使振动加剧，导致振动超标，用振动特征进行诊断。该类故障可通过更换故障部件处理。

2. 严重故障

（1）电机本体

① 电磁气隙偏心。转子偏心产生不平衡磁拉力，引起振动，转子与定子间发生摩擦，最终损坏电机。

② 位置传感器故障，易造成电机系统失控。

（2）电机逆变器

① 功率模块故障，使电机过热，绝缘老化，甚至烧毁电机或电机输出转矩减小，且有波动。

② 相电流传感器故障。

③ 三相电源不平衡故障，电机过热。

④ 电机断相运行，故障带来的后果同功率模块故障。该类故障发生时需更换故障部

件，甚至更换逆变器处理。

（3）电机系统保护类

① 主电路欠压，实际电压低于电压限值，易造成电机实际输出功率降低，电流增大。

② 母线过电压，实际电压高于电压限值，易导致母线电容或 IGBT 击穿。

③ 过电流，易造成 IGBT 烧毁。

3. 一般故障

（1）电机逆变器

① 主继电器损坏。

② 预充继电器损坏。

③ 预充电电阻损坏。

④ 总线电流、电压传感器故障。

⑤ 直流环节滤波电容短路。

前两种故障的检测方法为加闭合信号，测压降。

（2）电机控制器

① 驱动电路损坏（电力开关基极开路）。

② 相电流采集单元故障。

③ 速度采集单元故障。

④ CAN 总线通信不正常。

⑤ 逆变器过热。

前 4 种故障可用示波器检测输出信号判定。

4. 轻微故障

① 电机本体：轴承故障等。

② 电机控制器：接插件损坏、瞬时掉电等。

二、驱动系统失效模式与机理分析

1. 电机驱动系统失效模式分类

根据失效原因、性质、机理、程度、产生的速度、发生的时间以及失效产生的后果，可将失效进行不同的分类。汽车常见的失效模式可以分为损坏型、退化型、松脱型、失调型、阻漏型、功能型失效模式和其他失效模式。在此针对系统中导致电机驱动系统失效，影响整车正常运行的元件或部件失效进行分析。

2. 电机驱动系统失效机理分析

针对电机控制器，选取以下几种失效模式进行机理分析。

（1）过压　一般发生在整车充电工况。电压过高不仅影响器件绝缘，还会造成器件损坏。电动汽车电机系统过压主要集中在直流母线电压上。过压会造成母线电容、功率器件（IGBT）或母排绝缘损坏。主要原因如下：

① 预充电回路未切除。正常预充电结束后，主接触器由于故障未结合，这时响应整车充电指令时，预充电电阻分压，导致母线两端电压过高。

② 误动作。控制器内部的电压检测部分发生故障，检测出的电压信号偏大，导致误动作。

(2) 欠压 一般发生在整车电动的工况。电压过低不仅影响系统性能的发挥，而且还会对器件造成损坏。当系统输出相同功率时，电压过低，势必造成电流增加。电流过大，可能会超出器件的工作范围，造成器件损坏。对电机而言，长期欠电压工作，效率低，发热大，时间长会造成电机绕组绝缘性能降低，导致电机绕组短路或断路。主要原因如下。

① 高压电池电压过低。高压电池系统可能发生漏电或整车系统长时间处于电动运行，缺少充电工况。

② 预充电回路没有切除。正常预充电结束后，预充电回路没有切除。主接触器由于故障没有接合，响应整车电动指令时，预充电电阻分压，导致母线两端电压过低。

③ 误动作。控制器内部的电压检测部分发生故障，检测出的电压信号偏小，导致误动作。

(3) 过流 电机能够旋转，但运行电流远超过了额定值，这与过载是不同的。过流的基本反映是：电流超过了额定值，但超过的幅度很大，形成大的冲击电流。在车用电机系统中，过流一般发生在直流母线端或三相交流输出端。主要原因如下。

① 直流母线、母排绝缘损坏。绝缘损坏，造成母线正负短接。

② 定子绕组三相不平衡。电机三相绕组发生短路，造成线电流过大。

③ 误动作。控制器内部的电流检测部分发生故障，检测出的电流信号过大，导致误动作。

(4) 过载 电机能够旋转，但运行电流超过了额定值，称为过载。过载基本反映是：电流虽然超过了额定值，但超过的幅度不大，一般也不形成较大的冲击电流。输出电流超过反时限特性过载电流额定值，保护功能动作，变频器的容量偏小。主要原因如下。

① 机械负荷过重。主要特征是电机发热，三相运行电流偏大。控制器 PI 参数导致动态响应时间过短或电机机械结构卡死。

② 定子绕组三相电压不平衡。三相不平衡引起某相的运行电流过大，导致过载保护，其特点是发热不均衡。

③ 误动作。控制器内部的电流检测部分发生故障，检测出的电流信号偏大，导致误动作。

(5) 温度过高 温度过高，不仅会影响电机本体的绝缘，而且还会影响电机控制器的功率输出。这是因为电机控制器的核心就是开关器件构成的逆变电路。温度直接影响功率器件的工作范围，功率器件工作受到器件结温（一般为150℃）影响，外界温度的升高，结温给定时，开关损耗必然要减小，这将导致电机控制器不能以全功率输出以及系统性能降低。主要原因如下。

① 长时间处于过载运行状态。

② 电机定子绕组三相不平衡。

③ 误动作。

(6) 逻辑电压故障 电动汽车电机控制器逻辑电压由车载蓄电池提供，蓄电池电压波动范围较大，对电机控制器低压器件选取提出一个要求，必须满足车载蓄电池电压波动范围。逻辑电压过低，会造成有些器件不工作，或造成电路中逻辑电位紊乱。电压过高，会造成器件损坏。主要原因：车载蓄电池有短路点；误动作。

(7) CAN 通信故障 电动汽车电机系统的指令执行以及系统状态反馈都是通过 CAN

通信传递的。通信的正常与否直接关系到系统能否正常工作。主要原因：CAN 线断线；电磁干扰。

三、故障诊断与容错策略

电机驱动系统故障可分为硬性故障和软性故障，前者主要集中在电机本体上，如定子绕组短路、断路、绝缘老化、轴承磨损以及转子偏心等不可恢复的故障；后者是指可恢复的故障，可通过软件的调节消除，主要发生在电机控制器上，如过压、过流、温度过高故障等。

对硬性故障进行故障信息采集和诊断。对软性故障进行必要的容错，防止系统进一步发展成为硬性不可恢复故障。如图 4-46 所示是电机驱动系统故障诊断总体框图，通过电压、电流和温度的信息判断系统故障原因，进而采取相应的控制手段，系统故障诊断容错模块框图如图 4-47 所示。

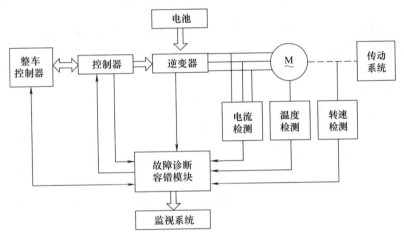

图 4-46　电机驱动系统故障诊断总体框图

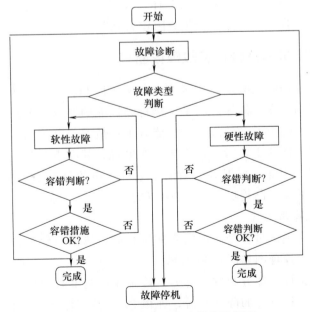

图 4-47　系统故障诊断容错模块框图

对于某些硬性故障，如电流传感器故障或电机位置传感器故障，也可采用控制策略切换对其故障进行容错。如电流传感器故障，可将控制切换为开环 V/F 控制，这种控制不需要采集电流，但需要一些电流信息对系统进行保护。车用电机系统有 4 个电流传感器（1 个直流的，3 个交流的，1 个损坏），可以用状态正常的传感器做保护判断。位置传感器故障容错框图如图 4-48 所示。

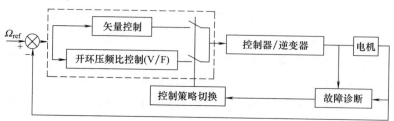

图 4-48　位置传感器故障容错框图

而对于某些软性故障，如过压、过流和温度过高，可采用限制电机系统功率输出的方法。难点在于如何保证系统在安全的前提下，尽可能满足整车性能需求。软性故障容错框图如图 4-49 所示。

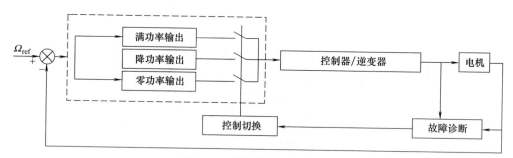

图 4-49　软性故障容错框图

电动汽车是一个零部件多、故障形式多样、表现不一且技术相对不成熟的大系统，再加上其运行环境的多变性，因此故障产生原因较为复杂。

四、电动汽车电机噪声分析及故障诊断

电动汽车要求其驱动电机必须高效区宽、功率密度和转矩密度大、调速范围宽、低速重载性能好、可靠性高、噪声低等以满足车辆行驶性能的要求。电动汽车电机作为电动汽车主要部件，其可靠性决定了电动汽车的性能和工作情况。电机测试过程中噪声也常常作为衡量电动汽车电机性能的主要指标，不同状态电机，其噪声情况也不同，同时也表征着电动汽车的状态不同。为此，根据对电动汽车电机噪声的分析来判断电动汽车电机故障，为确定电动汽车电机故障诊断提供了一种新的方法。

1. 电动汽车电机噪声测试

电动汽车电机噪声测试过程与一般噪声测试相同，测试一般在台架上进行，电动汽车电机驱动系统测试平台原理图如图 4-50 所示。

测试系统通常包括硬件部分和软件部分。传统噪声测试采用单个声压传感器，此处测试系统的硬件部分为自行设计的阵列系统，即由 27 个传感器组成。将这 27 个传感器安装在加工好的固定装置上，组成一个垂直方向与水平方向均为 14 个传感器的"十"字形平面

第四章 电动汽车电驱动系统结构原理

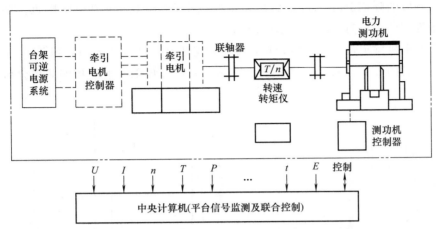

图 4-50 电动汽车电机驱动系统测试平台原理图
——机械连接；----电气连接

传声器。传声器之间的距离为等间距，间距为 0.05m。信号通过 MKII 的数据采集前端上传至计算机，利用计算机上的自编程序进行数据处理和分析。该系统不仅可对噪声进行频谱分析，同时可重建电机噪声的声场，从而确定噪声源位置。

试验用电动汽车电机是纯电动客车用交流异步驱动电机，基本参数：额定功率 100kW，额定电压 386V，额定转速 2000r/min，额定转矩 471N·m，质量 368kg，电动汽车电机系统冷却方式为自带风扇冷却。试验时测试环境相对湿度为 20%，温度为 22.9℃。

试验用电动汽车电机轴承有些损坏，故障电机噪声试验选取在额定转速、额定转矩工况下进行测试。为剔除背景噪声的影响，先使测功机运行，而电动汽车电机不转动进行环境背景噪声测试，然后进行电动汽车电机额定工况时噪声的测试。其中用声级计测量背景噪声为 68dB。通过 PAK 软件模块将数据转换为 Matlab 可调用的格式。通过自编程序进行分析，可以分别得出电动汽车电机在运行工况下的噪声频谱图。

2. 电动汽车电机噪声故障分析

电动汽车电机背景噪声的声场频谱分析如图 4-51 所示。其中图 5-51（a）为人耳可听声的频率范围（0~20kHz），简称全频段。

背景噪声主要分布在低频段。低频段的频谱分布如图 5-51（b）所示。

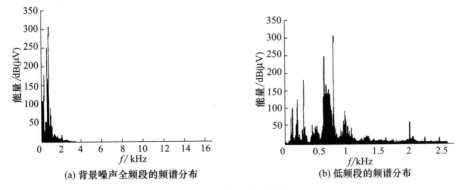

(a) 背景噪声全频段的频谱分布　　(b) 低频段的频谱分布

图 4-51 声场频谱分析

通过低频段的频谱分布图可以看出，主要频率在200Hz和700Hz附近。结合现场情况，背景条件下该频率为测功机风扇噪声的频率。

电动汽车电机额定转速、额定转矩工况是指电机在转速2000r/min和转矩477N·m条件下进行工作时的工况，故障电机在额定转速、额定转矩工况的声场的频谱分析如图4-52所示。

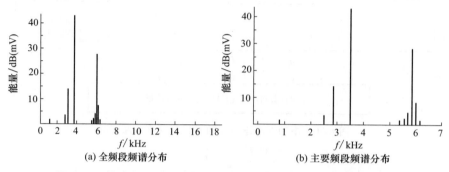

(a) 全频段频谱分布   (b) 主要频段频谱分布

图4-52 故障电机在额定转速、额定转矩工况的声场的频谱分析

通过分析，除了背景噪声，故障电机在额定转速、额定转矩工况条件下主要故障噪声频率为3600Hz、5800Hz。

根据实验测得的电动汽车电机故障噪声频谱，结合电机部件常见频段和电机噪声声场的重建，可知故障电机噪声主要来自于电动汽车电机的轴承部分。其主要可能是由于轴承品质差、装配不当或轴颈、游隙等公差配合及加工不当而造成的。分析结果与实际情况相同，从而证明通过噪声进行电动汽车电机故障诊断的可行性和有效性。

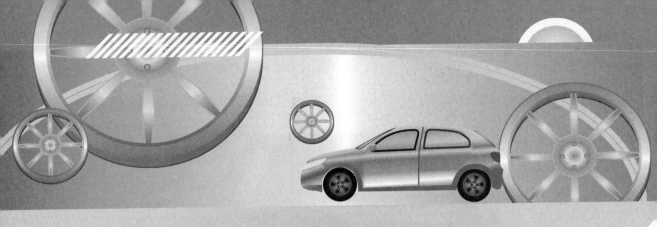

第五章 典型电动汽车电驱动系统的检修

第一节 比亚迪 E6 纯电动汽车电驱动系统的检修

一、电驱动系统结构组成

比亚迪 E6 纯电动汽车整体布局如图 5-1 所示,比亚迪纯电动汽车工作原理如图 5-2 所示。电源接通,汽车前进时,主控 ECU 接收挡位控制器、加速踏板和角度传感器等各方面信息,传递给电机控制器,以控制流向驱动电机的电流。此时电池组电流通过应急开关、配电箱/继电器之后,一路经过电机控制器向驱动电机供给需要的电流,从而使驱动电机运转,通过变速器/差速器和传动轴,带动左右前轮转动,使汽车行进;另一路经过 DC/DC 变换器,将电池组 330V 高压直流电转换为低压 42V,提供给电动转向系统 EPS 使用。同时电池组受 BMS 控制,将电池组的瞬时电压、电流、温度、存电情况等信息传递给 BMS,以防止电池组过放电或温度过高损坏电池组。如果发生漏电情况,漏电保护器起作用。一旦发生紧急短路等情况,保护装置熔丝即熔断。

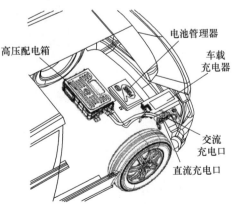

图 5-1

图 5-1 比亚迪 E6 纯电动汽车整体布局

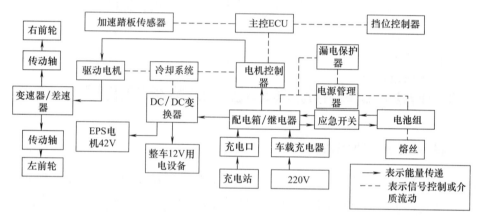

图 5-2 比亚迪纯电动汽车工作原理

比亚迪电驱动系统主要由驱动电机及其管理、控制装置组成，图 5-3 为比亚迪驱动电机及其控制器。动力电机根据冷却形式分风冷和水冷，根据结构分为直流有刷电机和直流无刷电机以及交流电机。现在使用的电机为交流无刷电机，通过采集电机旋变信号进行工作。

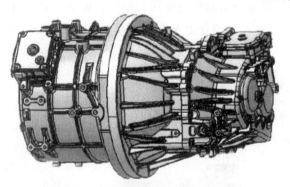

图 5-3 比亚迪驱动电机及其控制器

（一）驱动电机

驱动电机是 EV 的唯一驱动装置，是 EV 的心脏，其重要性相当于传统汽车的内燃机。驱动电机有外转子式和内转子式两大类。

外转子式采用低速外转子电机,如图 5-4 所示,电机的最高转速在 1000～1500r/min,无减速装置,车轮的速度与电机相同。采用低速外转子电机,外转子就安装在车轮轮缘上,而且电机转速和车轮转速相等,因而就不需要减速装置。

内转子式则采用高速内转子电机,如图 5-5 所示,配备固定传动比的行星减速器,也称轮边减速器,为获得较高的功率密度,电机的转速可高达 10000r/min。所选用的行星齿轮变速机构的速度比为 10∶1,而车轮的转速范围则为 0～1000r/min。随着更为紧凑的行星齿轮减速器的出现,内转子轮毂电机在功率密度方面比低速外转子式更具竞争力。

BYD-2217TZB 电机技术参数如下。

电动机最大输出扭矩:310N·m。

电动机最大输出功率:160kW。

电动机最大输出转速:12000r/min。

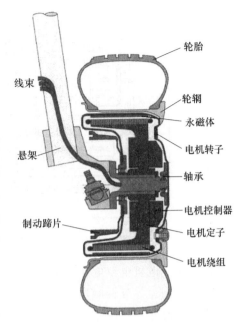

图 5-4 外转子轮毂电机

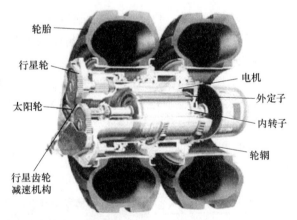

图 5-5 内转子轮毂电机

电机散热方式:水冷。

电机质量:65kg。

螺纹胶型号:赛特 242。

密封胶型号:耐油硅酮密封胶 M-1213 型。

电机外形尺寸(见图 5-6):360mm×358mm×377.4mm。

(二)驱动电机控制器

比亚迪 E6 的驱动电机控制器,简称电机控制器,是纯电动汽车整车驱动控制系统的核心,它的作用至关重要。简单地讲,类似于传统内燃机汽车的油量调节机构,都是通过调节加速踏板的幅度来进行车速和牵引力的控制。但是电机控制器相比油量调节机构,其结构、功能更为复杂。电机控制器不仅接受加速踏板的加减速信号,同时接受制动踏板、电

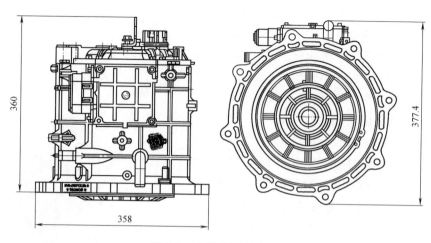

图 5-6　电机外形尺寸

机转速、车速、电机电枢电压、电流、冷却液温度等信号，经过对这些信号的分析完成对电机的精确控制。并且控制器会将这些信号的数值显示在外接显示屏上以供驾驶人随时掌握车辆状况。此外，控制器在电机发生过电流、过电压以及过热情况都会自动切断主电路以保护汽车以及乘员的安全。E6 电机控制器安装在前机舱右侧，靠近 DC/DC 变换器的位置。

驱动电机控制器类型为电压型逆变器，利用 IGBT（绝缘栅双极型晶体管）将直流电转换为交流电，额定电压为 318V，主要功能是根据不同工况控制电机的正反转、功率、扭矩、转速等。即控制电机的前进、倒退、维持电动车的正常运转，关键零部件为 IGBT，IGBT 实际为大电容，目的是为了控制电流的工作，保证能够输出合适的电流参数。驱动电机控制器总成包含上、中、下三层，上、下层为电动机控制单元，中层为水道冷却单元，总成还包括信号接插件（包含 12V 电源/CAN 线/挡位、节气门/旋变/电机过温信号线/预充满信号线等），2 根动力电池正负极接插件，3 根电机三相线接插件和 2 个水套接头及其他周边附件，如图 5-7 所示。

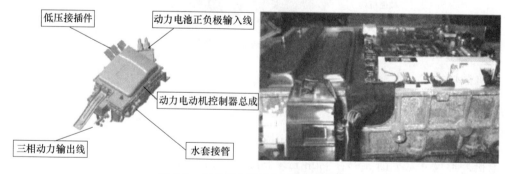

图 5-7　电机控制器主要接口示意图

电机控制器的主要功能如下。
① 控制电机正向驱动、反向驱动、正转发电、反转发电。
② 控制电机的动力输出，同时对电机进行保护。
③ 通过 CAN 与其他控制模块通信，接收并发送相关的信号，间接地控制车上相关系

统正常运行。

④ 制动能量回馈控制。

⑤ 自身内部故障的检测和处理。

二、驱动电机的检修

（一）维修说明

1. 电机内部

维修装配时都要清洁电机内部，不能有杂质。

2. 密封处

① 彻底清洗接合面。

② 接合面一定要涂抹密封胶（耐油硅酮密封胶 M-1213 型）。接合面为：接线盒盖与箱体、端盖与箱体接合处。

③ 铭牌要用 AB 胶涂抹接合处。

3. 卡环

① 勿过分扩张卡环，以免使其变形。如果变形，需要更换。

② 确保卡环完全卡入环槽。

4. 螺栓

电机上所有的螺栓要用螺纹胶赛特 242 涂抹紧固。如果螺栓有裂纹或者损坏，应及时更换。螺栓用规定扭矩固定后用油漆笔做标记。

5. 轴承

① 安装轴承前要用轴承加热器加热所用的轴承 80s。

② 安装过程时，采用规定的工装进行操作。

③ 同样尺寸的轴承外圈与内圈不可以更换。

6. 装配时润滑油涂抹处

① 三相动力线束总成与箱体装配孔装配时涂抹润滑油。

② O 形圈与箱体装配时涂抹润滑油。

③ 密封盖与盖板装配时要涂抹润滑油。

④ 旋变接插件、温控接插件与箱体装配时涂抹润滑油。

（二）拆装与维修

1. 拆卸前的检查和试验

电机拆卸前，要熟悉电机结构特点和检修技术要领，准备好拆卸所需工具和设备。另外，要清理现场工具，电机外表吹风清扫干净。

向用户了解电机运行情况，必要时，也可做一次检查试验。将电机空转，测出空载电流和空载损耗，同时检查电机各部温度、声响、振动等情况，并测出电压、电流、转速等数据，这些情况和数据对检修后的电机质量检查有帮助。

另外，在切断电源情况下测出电机的绝缘电阻和直流电阻值，对于高压电机还可测出泄漏电流值，以备与检修后进行比较。

以上检查和试验数据要详细记录下来。

2. 旋变接插件拆卸与维修

当旋变接插件处出现问题时，需要对旋变接插件进行拆卸维修。在拆卸过程中，应注意保护好所有零部件，防止零部件被意外损坏。

① 用扳手将 M6×10 六角头螺栓（1）拧下来，如图 5-8 所示。

② 将旋变接插件（2）取出来，用斜口钳将旋变接插件中间部分取下。

③ 取新的旋变接插件连上旋变引线端插件，在旋变接插件装配面涂上一层润滑油，箱体配合孔也涂上一层润滑油。再将旋变接插件插入后箱体配合孔内。最后将 M6×10 六角头螺栓（1）拧上，力矩为 12N·m。见图 5-8。

3. 温控接插件拆卸与维修

当温控接插件处出现问题时，需要对温控接插件进行拆卸维修。在拆卸过程中，应注意保护好所

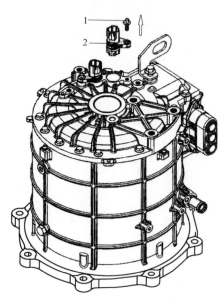

图 5-8 旋变接插件拆卸与维修

有零部件，防止零部件被意外损坏。

① 用扳手将 M6×10 六角头螺栓（1）拧下来。

② 将温控接插件（2）取出来，用斜口钳将温控接插件中间部分取下。

③ 取新的温控接插件连上温控引线端插件，在温控接插件装配面涂上一层润滑油，箱体配合孔也涂上一层润滑油。再将温控接插件插入后箱体配合孔内。最后将 M6×10 六角头螺栓（1）拧上，力矩为 12N·m。见图 5-9。

4. 通气阀拆卸与维修

当通气阀处出现问题时，需要对通气阀进行拆卸维修。在拆卸过程中，应注意保护好所有零部件，防止零部件被意外损坏。

① 将固定接线盒盖的 M6×16 六角头螺栓（1）拧下，去除接线盒盖，通气阀（2）就在接线盒盖上。

② 用工具夹住通气阀的卡环将通气阀取下来。

③ 取新的通气阀，均匀用力，将通气阀压入接线盒的安装孔上，压到位刚好卡住。

④ 安装接线盒盖时，先在箱体接合面处涂抹上密封胶，盒盖凸点对应机壳的凸点装配，用 12N·m 的力矩拧紧 M6×16 六角头螺栓（1）。见图 5-10。

5. 电机骨架油封拆卸与安装

当电机骨架油封处需要维修时，就要更换电机骨架油封。

利用工具取出油封后，更换新油封之前要用润滑油在骨架油封处和壳体配合处涂抹。利用专用工具把油封向里压紧，千万不能硬砸硬冲。

6. 电机端盖拆卸与安装

当电机机壳内部零部件出现问题时，需要对电机端盖进行拆卸。在拆卸端盖前，要检查紧固件是否齐全，并记录损伤情况，以免在装配过程中有紧固件遗落在电机内部。拆下的小零件应配在一起，放在专用零件箱内，便于装配。

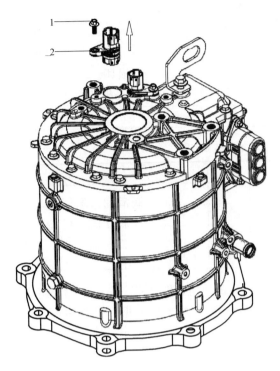

图 5-9 温控接插件拆卸与维修

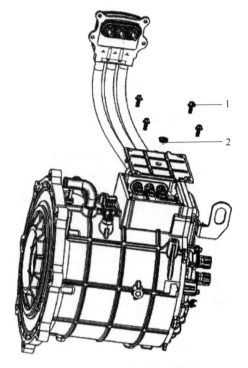

图 5-10 通气阀拆卸与维修

拆卸端盖时,螺栓取下后要用专用的台架将轴的花键端顶起(转子与端盖是一体的)。

具体拆卸过程如下。

① 用扳手将法兰面螺栓拧下。

② 用专用工具将端盖从壳体上取下来。由于之前装端盖时在接合面处涂抹了密封胶,在端盖拆下后要对电机内部进行清洁,不得让异物掉入电机内部。

③ 对电机内部进行维修完毕后,要对端盖进行安装。安装端盖时,先在箱体接合面处涂抹上密封胶,利用定位销对端盖与箱体进行定位,然后用扭力扳手将 M8×20 法兰面螺栓(1)拧紧,力矩为 25N·m。见图 5-11。

7. 电机内部零部件拆卸与修理

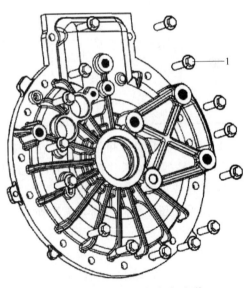

图 5-11 电机端盖拆卸与安装

当电机端盖拆下后,即可修理壳体内部零部件。

(1) 探测气隙 探测气隙的目的是检查气隙值大小和气隙不均匀度是否符合规定。

表 5-1、表 5-2 为 Y 系列三相异步电机的气隙值,供检修时参考。

测量工具采用宽度 10～15mm、长度 300～1000m 的塞尺。测量时将塞尺沿定子端盖上互隔 120°的探імом孔进行测量。塞尺插入铁芯长度不小于 30mm。塞尺要插入定、转子铁芯表面上,不可偏斜,不要插在槽楔上。

表 5-1　Y 系列（IP23）电机气隙长度　　　　　　　　　　　　　　　　　　　　mm

中心高	160	180	200	225	250	280	315
2 极	0.8	1.0	1.1	1.2	1.5	1.6	1.8
4 极	0.55	0.65	0.7	0.8	0.9	1.0	1.4
6 极	0.45	0.5	0.5	0.55	0.65	0.7	1.2
8 极	0.45	0.5	0.5	0.55	0.65	0.7	1.0

表 5-2　Y 系列（IP44）电机气隙长度　　　　　　　　　　　　　　　　　　　　mm

中心高	80	90	100	112	132	160	180	200	225	250	280	315
2 极	0.3	0.35	0.4	0.45	0.55	0.65	0.8	1.0	1.1	1.2	1.5	1.8
4 极	0.25	0.25	0.3	0.3	0.4	0.5	0.55	0.65	0.7	0.8	0.9	1.25
6 极		0.25	0.25	0.3	0.35	0.4	0.45	0.5	0.5	0.55	0.65	1.05
8 极					0.35	0.4	0.45	0.5	0.5	0.55	0.65	0.9

气隙不均匀度是指定转子中心偏差 ξ 与制造气隙 δ 的比值，即 ξ/δ。不均匀度有两种表示方法：一种是"最大、最小气隙法"，见式（5-1）；另一种是"120 度三孔法"，见式（5-2）。

气隙不均匀度：$\xi/\delta = \pm[\delta_{(大或小)} - \delta_{cp}]/\delta_{cp}$ 　　　　　　　　　　　　　　（5-1）

平均气隙：$\delta_{cp} = (\delta_大 + \delta_小)/2$

气隙不均匀度：$\xi/\delta = 2(\delta_1^2 + \delta_2^2 + \delta_3^2 - \delta_1\delta_2 - \delta_2\delta_3 - \delta_1\delta_3)^2/3\delta$ 　　　　　（5-2）

表 5-3 为三相异步电机的气隙不均匀度允许偏差，可供参考。

表 5-3　三相异步电机的气隙不均匀度允许偏差

气隙公称值/mm	0.25	0.30	0.35	0.40	0.45	0.50	0.55	0.60	0.65	0.70	0.75
不均匀度允许偏差/%	25.5	24.5	23.5	23	22	21.5	20.5	19.7	19	18.5	18
气隙公称值/mm	0.8	0.85	0.90	0.95	1.0	1.05	1.10	1.15	1.20	1.25	1.30	>4
不均匀度允许偏差/%	17.5	17	16	15.5	15	14.5	14	13.5	13	12.5	1	10

（2）滚动轴承的拆卸与安装　由于拆卸滚动轴承时会磨损配合表面，降低配合强度，所以不应轻易拆卸轴承。在检修中，遇到下列情况时才需拆卸滚动轴承。

① 修理或更换有故障的轴承。

② 轴承已超过使用寿命，需更换。

③ 更换其他零部件时必须拆下轴承。

④ 轴承安装不良，需重新装配。

从轴上拆卸轴承时，应使轴承内圈均匀受力；从轴承室拆卸轴承时，应使外圈均匀受力。热套的轴承因过盈量大，不允许改用冷拆法，因为这样做不但拆卸困难，同时也会损伤轴承配合精度，增大轴承噪声，所以必须采用热拆法。见图 5-12。

（3）电机转子拆卸与安装　当电机转子损坏需要维修时，就要把电机转子取出。

利用提转子的专用工具取出电机转子（1），再维修电机转子。维修完后装配转子再安装端盖。注：直接用手抽出转子，较重的转子要考虑起重工具和起重设备。为了一次抽出转子，在检修现场往往是在短轴端塞入一个"假轴"，将轴接长，便可一次抽出转子。见图 5-13。

图 5-12 滚动轴承的拆卸与安装

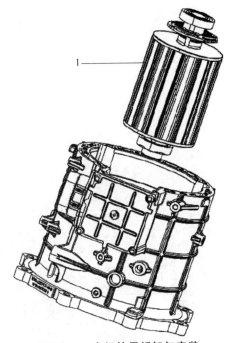

图 5-13 电机转子拆卸与安装

(4) 三相动力线束拆卸与安装

① 拆卸前：将电机平放于工作台上，使其平稳放置，确保拆分时的电机安全。

② 拆卸维修：当三相动力线束需要维修时，先对接线盒盖进行拆卸。用扳手将固定三相动力线束和接线座铜排的螺栓（1）拧下。将固定三相动力线束法兰的 M6×16 六角头螺栓拧下拔出三相动力线束（2）维修（拔出时注意不要损坏三相动力线束）。见图 5-14。

③ 处理：维修完毕后，再将三相动力线束涂抹润滑油装入箱体。将 M6×16 六角头螺栓涂螺纹胶固定三相动力线束法兰。然后用螺栓（1）将三相线端子固定在接线座铜排上。

④ 再对接线盒盖进行安装。安装盒盖时，先在箱体接合面处涂抹上密封胶，然后用扭力扳手将 M6×16 螺栓拧紧。

(5) 电机定子拆卸与安装 当电机定子损坏需要维修时，就要把电机定子取出。

① 用扳手将固定接线座铜排和定子引出线的螺栓（2）拧下。

② 用扳手将固定定子六角头螺栓 M8×194（1）拧下。

③ 将定子（3）从电机内取出维修。见图 5-15。

④ 维修完毕后，将电机定子装入电机内，将螺栓（2）用 12N·m 力矩拧紧。

⑤ 将六角头螺栓 M8×194（1）用 25N·m 力矩拧紧。

⑥ 要对端盖进行安装。安装端盖时，先在箱体接合面处涂抹上密封胶，利用定位销对端盖与箱体进行定位，然后用扭力扳手将法兰面螺栓拧紧。

(6) 电机旋变定子拆卸与安装 当旋变定子需要维修时，对箱体端盖进行拆卸，电机的旋变就安装在端盖上。用扳手将螺栓（1）拧下，将定子引出线从旋变接插件中拔出后取出旋变定子（2）。维修完旋变定子后，就可以安装后端盖了。见图 5-16。

8. 密封环拆卸与安装

(1) 拆卸 在拆卸密封环之前要确保电机水道内冷却液排放干净。

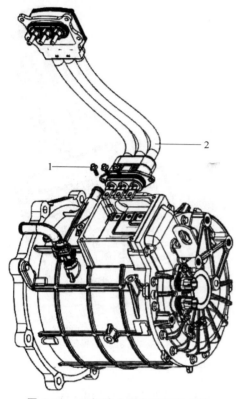

图 5-14 三相动力线束拆卸与安装

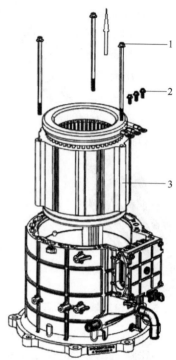

图 5-15 电机定子拆卸与安装

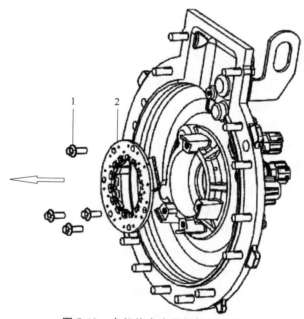

图 5-16 电机旋变定子拆卸与安装

将电机旋变接插件端朝下平放，在入水管通上气压，而出水管道堵塞密封。利用气压将密封环带 O 形圈（1）、（2）压出后箱体。

（2）维修与安装　对密封环带 O 形圈或水道筋进行维修或更换。将维修好的密封环带

O 形圈或水道筋涂抹润滑油进行安装。安装完毕后进行水压密封性检测。见图 5-17。

9. 电机装配注意事项

(1) 电机装配过程中的检查

① 电机装配前，要清扫定、转子内外表面尘垢，并用蘸汽油的棉布擦拭干净。清除电机内部异物和浸漆留下的漆瘤，特别是机座和端盖止口上的漆瘤和污垢，一定要用刮刀和铲刀铲除干净，否则影响电机装配质量。

② 检查槽楔、齿压板、绕组端部绑扎和绝缘块是否松动和脱落，槽楔和绑扎的五纬带或绑扎绳是否高出铁芯表面。铁芯通风沟要清洗干净，不得堵塞。绕组绝缘和引线绝缘以及出线盒绝缘应良好，不得损伤。绝缘电阻值不应低于规程的规定，还要检查装配零部件是否齐全。检查后要用 30MPa 左右的压缩空气吹净电机铁芯和绕组上的灰尘。最后按与拆卸时相反的顺序进行电机装配工作。

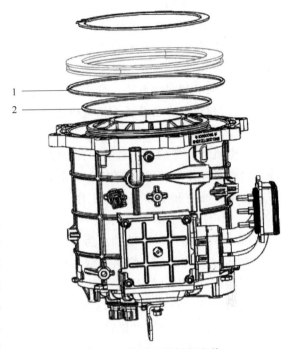

图 5-17 密封环拆卸与安装

(2) 滚动轴承的装配　原来是热套装的轴承，在装配时仍要采用热套配合，不要改冷套配合，否则会使轴承在运转时产生噪声、发热，缩短使用寿命。通常 5 号机座以下的小型电机是采用冷压入的。

① 套装滚动轴承前，要检查轴承内圈与轴颈配合公差以及轴承外圈与端盖轴承座的配合公差。同时还要检查轴承、轴颈、端盖轴承座三者配合的表面粗糙度。

② 装配滚动轴承时，要先把内轴承盖涂好润滑脂套入轴内，然后再套装轴承。在轴颈上涂上一层薄薄的机油，便可着手装配轴承。可采取铜棒敲打内轴承的办法，但由于轴承内圈受力不均，装配质量不高，所以原则上不允许采取此方法。

③ 热套配合前，先要仔细检查轴承与轴颈的配合尺寸，因为热套与冷套不同，热套时在套入的过程中不易发觉轴颈的配合公差和过盈程度是否适宜，而冷套过程中可以根据套入过程的压紧力大小间接判断出配合过盈量是否合适。热套前将轴承加热至 100℃ 左右，非密封轴承可在机油中煮 5min 左右，立即迅速将轴承套入轴颈上。对于密封式轴承，因内部已涂满润滑脂，不要用油煮加热，可用电加热法将轴承加热后套在轴上。

装配轴承时，要使轴承带型号的一面朝外，以便检修更换时方便。

(三) 电机故障检修

1. 电机的维修检查

(1) 电机启动前的准备工作

① 做好励磁装置的调试工作。调试和整定好脉冲、移相等装置。调试好之后，要检查各装置环节工作是否正常。

② 检查电机定子回路控制开关、操纵装置是否可靠，各保护系统是否正常。

③ 电机在启动前，首先应采用风压为 0.196～0.29Pa 的干燥压缩气体对电机进行吹风清扫工作，检查绕组绝缘表面等。

④ 检查冷却系统，检查铁芯状况，如通水管道是否打开，水压是否正常，冷却器和管道有无漏水现象。

⑤ 检查轴承和润滑系统，要求轴承内油质清洁。

⑥ 清扫和检查启动设备，检查电机和附属设备有无他人正在工作。

⑦ 测试电机和控制设备的绝缘电阻，并与上次值相对照，应不低于上次测量值的 50%～80%。

（2）电机运行中的维护检查　维护人员必须按照有关专业规程和管理制度对电机进行正确的检查和操作，使电机能安全可靠地运行。同时要按规定做好巡回检查，如电机各部温度、振动、噪声和气味等检查工作。一般电机运行中的检查内容如下。

① 三相电压不平衡不应大于 5%。

② 轴承最高温度：滚动轴承为 95℃，滑动轴承为 75℃。

③ 用温度计法测量，绕组与铁芯的最高温升不应超过 105K（H 级绝缘）。

④ 环境温度：最低为 5℃，最高为 35℃。长期停用的电机要保存在温度 5～15℃ 的环境中。

⑤ 空气相对湿度应在 75% 以下。

（3）停机后的检查　电机停转后，要进行吹风清扫工作，详细检查绕组绝缘有无损伤，引线绝缘是否完好。零部件是否有松动，转子支架和机械零部件是否有开焊和裂缝现象，磁轭紧固磁极螺栓、穿芯螺栓是否松动，最后检查轴承状态。

2. 电机运行常见故障及修理方法（见表 5-4）

表 5-4　电机运行常见故障及修理方法

故障现象	故障原因	修理方法
电机启动困难或不启动	电源电压过低	调整电压到所需值
	电机过载	减轻负载后再启动
	机械卡住	检查后先停车解除机械锁止，然后再启动电机
电机运行温升高	负载过大	减轻负载
	电机扫镗	检查气隙及转轴、轴承是否正常
	电机绕组故障	检查绕组是否有接地、短路、断路等故障，给予排除
	电源电压过高、过低或三相不平衡	检查电源调整电压值，使其符合要求
电机运行时振动过大	定子三相电压不对称	检查电源供三相电平衡
	铁芯装配不平衡	重新拧紧拉紧螺杆或在松动的铁芯片中打入楔子固定
	定子绕组并联支路中某支路断裂	检查直流电阻，查出后焊接
	定转子气隙不均	调整电机气隙，使其均匀
	电机底座和基础板紧固不良	紧固电机地脚螺栓，加强基础板
	联轴器松动	拧紧连接螺栓，必要时更换螺栓
	转轴弯曲	进行调直或换新
	转子磁极松动	检查固定键，重新紧固
	负载不平衡	检查出机械负载故障并排除
	机组定中心不好	重新定中心
	基础自由振动频率与电机的振动频率接近	改变基础的自由振动频率，使两者不产生共振
	转子不平衡	做平衡检查试验

第二节 北汽新能源汽车电驱动系统的检修

一、驱动电机系统概述

驱动电机系统是纯电动汽车三大核心部件之一，是车辆行驶的主要执行机构，其特性决定了车辆的主要性能指标，直接影响车辆动力性、经济性和用户驾乘感受。可见，驱动电机系统是纯电动汽车中十分重要的部件。

驱动电机系统由驱动电机（DM）、驱动电机控制器（MCU）构成，通过高低压线束、冷却管路，与整车其他系统做电气和散热连接。如图5-18所示。

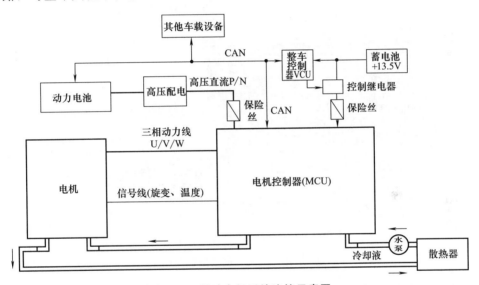

图 5-18 驱动电机系统连接示意图

整车控制器（VCU）根据驾驶员意图发出各种指令，电机控制器响应并反馈，实时调整驱动电机输出，以实现整车的怠速、前行、倒车、停车、能量回收以及驻坡等功能。电机控制器另一个重要功能是通信和保护，实时进行状态和故障检测，保护驱动电机系统和整车安全可靠运行。

北汽 EV200 车型采用的 C33DB 驱动电机系统技术指标参数见表5-5，驱动电机的技术参数见表5-6。

表 5-5 C33DB 驱动电机系统技术指标参数

直流输入电压	336V
驱动电机工作电压范围	265~410V
控制电源	12V
控制电源电压范围	9~16V
标称容量	85kV·A
质量	9kg
防护等级	IP67

表 5-6 驱动电机技术参数

项目	参数	项目	参数
基速	2812r/min	峰值扭矩	180N·m
转速范围	0~9000r/min	质量	45kg
额定功率	30kW	防护等级	IP67
峰值功率	53kW	尺寸(定子直径×总长)	(ϕ)245mm×(L)280mm
额定扭矩	102N·m		

（一）结构组成

1. 驱动电机

C33DB 驱动电机采用永磁同步电机（PMSM），如图 5-19 所示，具有效率高、体积小、质量轻及可靠性高等优点；C33DB 驱动电机是动力系统的重要执行机构，是电能与机械能转化的部件，且自身的运行状态等信息可以被采集到驱动电机控制器。

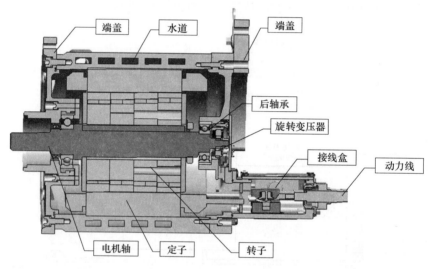

图 5-19 C33DB 驱动电机结构

C33DB 驱动电机主要零件分解图如图 5-20 所示。

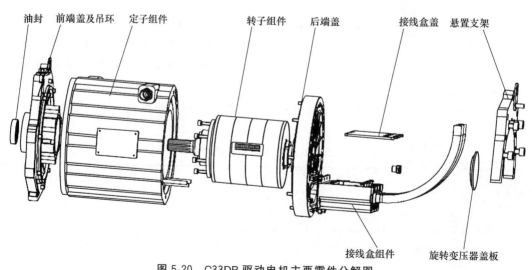

图 5-20 C33DB 驱动电机主要零件分解图

C33DB 驱动电机依靠内置旋转变压器、温度传感器（图 5-21）来提供电机的工作信息。旋转变压器用以检测电机转子位置，控制器解码后可以获知电机转速；温度传感器用以检测电机的绕组温度，以便控制器保护电机，避免过热。

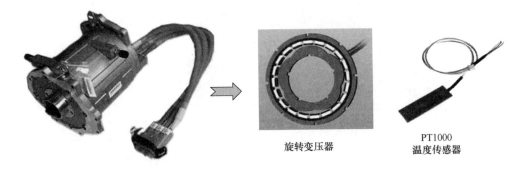

图 5-21　电机传感器

2. 驱动电机控制器

驱动电机控制器是驱动电机系统的控制中心，它对所有的输入信号进行处理，并将电机控制系统运行状态的信息发送给整车控制器。驱动电机控制器主要由以 IGBT 功率模块为核心的功率电路和以单片机为核心的微电子控制电路组成，具有诊断功能。北汽 E150EV 纯电动汽车驱动电机控制器的位置如图 5-22 所示。

图 5-22　驱动电机控制器的位置

C33DB 驱动电机控制器（图 5-23）采用三相两电平电压源型逆变器。驱动电机系统的控制中心，又称智能功率模块，以 IGBT（绝缘栅双极型晶体管）模块为核心，辅以驱动集成电路、主控集成电路。对所有的输入信号进行处理，并将驱动电机控制系统运行状态的信息通过 CAN2.0 网络发送给整车控制器。驱动电机控制器内含故障诊断电路。当诊断出异常时，它将会激活一个错误代码，发送给整车控制器，同时也会存储该故障码和数据。

C33DB 驱动电机控制器主要零件分解如图 5-24 所示。

驱动电机控制器主要依靠以下传感器来提供驱动电机系统的工作信息。

电流传感器（图 5-25）：用以检测电机工作的实际电流（包括母线电流、三相交流电流）。

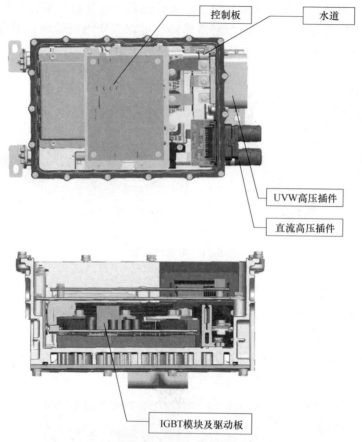

图 5-23 驱动电机控制器结构

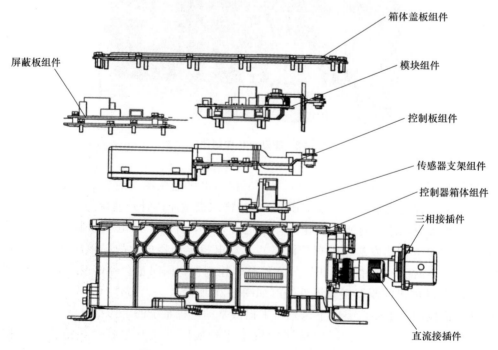

图 5-24 驱动电机控制器主要零件分解图

电压传感器：用以检测供给电机控制器工作的实际电压（包括动力电池电压、12V 蓄电池电压）。

温度传感器：用以检测电机控制系统的工作温度（包括 IGBT 模块温度、电机控制器板载温度）。

图 5-25　电流传感器

3. 驱动电机系统高低压连接

（1）低压信号线束连接　驱动电机系统状态和故障信息会通过整车 CAN 网络上传给整车控制器（VCU），传输通道是两根信号线束，分别是电机到控制器的 19PIN 插件（图 5-26、表 5-7）和控制器到 VCU 的 35PIN 插件（图 5-27、表 5-8）。

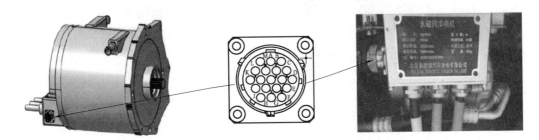

图 5-26　驱动电机控制器 19PIN 插件

表 5-7　驱动电机控制器 19PIN 接口定义

连接器型号	编　号	信号名称	说　明
Amphenol RTOW01419 PN03	A	励磁绕组 R1	电机旋转变压器接口
	B	励磁绕组 R2	
	C	余弦绕组 S1	
	D	余弦绕组 S3	
	E	正弦绕组 S2	
	F	正弦绕组 S4	
	G	TH0	电机温度传感器接口
	H	TL0	
	L	HVIL1(+L1)	高低压互锁接口
	M	HVIL2(+L2)	

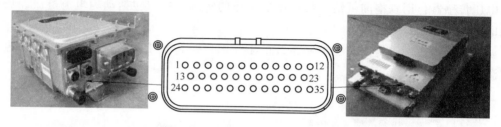

图 5-27 驱动电机控制器 35PIN 插件

表 5-8 驱动电机控制器 35PIN 接口定义

型号	编号	信号名称	说明
AMP 35PIN C-776163-1	12	励磁绕组 R1	电机旋转变压器接口
	11	励磁绕组 R2	
	35	余弦绕组 S1	
	34	余弦绕组 S3	
	23	正弦绕组 S2	
	22	正弦绕组 S4	
	33	屏蔽层	
	24	12V_GND	控制电源接口
	1	12V+	
	32	CAN_H	CAN 总线接口
	31	CAN_L	
	30	CAN_PB	
	29	CAN_SHIELD	
	10	TH	电机温度传感器接口
	9	TL	
	28	屏蔽层	
	8	485+	RS485 总线接口
	7	485-	
	15	HVIL1(+L1)	高低压互锁接口
	26	HVIL2(+L2)	

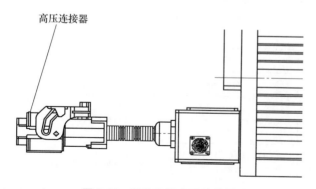

图 5-28 驱动电机高压连接器

(2) 高压动力线束连接 动力电池的直流电通过高压盒提供给驱动电机控制器，在电机控制器上布置有 2 个安菲诺高压连接插座。

驱动电机控制器提供三相交流电到驱动电机，主要依靠规格 $35mm^2$ 的三根电缆及高压连接器，除大洋的驱动电机在 C30DB 上采用安菲诺独立插头外（对应的控制器上布置有 3 个安菲诺高压连接插座），其余的都是 LS 整体式插头。如图 5-28、图 5-29 所示。上述高压连接器均具备防错插功能。

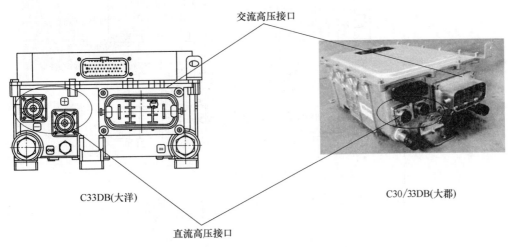

图 5-29　C33DB（大洋/大郡）驱动电机高压接口

（二）工作原理

电机驱动系统通过高低压线束、冷却管路，与整车其他系统做电气和散热连接。在北汽新能源 EV160/200 驱动电机系统中，驱动电机的输出动作主要是靠控制单元给定命令执行，即控制器输出命令。控制器主要是将输入的直流电逆变成电压、频率可调的三相交流电，供给配套的三相交流永磁同步电机使用，如图 5-30 所示。电机控制器（MCU）电路图如图 5-31 所示。

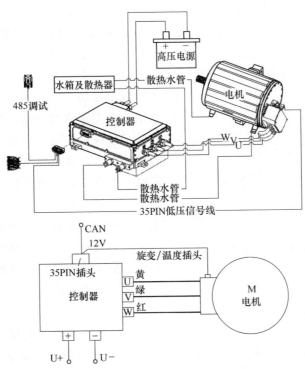

图 5-30　北汽新能源 EV160/200 驱动电机系统

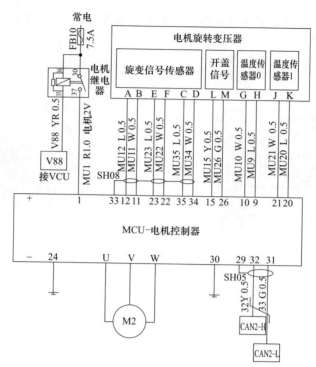

图 5-31 电机控制器（MCU）电路图

（三）驱动电机系统功能

通过驱动电机工作状态可以了解新能源汽车驱动系统的基本功能。

1. D 挡加速行驶时

驾驶员挂 D 挡并踩加速踏板，此时挡位信息和加速信息通过信号线传递给整车控制器 VCU，VCU 把驾驶员的操作意图通过 CAN 线传递给驱动电机控制器 MCU，再由驱动电机控制器 MCU 结合旋变传感器信息（转子位置），向永磁同步电动机的定子通入三相交流电，三相电流在定子绕组的电阻上产生电压降。由三相交流电产生的旋转电枢磁动势及建立的电枢磁场，一方面切割定子绕组，在定子绕组中产生感应电动势；另一方面以电磁力拖动转子以同步转速正向旋转。随着加速踏板行程不断加大，电机控制器控制的 6 个 IGBT 导通频率上升，电动机的转矩随着电流的增加而增加，因此，起步时基本拥有最大转矩。随着电动机转速的增加，电动机的功率也增加，电压也随之增加。在电动汽车上，一般要求电动机的输出功率保持恒定，即电动机的输出功率

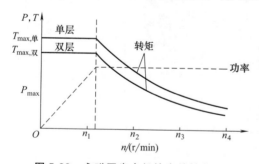

图 5-32 永磁同步电机输出特性曲线

不随转速增加而变化，这要求在电动机转速增加时，电压保持恒定。永磁同步电机输出特性曲线如图 5-32 所示。

与此同时，电机控制器通过电流传感器和电压传感器，感知电机当前功率、消耗电流大小、电压大小，并把这些信息数据通过 CAN 网络传送给仪表、整车控制器，其具体工作原理如图 5-33 所示。

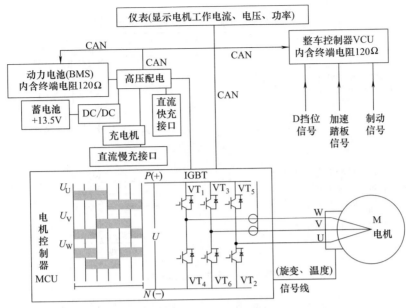

图 5-33 D 挡工作原理

2. R 挡倒车时

当驾驶员挂 R 挡时,驾驶员请求信号发给 VCU,再通过 CAN 线发送给 MCU,此时 MCU 结合当前转子位置(旋变传感器)信息,通过改变 IGBT 模块改变 V/W/U 通电顺序,进而控制电机反转。

3. 制动时能量回收

驾驶员松开加速踏板时,电机由于惯性仍在旋转,设车轮转速为 $v_{车轮}$、电机转速为 $v_{电机}$,车轮与电机之间固定传动比为 K,当车辆减速时,$v_{车轮}K < v_{电机}$ 时,电机仍是动力源,随着电机转速下降,当 $v_{车轮}K > v_{电机}$ 时,电机由于被车辆拖动而旋转,此时驱动电动机变为发电机。

BMS 根据电池充电特性曲线(充电电流、电压变化曲线与电池容量的关系)和采集的电池温度等参数计算出相应的允许最大充电电流。MCU 根据电池允许最大充电电流,通过控制 IGBT 模块,使"发电机"定子线圈旋转磁场角速度与电机转子角速度保持发电电流不超过允许最大充电电流,以调整发电机向蓄电池充电的电流,同时控制了车辆的减速度,具体过程如图 5-34 所示。

当踩下制动踏板时,MCU 输出的电流频率会急剧下降,馈能电流在 MCU 的调节下充入高压电池。当 IGBT 全部关闭时,在当前的反拖速度和模式下为最大馈能状态,此时 MCU 对"发电机"不实施速度和电流的调整,"发电机"所发的电量全部转移给蓄电池,由于发电机负载较大,此时车辆减速也较快。在此期间能量回收的原则是:①电池包温度低于 5℃时,能量不回收。②单体电压在 4.05~4.12V 时,能量回收 6.1kW;单体电压超过 4.12V 时,能量不回收;低于 4.05V 时,能量满反馈。③剩余电量大于 95%、车速低于 30km/h 时,没有能量回收功能,且能量回收及辅助制动力大小与车速和制动踏板行程相关。

4. E 挡行驶时

E 挡为能量回收挡。在车辆正常行驶时,E 挡与 D 挡的根本区别在于 MCU 和 VCU 内部程序、控制策略不同。在加速行驶时,E 挡相对于 D 挡来说提速较为平缓,蓄电池放电电流也较为

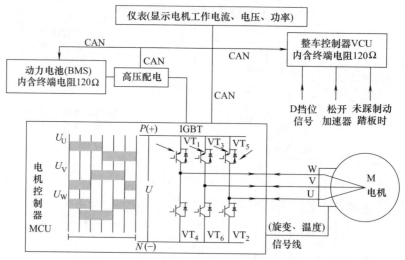

图 5-34 反向电流的施加

平缓,目的是尽可能节省电量以延长行驶距离,而 D 挡提速较为灵敏,响应较快。在松开加速踏板时,E 挡更注重于能量回收,驱动电机被车轮反拖发电时所需的"机械能"牵制了车辆的滑行,从而也起到了一定的制动效果,所以 E 挡行车时车辆的滑行距离比 D 挡短。

二、驱动电机的检修

(一) 驱动电机总成的拆装

1. 驱动电机的拆卸

(1) 拆卸前,需断开电机控制器高压电源。

(2) 拧松动力线缆固定螺钉并拔下线缆,拔下旋转变压器、温度连接插座。

(3) 给电机壳体进行外部支撑后,松开并取出固定螺栓,将电机取下。

(4) 因该电机转子含有磁体,需要专用工装才能拆机,否则会造成电机严重损坏而无法修复。无论是否在保修期内,电机如有问题,应联系供应商返回制造厂维修。

2. 驱动电机的安装

(1) 进行机械安装,整个安装过程根据整车厂的装配工艺进行。

(2) 电机壳体上的吊环用于对电机的吊装及搬运,安装完成后,可取下,并妥善保存,在维修、更换时继续使用。

(3) 然后进行水路安装,将水管分别与电机进、出水口连接,水管采用金属卡箍束紧。完成后,检查冷却系统是否畅通无阻,连接是否可靠,通水时无滴漏现象。如存在问题,需查找原因并解决。

(4) 最后依照系统连接图,接入动力线缆,接入旋转变压器及电机温度传感器连接插座,完成电气的连接。

(二) 驱动电机的检查与维护

1. 驱动电机有无异响的检查

检查车辆行驶过程中驱动电机有无异响。将汽车用举升机举升起来运行,或在路面上运行汽车,检查车辆运行过程中是否有异响。注意区分是机械噪声还是电磁噪声。机械噪声类似"咔咔""嗒嗒"声;电磁噪声类似"嗞嗞"的响声。如是机械噪声,应进行检查和修复;如是电磁噪声,可暂时不做处理。

注意:在电动汽车高压部件进行维护之前,一定要做好高压安全防护准备,穿戴好防护用品。将电源开关置于 OFF 挡,钥匙放安全处,断开蓄电池负极,负极电缆及蓄电池桩头用绝缘胶布包好。拆下维修开关,并放好。静置车辆 5～10min。举升车辆,断开动力电池低压线束和高压线束。验电,如果有电需放电,确保高压母线无电才可进行下一步操作。

2. 驱动电机外观的检查

(1) 举升车辆,拆下前挡泥板,如图 5-35 所示。

(2) 检查驱动电机表面是否有油液、污渍,是否存在漏液现象,如图 5-36 所示。

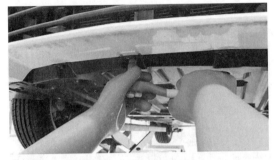

图 5-35　拆下前挡泥板

图 5-36　驱动电机油液泄漏的检查

(3) 检查驱动电机上的进水管和出水管有无裂纹和泄漏,如图 5-37 和图 5-38 所示,如果存在泄漏情况,要查找泄漏部位,并进行修理。一般出现泄漏的地方,主要集中在管路接口处、橡胶管路和金属接合面等,在检查泄漏情况时,注意查看以上的各部分。

图 5-37　驱动电机进水管的检查

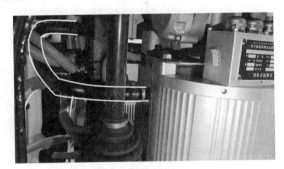

图 5-38　驱动电机出水管的检查

(4) 目测车身底部防护层、驱动电机是否有磕碰损坏,如图 5-39 所示。

3. 驱动电机外部的清洁

清除驱动电机基座外部的灰尘、油泥。可以使用压缩空气或干的抹布对驱动电机的外观进行清洁,如图 5-40 所示。注意:严禁使用水枪对驱动电机进行喷水清洗。

4. 驱动电机的插接件状态的检查

EV160/200 驱动电机的插接件包括高压插接件(三相交流)和低压插接件(19 PIN)。驱动电机高压线束来自驱动电机的控制器,高压线束分别是黄色高压线束三相交流 U 相、绿色高压线束三相交流 V 相、红色高压线束三相交流 W 相。图 5-41 中所示为驱动电机高

图 5-39 驱动电机有无磕碰损坏的检查

图 5-40 驱动电机外部的清洁

压插接件（三相交流），图 5-42 所示为驱动电机低压插接件（19 PIN）。

图 5-41 驱动电机高压插接件（三相交流）

图 5-42 驱动电机低压插接件（19 针）

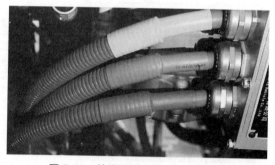

图 5-43 检查驱动电机高压插接件

检查方法如下。

（1）检查驱动电机高压插接件连接状态是否完好，目测各个插接件是否存在退针、变形、松脱、过热和损坏的情况，如发现以上情况应及时予以修理或更换，如图 5-43 所示。

（2）检查驱动电机低压插接件连接状态是否完好，目测各个插接件是否存在退针、变形、松脱、过热和损坏的情况，如发现以上情况应及时予以修理或更换，如图 5-44 所示。

图 5-44 检查驱动电机低压插接件

EV160/200 驱动电机低压接口编号和定义如图 5-45 和表 5-9 所示。

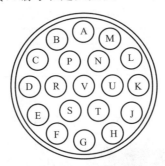

图 5-45　EV160/200 驱动电机低压接口编号

表 5-9　EV160/200 驱动电机低压接口定义（19 针）

编号	定义	说　　明	编号	定义	说　　明
A	励磁绕组 R1	电机旋转变压器接口	F	正弦绕组 S4	电机旋转变压器接口
B	励磁绕组 R2		G	TH0	电机温度接口
C	余弦绕组 S1		H	TL0	
D	余弦绕组 S3		L	HVIL1（+L1）	高低压互锁接口
E	正弦绕组 S2		M	HVIL2（+L2）	

5. 检查驱动电机的螺栓紧固情况

图 5-46 所示为驱动电机各固定部分螺栓固定状态。驱动电机与变速器总成、右旋置总成存在连接关系，并与车身两层支架存在连接关系，故检查驱动电机螺栓固定状态，需检查驱动电机与变速器总成安装力矩和右旋置总成安装力矩。

图 5-46　驱动电机各固定部分螺栓固定状态

使用扭力扳手检查各螺栓固定力矩，如图 5-47 所示。

图 5-47　检查驱动电机各螺栓固定力矩

检查驱动电机各螺栓的固定力矩,如表 5-10 所示。

表 5-10　EV160/200 驱动电机各螺栓的固定力矩

名　称	力矩/N·m
驱动电机与变速器总成安装螺栓、螺母	25～30,9～11
驱动电机与右旋置总成安装螺栓	50～55

6. 驱动电机绝缘情况的检查

驱动电机在常规检查中必须检查该系统的绝缘性,其绝缘性能符合标准要求,驱动电机才能安全使用,检查驱动电机绝缘情况及具体操作步骤如下。

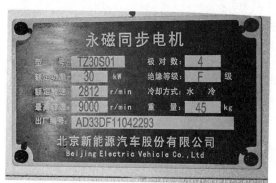

图 5-48　驱动电机的铭牌

(1) 查看驱动电机铭牌,根据电机的额定电压,选择合适的绝缘检测仪。驱动电机的铭牌如图 5-48 所示。

(2) 检查绝缘检测仪的好坏,选择合适的绝缘检测仪挡位,黑色导线接绝缘检测仪"com"接线柱上,红色导线接绝缘检测仪"V"或"绝缘"接线柱上。

(3) 检测驱动电机搭铁绝缘。将绝缘检测仪黑表笔搭铁,红表笔逐个测量驱动电机三相交流电 U、V、W 端子。U 相、V 相、W 相的搭铁绝缘值应大于或等 100MΩ。

注意事项:测量驱动电机的三相交流电相间绝缘或搭铁绝缘前,首先要对绝缘检测仪进行检验,确定绝缘检测仪合格后才能进行测量。

(三) 驱动电机控制器的检查与维护

注意:操作之前要设置隔离,放置警示标识,穿戴好防护用品。将电源开关置于 OFF 挡,钥匙放安全处,断开蓄电池负极,将蓄电池负极电缆桩头用绝缘胶布包好。拆下维修开关,并放好。静置车辆 5～10min。举升车辆,断开动力电池低压线束和高压线束。验电,如果有电需放电,确保高压母线无电才可进行下一步操作。

1. 驱动电机控制器的检查与清洁

(1) 检查驱动电机控制器表面是否脏污。如果脏污可以使用压缩空气或干的抹布进行清洁,如图 5-49 所示。

(2) 目测驱动电机控制器外观有无磕碰、变形或损坏。

(3) 检查驱动电机控制器冷却水管接头处有无裂纹,有无渗漏,如图 5-50 所示。

图 5-49　清洁驱动电机控制器表面

图 5-50　检查驱动电机控制器冷却水管

2. 检查驱动电机控制器插接件

（1）检查驱动电机控制器高压插接件是否连接到位，是否有退针现象或触点烧蚀的情况，如图 5-51 所示。

(a) EV160/200电机控制器接口　　　　　　　(b) EV160/200电机控制器高压接口(通向驱动电机)

图 5-51　检查驱动电机控制器高压插接件

1—低压接口；2—高压接口（接正负母线）；3—冷却液出口；
4—高压接口（和驱动电机相连）；5—冷却液入口

（2）检查驱动电机控制器低压插接件是否连接到位，是否有退针现象或触点烧蚀的情况，如图 5-52 所示。

图 5-52　检查驱动电机控制器低压插接件

EV160/200 驱动电机控制器低压插接件的端子定义如图 5-53 和表 5-11 所示。

表 5-11　EV160/200 驱动电机控制器低压插接件端子

编号	定义	说明	编号	定义	说明
12	励磁绕组 R1		32	CAN_H	
11	励磁绕组 R2		31	CAN_L	CAN 总线接口
35	余弦绕组 S1		30	CAN_PB	
34	余弦绕组 S3	高低压互锁接口	29	CAN_SHIELD	
23	正弦绕组 S2		10	TH	
22	正弦绕组 S4		9	TL	电机温度传感器接口
33	屏蔽层		28	屏蔽层	
24	12V_GND	控制电源接口	8	485＋	RS485 总线接口
25	12V_GND		7	485－	
15	HVIL1(＋L1)	高低压互锁接口			
26	HVIL2(＋L2)				

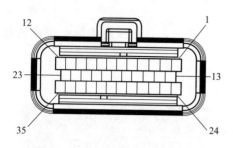

图 5-53 EV160/200 驱动电机控制器低压插接件端子编号

3. 检查驱动电机控制器高压电缆绝缘性

用绝缘测试仪,黑表笔搭铁,红表笔逐个测量电机控制器上的高压端子和高压线缆端子的绝缘阻值,按下测试按钮,显示的数值为绝缘阻值,如图 5-54 所示。驱动电机控制器的搭铁绝缘值取大于 100MΩ。

(四)北汽新能源汽车驱动电机故障检修实例

1. 北汽新能源汽车驱动电机超速保护故障诊断及排除

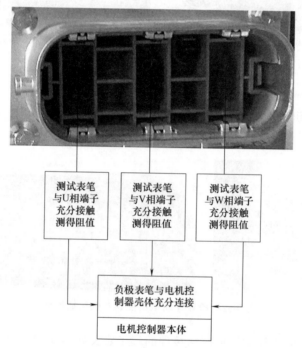

图 5-54 检查驱动电机控制器高压电缆绝缘性

(1)故障现象 一辆 E150EV 纯电动汽车无法行驶,仪表盘故障灯亮。

(2)故障分析 接车后,首先测量低压蓄电池电压,为 12.2V,正常。接着进行下列检查步骤。

① 启动开关置于 OFF 挡。

② 将专用诊断仪 IMS-D60 连接至车辆诊断接口上。

③ 将启动开关置于 ON 挡。

④ 引用诊断仪读取故障代码。诊断仪显示故障代码为:P0519,电机超速保护故障。

当驱动电机系统出现故障时,驱动电机控制器(MCU)将故障信息发送给整车控制器(VCU)。整车控制器根据电机、电池、EPS、DC/DC 等零部件故障,整车 CAN 网络故障及 VCU 硬件故障进行综合判断,确定整车的故障等级,并进行相应的控制处理。

故障代码 P0519 是电机超速保护故障。它属于 1 级故障,即致命故障,这时电机输出扭矩为 0,动力蓄电池的高压电断开,系统故障灯亮,这就是该车不能行驶的原因。

故障代码 P0519 对应的是驱动电机的旋转变压器故障。旋转变压器简称旋变，是一种输出电压随转子转角变化的信号元件。当励磁绕组以一定频率的交流电压励磁时，输出绕组的电压幅值与转子转角呈正弦、余弦函数关系，或保持某一比例关系，或在一定转角范围内与转角呈线性关系。

（3）故障诊断与排除　出现旋变故障时，一般分为两种情况：一种为电机旋转变压器故障或连接导线故障；另一种为控制器旋变解码电路故障。不管哪一种故障，都将会导致电机系统无法启动及转矩输出偏小等现象。若出现以上情况，首先检查电机旋转变压器是否损坏，若电阻值为∞，表示损坏，需更换旋转变压器或修复连接导线。若电阻值正常，则表示控制器内部旋变解码电路故障，需更换驱动电机控制器主控板。

检测步骤及故障排除如下。

① 断开低压蓄电池负极电缆，脱开电机旋转变压器插头 T35，用万用表和跨接线测量旋转变压器本体的励磁绕组和信号绕组。根据电气接口表定义，即测量：S1\S3，信号绕组回路应为（60±10%）Ω；S2\S4，信号绕组回路应为（60±10%）Ω；R1\R2，励磁绕组回路应为（33±10%）Ω。经测量，本体正常。

② 再脱开电机控制器插头 T12 测量电机旋变插头 T35 的针脚至电机控制器 T12 针脚（1-12、2-11、3-35、4-34、5-9、6-21）之间导线是否出现断路/短路情况。经测量，2-11 之间电阻值为∞，表明该导线断路。

③ 修复导线，部件复位，然后清除故障码。试车，车辆正常行驶。

2. 电机系统过热故障实例分析

（1）电机过热被限速 9km/h

① 故障现象　车辆行驶几千米以后，出现限速 9km/h 现象，仪表显示电机控制器过热。

② 可能原因　水泵故障、散热风扇故障、冷却液缺少或冷却系统内部堵塞。

③ 故障诊断与排除　用诊断仪读数据流显示电机控制器温度为 75℃，散热器风扇高速旋转，检查水泵工作正常、膨胀水壶冷却液也不缺少；水泵在工作过程中，观察膨胀水壶发现冷却液循环不畅现象，进一步对冷却系统进行水道堵塞排查。采用压缩空气对散热器和管路、电机控制器进行疏通检查时发现电机控制器内部有阻塞。找到堵塞点，用高压空气将电机控制器内部异物吹出，恢复冷却系统管路，加注冷却液后进行试车不再出现电机系统高温，故障排除。

④ 故障分析　电机系统冷却方式采用水冷式，电机控制器和电机是串联式循环，电机控制器的温度在 75～85℃时电机降功率，当电机控制器温度高于 85℃时电机将立即停止工作，所以此车电机控制器温度达到 75℃被降功率。

（2）间歇性断高压

① 故障现象　车辆在行驶几千米偶尔"掉高压"现象，仪表显示动力蓄电池故障指示灯亮，系统故障灯亮，车辆无法行驶。

② 可能原因　动力蓄电池故障、电机控制器温度过高故障。

③ 故障诊断与排除

a. 使用故障检测仪读出故障码为 P0518，定义是：电机控制器欠电压故障。使用诊断仪清除故障码，故障码无法清除则说明存在现行故障。

b. 启动空调系统能正常工作。

c. 检测高压绝缘性能未发现异常。

d. 检查电机控制器低压电路电源正常，插接件也未发现退针现象。通过以上检查空调系统正常，基本排除了动力电池故障；结合故障现象和故障码显示可以断定为电机控制器故障，更换电机控制器故障现象消失。

④ 故障分析　故障码为 P0518（电机控制器欠电压故障），因为电机控制器是个比较昂贵的部件，需要确定故障后才能进行更换，以免更换后故障未能解决。因此需要把相关部件和外围电路进行排查，最终确定是电机控制器故障才进行处理，避免多次维修不能解决问题。

第三节　丰田普锐斯电机及驱动系统的检修

从当前的应用情况来看，大多数纯电动汽车和油电混合动力汽车使用的电机都是三相永磁同步电机，由于作为动力电机需要具有一定的输出功率，因此汽车上的电机都在有限的转矩输出下，设计成高速电机。

一般来说，作为混合动力汽车和纯电动汽车的电机所起的功能都相同，即作为驱动电机使用，也同时作为发电机使用。

一、驱动电机的结构特点

1. 总体结构组成和性能特点

以丰田普锐斯 THS Ⅱ 驱动桥为例，混合动力变速驱动桥由发电机 MG1、驱动电机 MG2 和行星齿轮机构组成，如图 5-55 所示。

其中，MG1、MG2 定子绕组采用三相 Y 形连接，每相由 4 个绕组并联，可以在给电机输入较大电流下，获得最大转矩和最小转矩脉动。此外，MG1、MG2 均采用永磁体转子，稀土永磁材料作为永磁铁，安装在转子铁芯内部（内埋式永磁转子）。转子内的永磁铁为 V 形，这样永磁体既有径向充磁，又有横向充磁，有效集中了磁通量，提高电机的转矩（图 5-56）。从永磁转子的磁路特点分析，内埋式永磁转子结构改变了电机交、直轴磁路，可以改善电机的调速特性，拓宽速度范围。

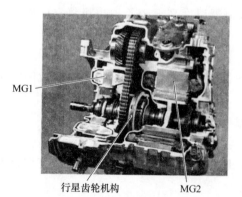

图 5-55　丰田普锐斯驱动桥与驱动电机

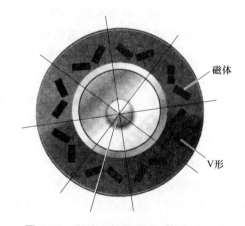

图 5-56　驱动电机转子永磁体结构形式

THS 提高了车辆的燃油经济性,实现了顺畅的加速感以及静音特性等。由于 THS 的驱动电机与发动机并列布置,因此对驱动电机的小型化要求十分严格,它实现了 THS 所要求的电机性能,也就是说它实现小型化、低损耗以及小型化所带来的冷却与绝缘性能改善。

针对前款车型的 THS,新车型的 THSⅡ不仅将输出功率在 50kW 的基础上增加了 20%,还通过增加减速齿轮将最大转矩从 400N·m 降到 207N·m,降低了约 50%。最高转速增加到原来的 2 倍以上(6000~13900r/min),定子尺寸也减小了 27%,如图 5-57 所示。

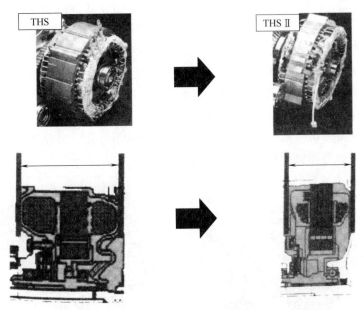

图 5-57 丰田普锐斯 THSⅡ驱动电机结构和性能提升

THSⅡ的转子磁铁断面呈 V 形布置,不但能够降低高速旋转时的磁损,还能够改善由于磁阻转矩分量的增加造成的电流值下降。另外,V 形布置磁铁也还可以通过树脂膜成形来提高耐离心强度,如图 5-58 所示。

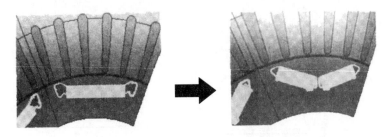

图 5-58 普锐斯 THSⅡ驱动电机转子的变化

THSⅡ也对发电机小型化做出了努力。开发的新式线圈为绕线管排列方法,发电机可以将绕组方式从分布绕组改为高密度集中绕组,这样电机尺寸能够减小 34%。丰田普锐斯 THSⅡ驱动电机外形如图 5-59 所示。

2. 冷却润滑性能特点

THSⅡ利用变速器内部齿轮润滑的 ATF(Automatic Transmission Fluid)实现绕组的

图 5-59 丰田普锐斯 THSⅡ驱动电机外形

冷却（图 5-60），将驱动电机的热量传导到壳体上。

ATF 存留于变速器的最低位置（油箱），通过差速齿轮与塔轮的旋转，将 ATF 从油箱底搅起，临时储存于位于上部的 ATF 采集箱中，ATF 受重力作用填充到定子与壳体之间的间隙中，实现定子到壳体的热传递。ATF 吸收绕组端部的热量，将其传递到油箱，再传递到壳体。

图 5-61 是 ATF 从绕组到壳体的导热回路模型，一般用热阻模型来表示各个部位热传递的快慢。

3. 绝缘性能特点

将驱动电机的电源电压从 500V 提高到 650V 之后，逆变器开关切换时电机受到的冲击电压也提高了近 30%。最容易受切换冲击影响的是 U、V、W 间的各个相间绝缘性与对地绝缘性，为了确保其绝缘性能，如图 5-62 所示，增加插入相间绝缘纸的工序并努力实现其自动化操作，提高耐冲击性能。此外，考虑各绕组的电压分配，对绕组连接方式进行研究，降低相邻绕组之间的电动势，提高耐冲击性能。

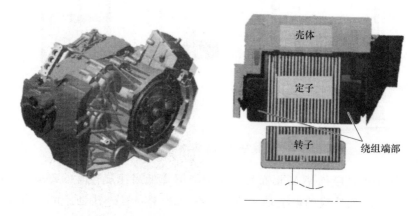

图 5-60 丰田普锐斯 THSⅡ驱动电机润滑冷却示意图

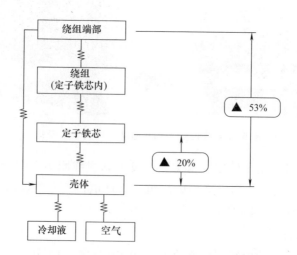

图 5-61 ATF 从绕组到壳体的导热回路模型

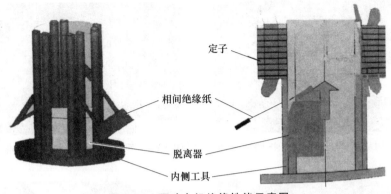

图 5-62 驱动电机绝缘性能示意图

二、电机及驱动系统的故障诊断与排除

（一）混合动力汽车电机及驱动系统故障表现形式

混合动力汽车电机及驱动系统故障将导致车辆不能正常行驶，其常见的故障包括：

(1) 变频器本身故障。

(2) 变频器温度传感器故障或控制电机温度过高。

(3) 控制电机解角传感器故障等。

混合动力汽车驱动系统故障会导致：

(1) 仪表指示灯点亮。如图 5-63 所示，混合动力汽车驱动系统故障会导致仪表故障指示灯点亮。

图 5-63 混合动力汽车仪表动力系统故障指示灯

(2) 车辆功率降低或暂停动力输出。混合动力汽车驱动系统故障会导致车辆降低运行功率或暂停动力输出。

（二）混合动力汽车电机及驱动系统故障码和数据流内容

混合动力汽车驱动系统的数据流主要在 HV ECU 内，可使用诊断仪读取到关于驱动系统的故障码和数据流。

混合动力汽车驱动系统故障码可参照仪器故障码显示的内容。

（三）混合动力汽车电机及驱动系统的检修

图 5-64 打开电源开关至 IG 挡

警告：在执行高压车辆诊断及维护前，务必佩戴完好的个人防护用品，并严格遵守正确的操作步骤！

1. 驱动系统前轮转动检查

(1) 打开电源开关至 IG 挡（图 5-64）。

(2) 踩下制动踏板，把选挡杆移动至 N 挡（图 5-65）。

(3) 举升车辆。

(4) 手动转动曲轴皮带轮检查前轮是否旋转（图 5-66）。

(5) 打开电源开关至 ready 挡（图 5-67）。

(6) 举升车辆离地 20cm（图 5-68）。

图 5-65　踩下制动踏板，把选挡杆移动至 N 挡

图 5-66　手动转动曲轴皮带轮检查前轮是否旋转

图 5-67　打开电源开关至 ready 挡

图 5-68　举升车辆离地 20cm

（7）踩下制动踏板，把换挡杆移动到 D 挡，然后松开制动踏板（图 5-69）。

（8）检查前轮是否旋转（图 5-70）。

图 5-69　启动车辆

图 5-70　检查前轮是否旋转

提示：如果车轮不转动，并且诊断仪上显示 HV 变速驱动桥输入故障，则应更换混合动力车辆变速驱动总成。

2. 驱动系统在旋转过程中阻力增加的原因检查

（1）检查发动机润滑系统和变速驱动桥润滑系统（图 5-71）。

（2）检查发动机冷却液和变速驱动桥冷却液。

（3）检查发动机本身和变速驱动桥本身是否有任何故障（图 5-72）。

（四）混合动力汽车电机及驱动系统典型故障诊断方法

1. 驱动电机温度传感器异常的故障

（1）故障现象　仪表提示驱动电机温度过高，系统功率降低。

（2）故障原因分析　变频器模块会通过电机内的温度传感器和供给的电流计算电机的温度，当温度异常时，系统将降低电机的输出功率，让电机尽快冷却。

图 5-71 检查发动机润滑系统和变速驱动桥润滑系统

图 5-72 检查发动机本身和变速驱动桥

采集电机温度的传感器是热敏电阻传感器。热敏电阻的阻值和电机温度传感器相关，它根据电机温度的变化而变化。电机温度越低，热敏电阻的阻值越大。相反，电机温度越高，热敏电阻的阻值越小。电机温度传感器与 HV 控制 ECU 连接。由 HV 控制 ECU 的 MMT 端子提供的电源电压经过电阻到达电机温度传感器。

为了防止电机过热，HV 控制 ECU 根据这种信号限制负载。另外，HV 控制 ECU 检查电机温度传感器是否出现线路故障和传感器故障。

以发电电机温度传感器为例，其相关电路图及连接端子如图 5-73 所示。

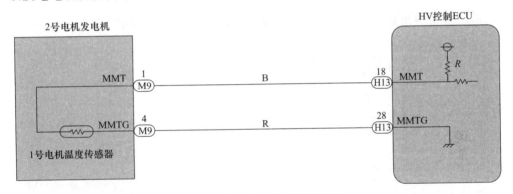

图 5-73 电机温度传感器电路图

（3）诊断关键步骤及参数

① 使用诊断仪读取电机温度传感器数据。读取专用诊断仪上显示的 MG1 发电机温度值，见表 5-12。

表 5-12 MG1 发电机温度值显示

温度显示	温度显示	温度显示
−50℃（−58℉）	205℃（401℉）	−49～204℃（−57～400℉）

② 显示的温度不在正常范围（−49～204℃），需要检查温度传感器与模块之间的连接线路以及温度传感器本身技术状态。详细检查方法与步骤，请参考热敏电阻类传感器的诊断方法。

2. 电机解角传感器异常的故障

（1）故障现状　仪表显示驱动系统故障，车辆不能正常驱动（MG2 解角器故障）；或发动机不能被正常启动（MG1 解角器故障）。

(2）故障原因分析　如图 5-74 所示，电机解角传感器是一种检测转子磁极位置的传感器，它对保证 MG1 和 MG2 的高效控制是必需的。解角传感器的定子包括一个励磁线圈和两个检测线圈。因为转子是椭圆形状的，定子和转子间的间隙随着转子转动而变化。预定频率的交流电流过励磁线圈和检测线圈 S 和 C 并且根据传感器转子的位置输出交流电。

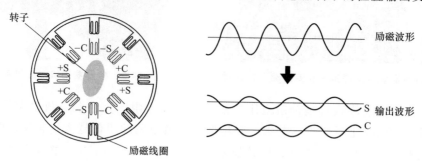

图 5-74　电机解角传感器原理

HV ECU 根据检测线圈 S 和 C 的相位及它们的波形高度来检测转子的绝对位置。此外，为了把解角传感器用做一个速度传感器，CPU 计算出在一段预定的时间内位置的变化次数。

以 MG2 电机解角器控制电路为例，其控制电路图如图 5-75 所示。

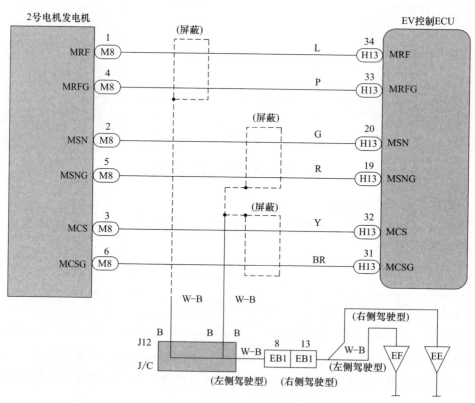

图 5-75　电机解角传感器电路图

（3）诊断关键步骤及参数

① 使用诊断仪读取相关故障码。

② 使用诊断仪读取对应故障码所指电机的数据流。

标准值：数据流应该显示出电机的转动角度。

③ 检查线束与连接器（控制 ECU-传感器电路），如图 5-76 所示。

a. 断开 H13 HV ECU 连接器和解角传感器连接器。

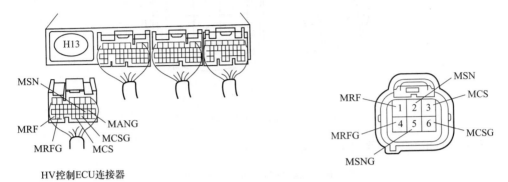

图 5-76　ECU-电机解角传感器线束与连接器

b. 打开点火开关。

c. 测量 HV ECU 连接器端子与车身搭铁间的电压，标准值见表 5-13。

d. 关闭点火开关。

e. 检查线束侧连接器间的电阻。线束开路检查标准值见表 5-14。

表 5-13　HV ECU 连接器端子与车身搭铁间的电压

万用表连接	标准值	万用表连接	标准值
MRF(H13-34)—车身搭铁	<1V	MSNG(H13-19)—车身搭铁	<1V
MRFG(H13-33)—车身搭铁	<1V	MCS(H13-32)—车身搭铁	<1V
MSN(H13-20)—车身搭铁	<1V	MCSG(H13-31)—车身搭铁	<1V

表 5-14　HV ECU 连接器线束开路检查

万用表连接	标准值	万用表连接	标准值
MRF(H13-34)—MRF(M8-1)	<1Ω	MSNG(H13-19)—MSNG(M8-5)	<1Ω
MRFG(H13-33)—MRFG(M8-4)	<1Ω	MCS(H13-32)—MCS(M8-3)	<1Ω
MSN(H13-20)—MSN(M8-2)	<1Ω	MCSG(H13-31)—MCSG(M8-6)	<1Ω

短路检查标准值，见表 5-15。

表 5-15　HV ECU 连接器线束短路检查

万用表连接	标准值
MRF(H13-34)—MRF(M8-1)—车身搭铁	10kΩ 或更大
MRFG(H13-33)—MRFG(M8-4)—车身搭铁	10kΩ 或更大
MSN(H13-20)—MSN(M8-2)—车身搭铁	10kΩ 或更大
MSNG(H13-19)—MSNG(M8-5)—车身搭铁	10kΩ 或更大
MCS(H13-32)—MCS(M8-3)—车身搭铁	10kΩ 或更大
MCSG(H13-31)—MCSG(M8-6)—车身搭铁	10kΩ 或更大

④ 检查电机解角传感器本身电阻。图5-77是电机解角传感器端子图。

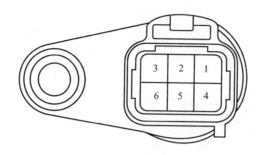

前视图

图5-77 电机解角传感器端子图

a. 测量电机解角传感器端子间的电阻，标准值见表5-16。

表5-16 电机解角传感器端子间的电阻

万用表连接	标准值	万用表连接	标准值
MRF(M8-1)—MRFG(M8-4)	7.65~10.2Ω	MCS(M8-3)—MCSG(M8-6)	12.6~16.8Ω
MSN(M8-2)—MSNG(M8-5)	12.6~16.8Ω		

b. 用绝缘电阻表检查电机解角传感器端子间的绝缘电阻，标准值见表5-17。

表5-17 电机解角传感器端子间的绝缘电阻

万用表连接	标准值	万用表连接	标准值
MRF(H13-34)—MRF(M8-1)	10MΩ或更大	MSNG(H13-19)—MSNG(M8-5)	10MΩ或更大
MRFG(H13-33)—MRFG(M8-4)	10MΩ或更大	MCS(H13-32)—MCS(M8-3)	10MΩ或更大
MSN(H13-20)—MSN(M8-2)	10MΩ或更大	MCSG(H13-31)—MCSG(M8-6)	10MΩ或更大

3. 变频器性能的故障

（1）故障现状　仪表显示驱动MG1/MG2将HV蓄电池高压直流电转换成交流电。变频器内包含一个三相桥电路，它由6个功率晶体管组成，每个对应于MG1和MG2，用来转换直流电和三相交流电。HV控制ECU控制功率晶体管的激活。变频器将控制所必需的信息例如安培数和电压传送到HV控制ECU。

HV ECU使用电压传感器，它内置于变频器中，用来检测升压后的高压并进行升压控制。

变频器电压传感器根据高压的不同输出一个值为0~5V的电压。高压越高，输出电压越高。高压越低，输出电压越低。

HV控制ECU监控变频器电压并检测故障。变频器电路图如图5-78所示。

如果变频器出现电路故障、内部短路或过热，则变频器通过电机变频器故障信号线路将此信息传送给HV ECU。

警告：诊断前，至少需要5min对变频器内的高压电容器进行放电。

（2）诊断关键步骤及参数

① 使用专用诊断仪按以下菜单：Powertrain/Hybrid Control/DTC，读取DTC。

② 检查混合动力控制HV ECU连接情况，是否存在松动，检查变频器连接情况，是否

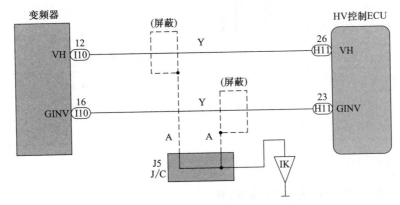

图 5-78　变频器电路图

存在松动或连接不良。

③ 检查混合动力汽车电机线圈电阻，如图 5-79 所示。

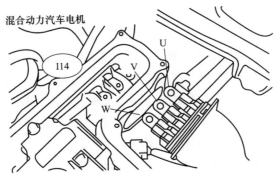

图 5-79　混合动力汽车电机线圈端子图

a. 检查检修塞与变频器盖是否已经拆下。

b. 检查三相电机电缆螺栓是否按标准力矩拧紧，标准力矩为 8N·m。

c. 从变频器断开混合动力汽车电机的三相交流电电缆。

d. 用万用表测量混合动力汽车电机三相交流电电缆端子电阻，标准值见表 5-18。

表 5-18　混合动力汽车电机三相交流电电缆端子电阻

万用表连接	标准值	万用表连接	标准值
U(I14-1)—V(I14-2)	20℃时小于 135MΩ	W(I14-3)—U(I14-1)	20℃时小于 135MΩ
V(I14-2)—W(I14-3)	20℃时小于 135MΩ		

e. 计算 U-V/U-W/V-U 端子最大和最小电阻间的差，标准值应该小于 2MΩ。

f. 用万用表测量混合动力汽车电机三相交流电电缆端子与车身搭铁之间的绝缘电阻，标准值见表 5-19。

表 5-19　混合动力汽车电机三相交流电电缆端子与车身搭铁之间的绝缘电阻

万用表连接	标准值	万用表连接	标准值
U(I14-1)—车身搭铁	10MΩ 或更大	W(I14-3)—车身搭铁	10MΩ 或更大
V(I14-2)—车身搭铁	10MΩ 或更大		

④ 使用专用诊断仪，进入以下菜单：Powertrain/Hybrid Control/Activetest。当变频器驱动强制停止时，测量变频器连接器端子间的电压，标准值见表5-20。

表5-20 变频器连接器端子间的电压

万用表连接	标准值	万用表连接	标准值
MUU(I10-9)—GINV(I10-16)	12~16V	MWU(I10-11)—GINV(I10-16)	12~16V
MVU(I10-10)—GINV(I10-16)	12~16V		

（3）以上测试均在标准值范围内，则需要更换变频器总成。

三、电机及驱动系统故障排除实例

1. 故障现象

一辆行驶里程约6.9万公里、发动机型号为5ZR-FXE的第三代丰田普锐斯（ZVW30）混合动力汽车。用户反映该车发动机无法自行启动，发动机故障警告灯、VSC警告灯、三角形警告灯同时点亮。

2. 故障诊断与排除

混合动力汽车是高度机电集成的车辆，发生故障时更应该根据车辆运行的数据流判断故障原因，P0A7A故障码储存时会有定格数据，它在故障发生时段会记录系统异常的数据，如MG1逆变器的工作状态、工作温度、输出电压、电流、频率、解角传感器的输出信号、DC/DC增压器工作参数，MG1电机的工作状态参数，发动机是否启动状态等，通过智能诊断仪能够查看到这些数据，以帮助分析故障。

首先进行故障确认，踩住制动踏板，按下启动按钮，仪表上"READY"指示灯点亮，在P挡位置踩下加速踏板，发动机不能启动。试图使发动机进入维修模式，经过多次尝试都不能成功。多功能显示屏上的能量显示器显示HV电池已经耗至极限，紫色的电池耗净指示灯在闪烁。说明发动机确实无法自行启动，不存在人为操作的问题。

遵循先易后难的原则，按照故障排查流程首先进行电路检查：使用故障诊断仪连接到DLC3，读取故障码显示P0A7A-324故障码。混合动力系统DTC与其他系统（如发动机系统）使用的5位数代码不同。使用5位数代码和INF代码对故障部位进行分类，如表5-21所示。没有详细信息（INF代码）就无法进行故障排除。

表5-21 故障部位分类

DTC(代码组)	详细信息(故障部位)	
	INF代码	信 息
P0A7A （发电机逆变器性能）	122	发电机逆变器故障信号检测(由于系统故障导致的过电流)
	130	异常MG1电流值检测(系统故障)
	203	带转换器的逆变器总成内的发电机逆变器故障(短路)
	322	发电机逆变器故障信号检测(过热)
	324	发电机逆变器故障信号检测(电路故障)
	325	发电机逆变器故障信号检测(由于逆变器总成故障导致的过电流)
	810	异常MG1电流值检测(逆变器故障)

续表

DTC(代码组)	详细信息(故障部位)	
	INF 代码	信 息
P0A7A (发电机逆变器性能)	344	MG1 扭矩执行监视故障
	517	发电机逆变器故障信号检测(由于 MG ECU 故障导致的过电流)
	809	异常发电机电流值检测(MG ECU 故障)
	518	发电机逆变器故障信号检测(由于混合动力车辆变速器总成故障导致的过电流)
	811	异常发电机电流值检测(混合动力车辆变速器总成故障)
	522	发电机门切断信号故障

如果发电机逆变器过热、存在电路故障或内部短路，则逆变器通过发电机逆变器故障信号线路传输该信息至 MG ECU，并记录 DTC P0A7A-324。根据分析，故障可能发生部位如下：

（1）逆变器冷却系统；
（2）冷却风扇系统；
（3）逆变器水泵总成；
（4）带转换器的逆变器总成；
（5）混合动力车辆传动桥总成；
（6）发电机高压电缆；
（7）电动机高压电缆；
（8）线束或连接器；
（9）PCU 熔丝。

丰田普锐斯采用的是水冷式逆变器，其冷却液的进、出口能容易地被连接到散热器上以方便对冷却液降温。其冷却液通常与发动机冷却液类似或相同。在混合动力汽车中，几乎所有此类水冷系统的冷却液回路都完全独立于发动机的冷却系统。冷却液从散热器泵入逆变器内部，但不接触逆变器的工作部件。散热设备将逆变器部件产生的热能传递给冷却液，然后冷却液流回到散热器，在冷却风扇的帮助下，散热器将热能传递到周围空气中。水冷型逆变器的冷却系统在出现故障的情况下，可能会生成一个 DTC，当然也可能会不生成 DTC。因此，维修技师可以将手放在冷却液泵体上感觉是否有振动，通过这种方式来验证逆变器冷却液泵是否工作。然而即使该泵能够正常工作，也不能保证冷却液能够足量流动，这是因为气泡或其他堵塞也可能对冷却液的正常流动产生不良影响。维修技师可以拆下逆变器的膨胀箱的盖子并验证冷却液是否正常流动，在此基础上可以确定冷却液循环是否正常。如果逆变器出现过热，在冷却液流量充足的情况下，维修技师不妨检查一下冷却液的质量情况。加错冷却液或者冷却液未能与水进行适当的混合，这些都可能导致逆变器冷却问题。通过检查冷却液量正常、冷却液软管无泄漏，使用诊断仪进行主动测试"控制电动冷却风扇"正常（图 5-80），检查冷却液没有冻结，排除逆变器冷却系统、水泵总成和冷却风扇故障。

在排除逆变器冷却系统及其组件后，需要进一步检查带转换器的逆变器总成。该总成由逆变器、增压转换器、DC/DC 转换器组成，安装在发动机舱内（图 5-81）。

电动汽车电驱动系统原理与检修

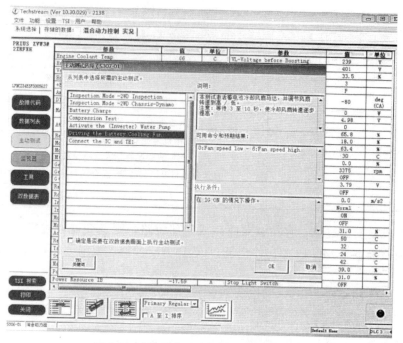

图 5-80 "控制电动冷却风扇"主动测试

图 5-81 逆变器总成外部特征

在车辆处于断电（READY 为 OFF）状态时，逆变器中的电容器必须通过逆变器自身内部的电路进行放电处理。维修技师应经常查阅汽车厂家维修信息，以便精确地了解车辆的电容器放电所需时间，同时还要准确了解进行电压检查作业时的测量点位置。

丰田普锐斯自放电过程可能需要 5~10min 的时间，对于需要在车辆的逆变器或电机电路上进行作业的维修技师而言，必须先等到电容器已经完成放电作业后，方能进行工作。因此，在检查高压系统或断开带转换器的逆变器总成低压连接器前，务必采取安全措施，如佩戴绝缘手套并拆下维修塞把手（图 5-82）以防电击。拆下维修塞把手后放到口袋中，防止其他技师在进行高压系统作业时将其意外重新连接。

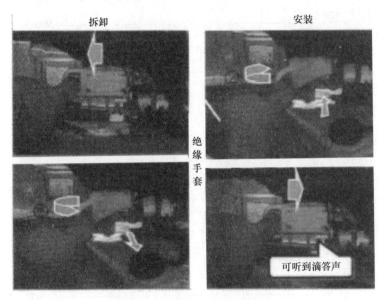

图 5-82　拆卸和安装维修塞把手

维修技师拆下维修塞把手后，在接触任何高压连接器或端子前，等待至少 10min，然后检查带转换器的逆变器总成检查点的端子电压，开始工作前的电压应为 0（图 5-83）。

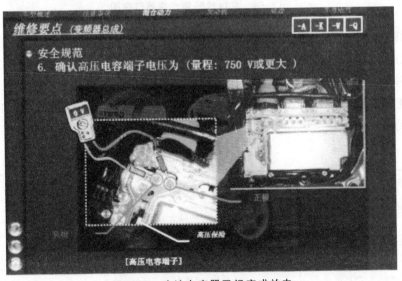

图 5-83　确认电容器已经完成放电

经确认电容器已经完成放电后，断开低压蓄电池负极；检查混合动力车辆传动桥总成（2个解角传感器）连接器的连接情况和带转换器的逆变器总成低压连接器均接触良好，未见有腐蚀及松动现象。

从带转换器的逆变器总成上断开解角传感器连接器D29，重新接好低压蓄电池负极，将电源开关置于ON（IG）位置，根据电路图（图5-84）检查发电机解角传感器各信号线路到车身接地的电压0.8V（正常值低于1V），正常。

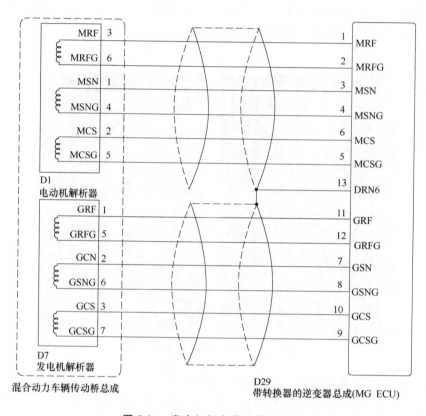

图5-84 发电机解角传感器电路图

将电源开关置于OFF位置，断开低压蓄电池负极，测量发电机解角传感器信号线之间的电阻（GRF-GRFG为8.2Ω，GSN-GSNG为16.8Ω，GCS-GCSG为18.6Ω），发电机解角传感器信号线与车身接地且两两之间的电阻均无穷大。正常值如表5-22所示，由此可以判断发电机解角传感器至带转换器的逆变器总成之间线束及连接器正常。以相同的方法测量带转换器的逆变器总成与电动机解析器之间电阻，正常。

表5-22 相关电阻标准值

标准电阻（断路检查）		
检测仪连接	开关状态	规定状态
D29-11(GRF)-D29-12(GRFG)	电源开关OFF	7.1~21.6Ω
D29-7(GSN)-D29-8(GSNG)	电源开关OFF	13.7~34.5Ω
D29-10(GCS)-D29-9(GCSG)	电源开关OFF	12.8~32.4Ω

续表

标准电阻(短路检查)		
检测仪连接	开关状态	规定状态
D29-11(GRF)或 D29-12(GRFG)-车身搭铁和其他端子	电源开关 OFF	10kΩ 或更大
D29-7(GSN)或 D29-8(GSNG)-车身搭铁和其他端子	电源开关 OFF	10kΩ 或更大
D29-10(GCS)或 D29-9(GCSG)-车身搭铁和其他端子	电源开关 OFF	10kΩ 或更大

从带转换器的逆变器总成上拆下逆变器盖,从带转换器的逆变器总成上断开发电机和电动机高压电缆(图5-85)。使用毫欧表测量 U、V、W 相与相之间电阻,无断路;使用兆欧表测量 U、V、W 三相与车身接地和屏蔽层之间绝缘电阻,无短路;混合动力车辆传动桥总成(MG1、MG2)正常。

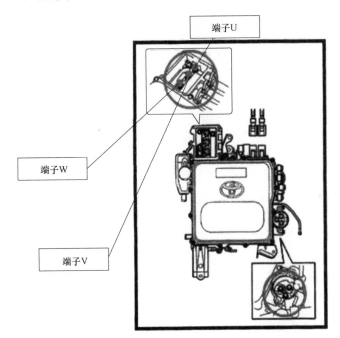

图 5-85 逆变器总成高压电缆三相端子

断开带转换器的逆变器总成低压连接器 A59(图 5-86),检查电源电压 12.5V,正常。

根据上述检查结果发现:带转换器的逆变器总成的高低压连接线束和插头端子均正常,混合动力车辆传动桥总成上的 2 个解角传感器及线路也无任何问题,可以判断为故障在带转换器的逆变器总成内。由于汽车厂家规定带转换器的逆变器总成是不可分解的部件,只能更换。为了确保万无一失,只能采用部件互换法和正常行驶的同类车型对换带转换器的逆变器总成进行试验,更换后该故障车启动正常,相同故障在另外一台车出现,进一步证明故障出现在带转换器的逆变器总成内部。

为了确认该故障已经彻底排除,经过多次上路试车,不能启动现象消失,恢复车辆拆除的所有附件后将车辆交付给客户。

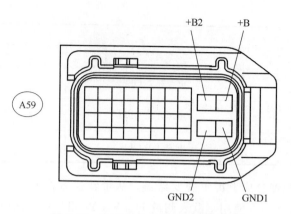

图 5-86　逆变器总成低压连接器端子

参 考 文 献

[1] 王志福,张承宁等. 电动汽车电驱动理论与设计. 第2版. 北京:机械工业出版社,2017.
[2] 王艾萌. 新能源汽车新型电机的设计与弱磁控制. 北京:机械工业出版社,2014.
[3] 中国汽车工程学会. 节能与新能源汽车技术路线图. 北京:机械工业出版社,2017.
[4] 刘杰,宗长富. 电动汽车电力电子技术应用. 北京:北京交通大学出版社,2018.
[5] 黄志坚. 电动汽车结构原理应用. 北京:化学工业出版社,2018.
[6] 李敬福,王洪佩. 新能源汽车关键技术研究. 北京:北京理工大学出版社,2017.
[7] 曾鑫,刘涛. 新能源汽车动力电池与驱动电机. 北京:人民交通出版社股份有限公司,2017.
[8] 包科杰,徐利强. 新能源汽车维护与故障诊断. 北京:人民交通出版社股份有限公司,2017.
[9] 陈社会,陈旗. 新能源汽车构造与维护. 南京:江苏凤凰教育出版社,2018.
[10] 文少波,赵振东. 新能源汽车及其智能化技术. 南京:东南大学出版社,2017.
[11] 何洪文等. 电动汽车原理与构造. 北京:机械工业出版社,2012.
[12] 刘春晖,张炜炜. 混合动力汽车结构与检修. 北京:化学工业出版社,2017.